U0113848

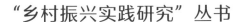

"乡村振兴实践研究"丛书

国家出版基金项目
NATIONAL PUBLICATION FOUNDATION

乡村人才振兴
实践研究

朱冬亮　钟楚原　殷文梅　著

海峡出版发行集团 | 鹭江出版社
THE STRAITS PUBLISHING & DISTRIBUTING GROUP

2021年·厦门

总序

　　当中国特色社会主义建设进入新时代，乡村发展也进入一个前所未有的社会转型和嬗变期。当下中国乡村正在经历的社会变迁是一次注定要载入中华民族史册的伟大变革。快速推进的工业化和城镇化使得传统的乡村社会结构被不断解构且重新建构，几乎每一个农民家庭都被裹挟到这场巨大的社会变革中。他们试图改变祖祖辈辈延续下来的耕田种地的生活方式，以及由此被赋予的命运和价值。当下的中国乡村正面临亘古未有的巨大挑战和发展机遇。

　　曾经延续千年的乡土社会是"熟人"的社会，是集血缘和地缘为一体的小社区圈子，是农民世世代代"生于斯、长于斯、安于斯"的地方。那时候的乡村社会结构相对稳定，乡村社会舆论压力较大，农民的经济和社会分化很小，农民从事的职业相对单一，农民家庭几代同堂……面朝黄土背朝天，耕田种地，邻里同乐，守望相助，鸡犬之声相闻，这是一个传统的乡土村落的生活场景，同时蕴含着传统、古朴、保守乃至贫穷落后的社会价值认知。

　　历经改革开放40多年的发展和变迁，曾经相对同质的中国乡土社会结构出现了前所未有的改变。从传统的乡土社会价值来看，乡村社会结构在不断裂变，传统农业生产方式在不断衰变，传统农民的生活方式也在不断改变。如今的乡土社会，农民或已进城转变为半市民或者市民，或是作为农民工周期性地流动于城市和乡村之间，或在现代化的浪潮中搁浅，成为村庄的守护者和留守人。有些村落已经消失或正在消失，有些村庄"空心化"现象不断扩大，有些农民已经终结劳作或正在终结劳作，有些土地已经荒芜或者正在荒芜，有些村庄满地垃圾甚至污水横流。农村社会的社区舆论不再形成压力，农民的经济和社会分层日趋明显，传统的乡土文化及价值体系也趋于式微……很多人用传统的眼光看农村，哀叹现在中国乡村所发生和经历的一切预示着曾经美好古朴的乡村正在迷失乃至消失，担心未来无处寄托乡愁。不仅如此，我们研究团队在近年来的实地调查中发现，现在的中国乡村正呈现出越来越明显的三"最"现象。第一"最"，在现在的乡村中，往往是最贫穷的农民家庭成员在家种地，且以种粮为主要生计。换言之，如果能想方设法提高种粮农民家庭的收入，也许恰恰可以达到"精准扶贫"的效果。第二"最"，在现在的农民家庭中，往往是兄弟姐妹中最"没有出息"的留在家乡，陪伴和照顾年迈的父母，给予亲情上的关怀，而外出的其他兄弟姐妹更多是在经济上尽孝。第三"最"，在现在的乡村中，往往是最贫穷的农民家庭的子女依然在村里、乡镇的学校上学。条件稍好的农村家庭都想方设法把子女送到县城甚至更大的城市就学，因为相对而言，乡村就学环境不如县城，更不如大城市……这是当前中国乡村社会发展中呈现出的一幅令人担忧的图景。

换一个角度来看，当前我国乡村的生产力和生产关系在现代化发展规律的作用下，在不断地进行调整。从中，我们欣喜地发现，古老的中国乡村大地，其现代性萌芽在不断成长和壮大。虽然大量乡村青壮年人口外流导致劳动力短缺，却从真正意义上催生了农业生产要素的现代化重组。农业生产的机械化开始逐步替代传统的小农经济生产经营和土地耕作模式，从而促进传统的劳动密集型农业生产方式的转型。加速出现的土地经营权流转倒逼乡村土地产权制度实施新一轮改革，农业生产的组织方式和经营方式也因之向专业化、集约化、产业化迈进。与这个伟大变革进程相伴随的是城乡融合和城乡一体化发展趋势正在逐步形成。加速推进的城乡社会流动为城市的工商资本和人力资源等发展要素回流乡村创造了条件。无论是伴随着返乡创业人员回归的商业资本，还是看准乡村发展机遇而下乡的城市工商资本，都把乡村作为未来投资发展的热土。智慧农业、互联网农业等新型农业生产方式和经营理念对传统的小农生产方式构成了巨大的冲击。各类新型农业经营主体因此蓬勃发展，传统第一产业与第二、三产业融合发展的趋势进一步显现。乡村的人、地、物等生产要素不断重组和优化，促使乡村的组织和治理机制不断进行变革和创新。这是当下中国乡村社会呈现出的另一幅令人振奋的现代化发展前景。

基于对当前中国乡村发展面临的挑战和机遇的准确把握，党的十九大高瞻远瞩，适时提出了乡村振兴战略。2018 年的中央一号文件更是对 2050 年前的乡村振兴进行了令人期待的宏观规划与设计。2021 年 6 月 1 日，国家《乡村振兴促进法》正式颁布实施，使得乡村振兴有法可依。事实上，进入 21 世纪后，我国的农业治理体系已经逐步从以往的"汲取型"治理体制向"反哺型"治理体制转型。2006 年之后推进的"社会主义新农村"建设和 2013 年推进的"美丽乡村"建设都为今天的乡村振兴战略实施做了很好的铺垫。在过去的五年中，我们的研究团队到全国 22 个省（市、自治区）、105 个县（市、区）的 308 个村庄进行了田野调查，并对其中的很多村庄进行连续多年的跟踪调查，由此获得了大量的一手研究资料。在乡村振兴如火如荼地推进的今天，我们研究团队把近五年调查获取的田野资料进行整理归纳和分析，形成这套

"乡村振兴实践研究"丛书。这既是对我们团队以往的研究成果进行一个阶段性的总结，也是为乡村振兴的后续研究提供一个前瞻性的思考。

乡村振兴战略实施需立足于实现乡村全面振兴的目标。本丛书由五部研究专著构成，分别从产业振兴、人才振兴、文化振兴、生态振兴、组织振兴等五个角度，全方位呈现我国乡村振兴战略实施的"进行时"，重点描述和分析近年来被调查地区和村庄如何谋划和推进乡村振兴实践。在此基础上，我们对乡村振兴战略实践进行了更多学理性的思考，为如何更好地推进乡村振兴战略实施提出我们的观点和建议，供社会各界参考借鉴。

在乡村"五大振兴"战略实施过程中，产业振兴是首要目标。没有产业振兴，其他振兴都无从谈起。只有把乡村经济发展起来，建立现代农业产业经济体系，才能为乡村人才振兴、文化振兴、生态振兴和组织振兴提供强大的经济和物质支撑。本丛书之一《乡村产业振兴实践研究》立足当前农村产业发展的实际情况，重点从如何延长农业产业链、如何提升农业价值链、如何完善农业利益分配链的角度探讨乡村产业振兴的主要实现路径。我们以福建将乐县努力实施的"龙头企业＋种植基地＋农户"有机稻产业化种植，贵州龙里县大力推进的主导扶贫产业——刺梨产业链发展，山东莱阳市重点发展的传统名产业——梨产业不断做大做强及濯村的"美丽乡村"建设实践，广西罗城县重点发展的油茶扶贫产业，龙胜县的龙脊梯田田园旅游综合体开发等十多个典型个案为分析样本，从不同的角度全方位展现和分析乡村产业振兴的实践模式和实践机制。

人才是乡村振兴中的重要依靠力量。在当前乡村青壮年大量外流、乡村留守群体普遍老龄化的情况下，如何吸引更多的复合型人才，尤其是青年人才到乡村奉献自己的聪明才智，为乡村振兴事业注入新鲜的血液，事关乡村振兴的成败。在乡村建设中，我们需要吸引各类人才包括新型职业农民、各类新型农业经营主体、乡土文化传承人、现代乡村治理人才等投身乡村发展建设，打造和培养一支真正"懂农业、爱农村、爱农民"且"善经营"的"三农"工作队伍。本丛书之一《乡村人才振兴实践研究》，在对当前我国乡村人力资源供给现状进行全面分析并指出乡村人才所面临的严峻形势的基础上，以福建厦门市海沧区实施"美丽乡村共同缔造"项目时涌现的典型乡村主导人物、四川成都崇州市探索现代林业经营制度——"林业共营制"中涌现的先进典型林业职业经理人、浙江绍兴上虞区重点推介的乡贤治理机制等多个典型案例中呈现的乡村人才与乡村建设共同成长的经历为研究对象，探讨实现乡村人才振兴的机制和体制。

文化是一个民族的信仰和灵魂，乡村文化是中华传统文化的主要母体和载体。在当前乡村人口大量外流的情况下，乡村文化的式微乃至断层成为令人担忧的现象。因此，实现乡村文化振兴可以为乡村振兴提供重要的精神支撑，为寄托"乡愁"提供不可或缺的精神内容。本丛书之一《乡村文化振兴实践研究》把乡村文化建设的实践机制分为政府主导型、社会主导型和市场主导型三种形式，并分别以福建古田县的陈靖姑民间信俗文化、圆瑛文化、金翼文化，福建龙岩市永定区的土楼文化，浙江绍兴市上虞区的乡贤治理文化和乡村文化礼堂建设，福建屏南县的古村落文化保护传承和转型以及福建厦门市的乡村现代文化建构等案例为分析对象，探讨乡村文化振兴的模式和路径。从中可以看出，乡村文化建设和文化振兴在整个乡村振兴中有着极其特殊的地位和作用。

"绿水青山就是金山银山"。"两山"理论的核心表述深刻地揭示了乡村生态建设在乡村振兴战略实施过程中的重要地位和作用。

和城市相比，乡村首先给人的印象是它有着古朴、原生态的田野风光。实现乡村生态振兴，不仅是为了打造美丽乡村、改造农村的人居环境，更重要的是实现人与自然的和谐发展。本丛书之一《乡村生态振兴实践研究》以本研究团队近年来在福建、浙江、贵州等地开展实地调查获取的一手田野资料为主，同时利用其他宏观层面的统计数据，多角度提出乡村生态建设中面临的问题，并在此基础上探讨和分析各地如何因地制宜地推进乡村环境整治、打造美丽乡村，同时力图把生态效益转化为经济效益，进而实现经济建设与生态建设共建共赢的目标。

乡村振兴战略的实施，离不开组织保障。只有不断提升乡村组织建设水平，才能为乡村振兴提供坚实的基础，才能把建设乡村的人力、物力和财力资源集中整合起来，把振兴乡村的人心凝聚起来。当前，很多乡村存在基层组织软弱涣散、组织凝聚力不强等现象，极少数地方甚至出现了乡村黑恶势力。因此，提升乡村治理水平，并最终建立政府、市场和社会共同参与，"自治、法治、德治"相结合的共建、共治、共享的乡村社会治理体系，是乡村组织振兴首先要实现的目标。本丛书之一《乡村组织振兴实践研究》以本研究团队近年来在福建、浙江、贵州、湖北、北京等地的实地调查的一手资料为基础，探讨乡村组织振兴如何促进村"两委"组织和各类民间经济组织、社会组织、文化组织更好地发挥各自的作用，最终形成"党建引领、多元共治"的共建、共治、共享的现代乡村治理体系。

中国现代化建设的短板主要在乡村，乡村振兴战略的实施为乡村描绘了令人期待的现代化发展前景，是广大农民共享改革开放成果、实现"中国梦"的最终体现。乡村振兴战略实施工程是我国现代化新的"两步走"战略的重要组成部分。到2050年，乡村全面振兴的目标能否如期实现，有赖于中央和各级地方政府、广大农村以及社会各界人士的共同努力。本丛书的出版也算是我们学术研究人在乡村振兴战略实施过程中所贡献的一份微薄力量。我们期待丛书的出版面世能够吸引更多的人关注乡村、关注农民、关注乡村振兴现代化建设事业。

朱冬亮

2021 年 6 月 4 日于厦门大学囊萤楼

目录

前　言

　　在乡村振兴的产业振兴、人才振兴、文化振兴、生态振兴和组织振兴等五大振兴战略中，人才振兴是重要保障。人才兴则农业事业兴，人才强则乡村强。农村农业发展根本上还是要靠人才，没有人才振兴，乡村振兴就是无源之水、无本之木。党的十八大以来，以习近平同志为核心的党中央高度重视人才培养和培育工作。习近平关于人才工作的重要批示、讲话达 50 多次，明确提出了"择天下英才而用之""创新驱动实质上是人才驱动"等科学论断，涉及人才引进、培养、使用、激励等各个方面。党的十九大报告明确提出实施乡村振兴战略，并首次提出要培育造就一批懂农业、爱农村、爱农民的"三农"工作队伍，由此凸显出人才振兴在乡村振兴战略中具有的特殊重要地位。

　　国家统计局公布的数据显示，2011 年以来，我国常年外流的农民工稳定在 2.5 亿至 2.8 亿人之间①，导致乡村青壮年劳动力奇缺，农业生产呈现越来越严峻的老龄化和女性化现象。因为大量青壮年的外出，乡村显得明显缺乏生机和活力。如我们于 2018 年 10 月 1 日在闽西北将乐县安仁乡朱坊村进行的实地调查显示，全村有 110 户，实有户籍人口约 600 人，但实际在村的总人数不超过 200 人。全村外流的劳动力超过全村劳动力总数的 80%。而全村留守的人口中，有 1/3 左右是 70 岁以上的老年人。据朱坊村唯一的农业专业合作社的负责人反映，全村目前能够雇到的最年轻的劳动力已经50 岁，且这个年龄的只有 2 人在家务工，其余的主要劳动力大都是在 60—70 岁，他们是朱坊村从事农业生产的"主力军"。劳动力缺乏，是朱坊村在

---

　　①参见国家统计局发布的历年《国民经济与社会发展统计公报》。

实施乡村振兴中首先面临的一大问题。

朱坊村的劳动力短缺绝不是个案。实际上，在本研究团队近年来调查的22个省（市、自治区）100多个县（市、区）的150个村庄中，绝大部分乡村都存在类似朱坊村这样的因大量农村青壮年外流导致农业劳动力供给严重不足的现象。由此折射出的不仅是乡村发展和建设人才严重缺失的问题，甚至是乡村劳动力极度短缺的问题。因此，人才流失和人才短缺问题已经成为阻碍乡村发展和乡村振兴战略实施的主要挑战之一。

我们认为，要实现乡村振兴，首先是要解决农村人力资源短缺的问题。但是，在当前乡村青壮年劳动力大量外流，农村劳动力投入严重不足的情况下，要解决乡村人力资源不足的问题，首先必须从乡村人才培育和人才队伍建设的角度入手，重点探讨如何通过培养和造就一支真正"懂农业、爱农村、爱农民"的"三农"工作队伍，达到提升乡村人才培养的质量，进而达到弥补乡村建设中人力资源总量不足的问题。这点是本书研究探讨和论述乡村人才振兴问题的一个主要思路。

新时代乡村要实现全面振兴，必须培养和打造一支综合能力强、综合素质高的乡村振兴人才队伍。2018年中央一号文件强调，实施乡村振兴战略，必须破除乡村人才发展和成才瓶颈的制约，要把乡村人力资本开发放在首要位置，畅通智力、技术、管理下乡通道，从而为乡村人才振兴战略的实施进一步指出目标和方向。同年9月，中共中央、国务院印发的《乡村振兴战略规划（2018—2022年）》也提出，要科学有序地推动乡村产业、人才、文化、生态和组织振兴，实行更加积极、更加开放、更加有效的人才政策，推动乡村人才振兴，让各类人才在乡村振兴中大施所能、大展才华、大显身手，这标志着乡村人才振兴的具体实施路径进一步明确。

2018年"两会"期间，习近平总书记在参加山东省人大代表团审议时强调，要高度重视人才，将人才振兴放在五大振兴的第二位，表明乡村振兴的开展必须要以人才为支撑，从产业到人才到文化、生态、组织，健康有序地推进。如果没有人才，产业得不到落地，文化没有支撑，生态没有保障，组织没有依靠，这四大振兴也将步履维艰、大打折扣。乡村要振兴，必须把人才振兴放在主要位置，让愿意留在乡村、建设家乡的各类人才留得安心，让愿意"上山下乡"、回报乡村的人才更有信心。只有这样，才能让更多的"专才""干才"积极投身于乡村振兴的伟大事业，不断增加农村人力资本的资源储量。

人才振兴是乡村振兴的关键所在。"为政之要，莫先于用人"。对于人才，习总书记始终高度重视。早在担任河北正定县委书记期间，他就指出，要勇于解放思想，注重招贤纳士，为建设乡村提供更多的人才支持。担任中共中央总书记后，习近平站在党和国家事业发展全局的高度，更加重视和强调人才队伍建设的重要性。在党的十九大报告中，他描述了人才的重要价值并指出，"人才是实现民族振兴、赢得国际竞争主动的战略资源"。当今时代的综合国力竞争，说到底是人才竞争，进入新时代的我国，对优秀人才的需要比以往任何时候都更为迫切。因此，整个社会要努力形成人人渴望成才、人人努力成才、人人皆可成才、人人尽展其才的良好局面，最终实现人才强国建设目标。尤其是乡村，由于人力资源和人才流失极其严重，人才问题更加突出，因此，如何把乡村人才队伍建设纳入国家人才强国整体发展战略，并从创新乡村人才队伍建设的体制机制上进行有针对性的突破，也是本书将要详细讨论的议题。

在当前全面建成小康社会和建设社会主义现代化强国的道路上，"三农"问题始终是重点与难点。"三农"事业要实现高质量发展，归根结底还需增强内生动力，而人才缺乏是实施乡村振兴战略的主要障碍。乡村振兴要以人才振兴补齐农村短板，从人才支撑上下功夫，立足产业，引进人才，留住人才，进一步激发农村发展的活力，不断激发人才内生与外引，实现"以一带四"，即以乡村人才振兴来带动乡村的文化振兴、组织振兴、产业振兴和生态振兴，进而推动乡村全面振兴，从而实现中华民族的伟大复兴。乡村人才振兴不仅是我国经济社会发展的客观要求，人才强国战略的内在要求，更是人民日益增长的美好生活需要。乡村人才振兴对实现社会稳定和长治久安具有重大的现实意义和深远的历史意义。

基于此，本书将从乡村振兴战略实施角度出发，以我们研究团队近年来在全国不同区域实地调查获得的一手研究资料为基础，探讨和分析当前我国乡村人力资源和人才资源供给现状，分析乡村人才队伍建设中存在的主要问题，并通过对一些典型性的人才引领乡村振兴案例的分析，探讨不同村庄、不同区域的人才振兴引领乡村振兴的基本路径。本书力图以个案研究为主导，以叙事式的表述方式，生动活泼地展现当前社会实践中呈现出来的乡村人才振兴的图景。

导论

　　自改革开放以来，在户籍制度逐步放松的前提下，随着城镇化的加速发展以及城乡发展差距的不断扩大，我国乡村人口出现了持续性的外流现象，并由此产生了结构性的人口困境。这些结构性问题直接关联到农业现代化、村民自治以及乡村振兴的实现。为此，我国展开了理论和实践层面的双重探索。

第一节　当前乡村人口的结构性困境

　　家庭联产承包责任制实施后，农民逐步获得了离开乡村和离开土地的自由。随着户籍制度和城市用工制度的逐步放开，我国乡村人口大量外流，在此过程中产生了一系列结构性困境，具体包括人口流动性增强，农业劳动力断层化，留守乡村的人口老龄化、农业生产女性化以及素质整体性偏低等。

一、人口流动性较强

　　1984 年中央一号文件规定，"允许务工、经商、办服业的农民自理口粮到集镇落户"，随着户籍制度、城市用工制度的逐步放开，城乡隔绝的二元体制被初步打破，加之改革开放以后，城乡收入差距扩大，农村剩余劳力逐渐增多，乡镇企业对劳动力的吸纳能力降低[①]，农村人口向城市流动的

---

　　①叶香丽：《中国农村人口向城市流动的原因和对经济发展的影响——基于农民工和农村大学生视角的分析》，《经济问题探索》，2007 年第 4 期，第 75—79 页。

比例渐趋扩大。据国家统计局发布的《2018 年国民经济和社会发展统计公报》显示，截至 2018 年底，我国常住人口城镇化率为 59.58％，户籍人口城镇化率为 43.37％。对此，国家发展改革委解释道，城镇化率每提高 1％，乡村地区就有近 1400 万人转入城镇。① 事实上，这一点也被国家统计局人口和就业统计司的相关调查所证实。自 2000 年开始，我国人户分离的总人口为 1.44 亿人次，流动人口数为 1.21 亿人次，此后均经历了先期迅速增长后期逐渐平稳的发展阶段（见图 1-1）。截至 2016 年底，我国人户分离人口规模达到 2.92 亿人次，流动人口规模已达 2.45 亿人次。

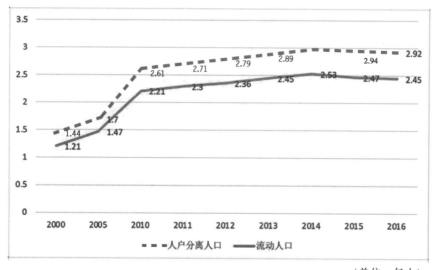

（单位：亿人）

图 1-1　全国人口流动基本情况②

资料来源：国家统计局人口和就业统计司编《2017 中国人口和就业统计年鉴》，中国统计出版社，2017 年，第 16 页。在此基础上笔者整理绘制而成。

农业普查中农村劳动力转移问题实质上属于流动人口问题，流动人口主要是指离开户籍所在地的县、市或者市辖区，以工作、生活为目的异地

---

① 国家发展改革委主任：《城镇化率每提高 1％，近 1400 万人转入城镇》，和讯网，2019 年 3 月 6 日，http://house.hexun.com/2019−03−06/196402468.html，2019 年 8 月 20 日查阅。

② 需要说明的是，2000 年、2010 年分别为当年人口普查时点数据，其余年份数据根据年度人口抽样调查推算。此外，2005 年的人户分离人口数量原文缺失。笔者为了绘图的连贯性，根据人户分离人口与流动人口之间的差值关系，将其取值为 1.7，特此说明。

居住的成年育龄人员①。陈锡文指出，我国针对流动人口的统计，主要采用两项指标，即从户籍管理的角度统计流动人口的户籍和从现实居住地统计真正长期在村农民。②据此可见，我国流动人口的发展状况侧面反映出农村长期不在村居住农民的结构状况。从图1-1可以看出，就总体趋势而言，从2000年至2016年，我国流动人口规模整体呈现出"前期快速增长，后期高位稳定"的发展态势。具体而言，2010年以前的10年间，我国流动人口数从1.21亿人增至2.21亿人，增长率高达82.6％；2010年以后，流动人口数量在小幅波动中仍保持着绝对高位，即流动人口自2010年开始，一直保持在超过2.2亿人次的规模，2014年抵达峰值2.53亿人次以后渐趋平稳。2013年至2016年流动人口基本上保持在2.4亿人次左右的规模，流动人口基数仍然很大。

据国家统计局公布的数据，2017年我国人口（不包含港澳台地区）总数达13.98亿。按照这个人口规模计算，当年流动人口总数占全国总人口的17％，该数据与2016年统计的35岁以下的农业生产经营人口占农村总人口的比重相近。相对于安土重迁的传统农业社会而言，这一人口流动规模难以想象。在此基础上，经进一步测算得知，每5个人中约有1个流动人口。根据社会分工的要求以及农村受教育水平的限制，大致可以推测出当前农村流动人口以依靠劳力为生的中青年农民为主。该推断亦得到相关数据支持，据中国社科院人口统计室主任王广州的测算，2017年我国18—44岁的人口约为5.48亿，大约每5个人中就有2个流动人口。事实上，在马克思看来，"城市本身表明了人口、生产工具、资本、享乐和需求的集中，而在乡村里所看到的却是完全相反的情况：孤立和分散"③。这在一定程度上势必造成城乡之间的"位差"和"势差"④，并导致财富和人口由乡村向城市集中。由此可见，未来一段时期内，农村流动人口规模仍将保持在高位水平。

---

① 《城镇化率每提高1％，近1400万人转入城镇》，和讯网，2019年3月6日。

② 陈锡文：《要冷静理智地分析当前城镇化水平》，央视网，2011年10月21日，http://news.cntv.cn/20111021/113413.shtml，2020年9月21日查阅。

③ 《马克思恩格斯选集》第一卷，人民出版社，1995年，第104页。

④ 徐勇：《"根"与"飘"：城乡中国的失衡与均衡》，《武汉大学学报（人文社科版）》，2016年第4期，第6—7页。

表 1-1　2001—2015 年我国城镇化率

（单位：％）

年份	城镇	乡村
2001	38	62
2002	39	61
2003	41	59
2004	42	58
2005	43	57
2006	44	56
2007	46	54
2008	47	53
2009	48	52
2010	50	50
2011	51	49
2012	53	47
2013	54	46
2014	55	45
2015	56	44

资料来源：参见国家统计局官网 http：//www. stats. gov. cn/。

　　进一步从城镇化率来观察当前乡村流动人口的基本状况。由表 1-1 可知，从 2001 年到 2015 年，我国的乡村人口占比呈逐年下降趋势，且每年保持 1 至 2 个百分点的降幅，占比数值从 62％下降至 44％，降比达到 18 个百分点。进一步观察可知，2010 年城乡人口占比首次持平，2010 年以后城市人口占比逐年高于农村人口，这在我国属于"千年未有之大变局"。与此同时，直接观察全国乡村人口变动情况，根据国家统计局农村社会经济调查司的相关数据，自 1978 年改革开放以来，我国乡村人口占全国总人口比重由 82.1％逐渐下降至 2010 年的 50.1％，城乡人口占比在短暂持平之后，乡村人口占比仍处于继续下降的发展态势之中，截至 2018 年底，乡村人口占比已跌至 40.4％（见表 1-2）。综合上述分析可见，农村人口向城市大规模转移是当前我国人口流动的大方向和主要特征，随之而来的则是农村人口的大量减少，村庄空心化加剧以及常住人口老龄化等治理难题。

表 1-2　全国乡村人口变动情况

（单位：万人、％）

年份	人口数量	占总人口比重
1978	79014	82.1
1985	80757	76.3
1992	84996	72.5
2000	80837	63.8
2008	70399	53.0
2010	67113	50.1
2011	65656	48.7
2012	64222	47.4
2013	62961	46.3
2014	61866	45.2
2015	60346	43.9
2016	58793	42.5
2017	57661	41.5
2018	56401	40.4

资料来源：国家统计局农村社会经济调查司编《2019 中国农村统计年鉴》，中国统计出版社，2019 年，第 31 页。以上为简化表格，笔者略有改动。

二、人口结构性失衡

人口持续向城市大规模流动的同时，乡村地区的人口结构亦呈现出新的变化特征。所谓的人口结构，主要是指一定时期内某一地区的人口构成状况[1]。按照不同的划分标准，人口结构可划分为不同的类型，包括年龄、性别等自然构成，文化、职业等社会构成，以及城乡、区域等地域构成。国家统计局农村社会经济调查司的最新数据显示，我国的乡村就业劳动力总数呈现出先增后降的发展趋势，即由 1978 年的 30638 万人增长至 2000 年的 48934 万人，此后一路跌至 2018 年的 34167 万人。根据该发展趋势推测，未来一段时期内我国乡村就业人口将跌破 30000 万人的历史规模。与此同时，我国乡村地区从事第一产业即农业生产经营的从业者占全部乡村就业人口之比总体上呈逐年下降的趋势，从 1978 年的 92.4％持续下降至 2018 年的 59.3％，降幅达 33.1 个百分点（见图 1-2）。结合乡村就业人口总数的演进趋势，可以预见，未来一段时期内，我国乡村地区农业生产经营者的人口规模及所占比重都将持续下降。

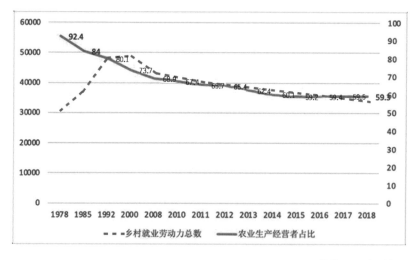

（单位：万人、％）

图 1-2　我国乡村劳动力总数及农业生产经营者占比变化

资料来源：《2019 中国农村统计年鉴》，第 31 页。在此基础上，笔者整理绘制而成。

---

[1]秦留志：《人口结构变动对产业投资的影响研究》，辽宁大学博士学位论文，2019 年 5 月，第 20 页。

　　进一步考察乡村地区人口自然结构特征可以发现（见表1-3），就年龄状况而言，按照国际社会通行的少儿抚养人口（0—14岁）、劳动适龄人口（15—59岁）以及老年抚养人口（60岁及以上）的划分标准[1]，国家统计局人口和就业统计司所进行的全国抽样调查数据显示，截至2017年，我国乡村地区15—59岁的人口占比为61.58%，0—14岁的人口占比为19.28%，60岁及以上的人口占比为19.14%，前者比后两者占比分别高出42.3个百分点和42.44个百分点（见表1-3）。由此可知，当前全国乡村地区以15—59岁的劳动适龄人口为主。与此同时，2016年第三次农业普查结果显示（见表1-4），全部农业生产经营人员中，35岁以下的占比为19.2%，36—54岁的占比为47.3%，54岁以上的占比为33.5%。两相对比可以发现，0—14岁的人口占比与35岁以下农业生产经营者占比大致相同。据此可以推测，全国15—35岁的劳动适龄人口中出现了"农业生产经营者断层"现象。不言而喻，该年龄层在农业生产中的结构性缺失，其最为直接的后果是农业劳动力老龄化或超老龄化，这无疑会对我国农业现代化建设造成一定程度的冲击。

表 1-3　全国乡村分年龄、性别的人口数[2]

（单位：人、%）

年龄分组	人口数		占总人口比重		
	男	女	男	女	合计
0—14	51652	43564	10.46	8.82	19.28
15—59	155171	148945	31.43	30.15	61.58
≥60	46229	48346	9.36	9.78	19.14

　　资料来源：《2017 中国人口和就业统计年鉴》，第67—69页。笔者在年龄段累加的基础上，对原表略有改动。

----

[1] United Nations, 1956. *The Aging of Population and Its Economic and Social Implications*. Population Studies 26:7.

[2] 需要说明的是，2016年全国人口变动调查的调查时点为2016年11月1日零时。该调查以全国为总体，以各省、自治区、直辖市为次总体，采取分层、多阶段、整群概率比例抽样方法，在全国31个省、自治区、直辖市抽取了2236个县（市、区）、4679个乡（镇、街道）、5033个调查小区中的116万人。

表 1-4 2016 年全国不同年龄段农业生产经营人员占比结构表

（单位：%）

年龄分组	所占比重
≤35 岁	19.2
36—54 岁	47.3
≥54 岁	33.6①

资料来源：第三次全国农业普查主要数据公报（第五号），统计局网站，2017 年 12 月 16 日，http://www.gov.cn/xinwen/2017—12/16/content_5247683.htm。

与此同时，观察我国乡村地区不同年龄段性别比（见表 1-5），即每 100 名女性所对应的男性数量，可以发现随着年龄的推移，性别比由 0—4 岁的 105.06 上升至 5—9 岁的 120.00，此后下降至 25—29 岁的 100.04，最后在小幅波动变化中下降至 80—84 岁的 80.50，整体呈现出波动性下降的演进趋势，乡村社会中的男性人口越来越少。结合前文的分析，即农业从业者队伍中出现的 35 岁以下青年人群断层现象，当前及未来一段时期内，35—60 岁的青壮年群体仍将是农业生产经营最为重要的主体。进一步观察该年龄段的性别比（见图 1-3），可以发现从 105.43 到 103.44、101.15、100.17，男性人口在不断减少，直至与女性人口大致持平。在户籍人口性别比持平的基础上，结合第一部分的分析以及劳动力市场的发展规律，该年龄段中的男性人口凭借体能和技能优势，往往成为流动人口的主体，这就意味着留村务农的任务更多地落在了女性人口身上，并导致农业生产的女性化特征②。事实上，无论是中国学者的区域性研究③，还是日本等国的农业发展历史，均证明了这一点，对此不再赘述。

---

① 三者占比加总不为 100%，但为了保持数据原真性，未作改动，特此说明。

② 需要说明的是，这里的"农业生产女性化特征"是笔者以整个乡村人口为对象，经分析后得出的结论。而本书"新型职业农民培育与农业现代化"章节中，对农业劳动力结构失衡的分析，笔者是以新型职业农民队伍为分析对象，最后得出的结论是新型职业农民队伍中女性人口占比较少。二者是并行不悖的，特此说明。

③ 有关这一点，可以参考彭小辉、史清华《中国农村人口结构变化及就业选择》，《长安大学学报（社会科学版）》2018 年第 2 期，第 83—92 页。

表 1-5　全国乡村不同年龄段性别比

（单位：％）

年龄分组	性别比（女＝100）
1—4	105.06
5—9	120.00
10—14	118.38
15—19	117.06
20—24	113.09
25—29	100.04
30—34	100.77
35—39	105.43
40—44	103.44
45—49	101.15
50—54	100.17
55—59	102.68
60—64	102.13
65—69	99.19
70—74	99.62
75—79	93.54
80—84	80.50

资料来源：《2017 中国人口和就业统计年鉴》，第 67 页。

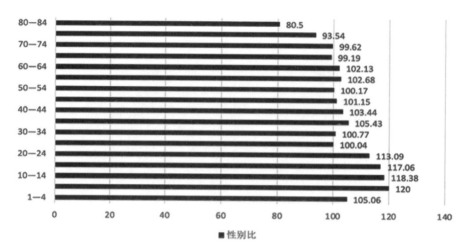

图 1-3 全国乡村不同年龄段性别比变化趋势

资料来源：《2017 中国人口和就业统计年鉴》，第 67 页。笔者据此整理绘制而成。

三、素质整体性偏低

文化素质是管窥乡村社会人才水平的直观指标之一。为此，以受教育程度为测量尺度，通过分析 2016 年全国乡村地区不同受教育程度人口的占比可以发现（见表 1-6），国家统计局以分层抽样的方式在全国选取的457551 名 6 岁及以上乡村人口中，未上过学的、小学文化、初中文化、高中文化、大专及以上文化者的占比分别为 8.80%、34.70%、43.00%、10.39%、3.11%，整体上呈现出先升后降的发展趋势。其中初中及以下文化水平者累计占比为 86.50%，高中及以上文化水平者累计占比不足两成，后者相较前者低出 73 个百分点。进一步分析高中及以上文化群体（见图 1-4），可以发现，高中文化水平者占比在一成左右，大专及以上文化水平者占比不足半成。由此可见，全国乡村地区 6 岁及以上人口高中及以上受教育水平者占比不足两成，整体素质偏低，受教育水平亟待全方面、高层次提高。

表 1-6　全国乡村地区不同受教育程度人口占比

（单位：人、%）

受教育程度	数量	占比
6 岁及以上人口	457552①	100
未上过学	40296	8.80
小学	158770	34.70
初中	196739	43.00
高中	47539	10.39
大专及以上	14207	3.11

资料来源：《2017 中国人口和就业统计年鉴》，第 98—99 页。在此基础上笔者计算并绘制而成。

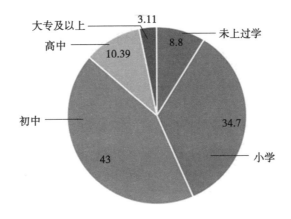

（单位：%）

图 1-4　全国各地区乡村 6 岁及以上人口受教育概况

资料来源：《2017 中国人口和就业统计年鉴》，第 98—99 页。在此基础上笔者计算并绘制而成。

　　进一步考察全国不同区域乡村人口受教育状况。国家统计局人口和就业统计司的相关数据显示，截至 2016 年底，我国北方乡村地区初中及以下

---

①经前后核验，该处数据应为 457551，但为保持数据原真性，未作改动，特此说明。

文化人口占比达 85.00%，高中及以上文化人口占比仅为 15.00%，高水平受教育者累计占比不足两成。与之类似，东部乡村地区初中及以下文化人口累计占比为 84.85%，高中及以上文化人口累计占比仅为 15.15%，高水平受教育者亦不足两成。而中部乡村地区初中及以下文化人口累计占比为 85.60%，高中及以上受教育者占比仅为 14.40%。相对于东、中部乡村地区，东北乡村地区初中及以下文化人口累计占比为 91.11%，高中及以上文化人口占比不足一成，西南乡村地区初中及以下文化人口累计占比为 89.84%，高中及以上文化人口占比亦在一成左右，西北乡村地区初中及以下文化人口累计占比为 85.81%，高中及以上文化人口累计占比仅为 14.19%（见表 1-7）。可以发现，我国六大区域的乡村人口高中及以上受教育者占比均不足两成，其中东北和西南相对较低，高水平受教育者仅在一成左右，乡村人口受教育水平更需加强。

表 1-7　全国六大区域乡村 6 岁及以上人口受教育概况[①]

（单位：人、%）

地区	6 岁及以上人口		未上过学		小学	
	人数	占比	人数	占比	人数	占比
北方地区	52560[②]	100	3366	6.40	15589	29.66
东北地区	34165[③]	100	1865	5.46	11661	34.13
东部地区	120820	100	11622	9.62	40848	33.80
中部地区	131385	100	9330	7.10	42491	32.34
西南地区	80066[④]	100	10365	12.95	34091	42.58
西北地区	38555[⑤]	100	3747	9.72	14089	36.54

①需要说明的是，笔者在原表格的基础上，为了简化内容和方便统计，将北京、天津、河北、山西、内蒙古等 5 地概括为北方地区，将辽宁、吉林、黑龙江等 3 地概括为东北地区，将上海、江苏、浙江、安徽、福建、江西、山东等地概括为东部地区，将河南、湖北、湖南、广东、广西、海南等 6 地概括为中部地区，将重庆、四川、贵州、云南、西藏等地概括为西南地区，将陕西、甘肃、青海、宁夏、新疆等 5 地概括为西北地区，并分别对各个地区不同受教育程度的人群进行了加总和占比计算。

②经笔者加总后应为 52562，但为保持数据原真性，未作改动，特此说明。

③经笔者加总后应正为 34162，但为保持数据原真性，未作改动，特此说明。

④经笔者加总后应为 80067，但为保持数据原真性，未作改动，特此说明。

⑤经笔者加总后应为 38553，但为保持数据原真性，未作改动，特此说明。

地区	初中		高中		大专及以上	
	人数	占比	人数	占比	人数	占比
北方地区	25722	48.94	6050	11.51	1835	3.49
东北地区	17600	51.52	2188	6.41	848	2.48
东部地区	50054	41.43	13819	11.44	4477	3.71
中部地区	60648	46.16	15393	11.72	3523	2.68
西南地区	27468	34.31	6113	7.63	2030	2.53
西北地区	15247	39.55	3977	10.32	1493	3.87

资料来源：《2017 中国人口和就业统计年鉴》，第 98—99 页。在此基础上，笔者进行整合、计算并绘制而成。

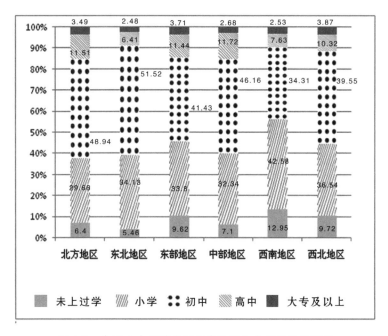

图 1-5　全国六大区域乡村 6 岁及以上人口受教育概况

资料来源：《2017 中国人口和就业统计年鉴》，第 98—99 页。在此基础上，笔者整理绘制而成。

在此基础上，针对乡村人口中的农业生产经营人员作进一步分析。根据国家统计局第三次全国农业普查公报，截至 2016 年底，全国农业生产经营人员中，未上过学、小学、初中、高中或中专、大专及以上受教育者占比分别为 6.4％、37.0％、48.4％、7.1％、1.1％，其中初中及以下受教育者累计占比为 91.80％，高中及以上受教育者累计占比仅为 8.20％，后者占比不足一成，与前者相差 83.60 个百分点（见表 1-8）。更有甚者，农业生产经营者中具备大专及以上受教育程度者占比不足半成。回溯前文提及的全国乡村人口受教育水平，即初中及以下文化水平者累计占比为 86.50％，高中及以上文化水平者累计占比为 13.50％，大专及以上文化水平者占比为 3.11％，通过对比可以发现，乡村人口中约 2/3 的高水平受教育人口未直接从事农业生产经营，导致农业生产经营群体的整体素质进一步下降。

表 1-8　2016 年第三次农业普查农业生产经营人员受教育结构表

（单位：％）

农业生产经营人员结构		全国	东部地区	中部地区	西部地区	东北地区
受教育程度构成	未上过学	6.4	5.3	5.7	8.7	1.9
	小学	37.0	32.5	32.7	44.7	36.1
	初中	48.4	52.5	52.6	39.9	55.0
	高中或中专	7.1	8.5	7.9	5.4	5.6
	大专及以上	1.2①	1.2	1.1	1.2	1.4

资料来源：第三次全国农业普查主要数据公报（第五号），2017 年 12 月 16 日。

---

①经笔者加总后应为 1.1，但为保持数据原真性，未作改动，特此说明。

第二节　人口结构性困境下的问题

当前乡村人口以及农业劳动力所呈现出的结构性困境，直接影响到现代农业的持续发展、村民自治的有序开展以及乡村振兴的全面实现。

一、影响现代农业持续发展

随着农村人口的持续外流，农业生产面临的最严重问题是到底由谁来种地，即农业生产经营主体的缺失问题。根据前文分析可知，当前农业生产经营者群体中呈现出 35 岁以下劳动适龄人口断层以及劳动力老龄化、劳动力女性化等特征。由于城乡之间的长期就业机会和资源汲取能力差异，很多农村青年经过系统的文化训练之后，纷纷离开农村前往城市寻找新的生活，乡村日益成为他们记忆中的遥远场景。在此背景之下，乡村社会中的大多数青年群体并不能成为农业生产经营的有效补充劳动力。鉴于此，我国的农业生产经营在未来一段时期内仍要依靠农村中老年群体的持续辛勤付出。随着时间的推移，这部分中老年群体的劳动能力逐渐下降，我国的农业生产亦将面临巨大挑战。以笔者调查的福建将乐为例，很多农民由于年事渐高、体力下降，加之家庭青壮年劳力外流，不得不减少水稻种植规模。可见，农村人口的空心化以及老龄化将在一定程度上导致农业经营主体的断层、种植规模的缩减以及生产结构的改变。

在此基础上，农业生产成本的不断增加，种粮比较收益的持续降低，导致青年农民群体中的"厌农"情绪扩张以及种粮意愿弱化，进而引发部分农地抛荒现象，这类土地"包括永久性抛荒地和暂时性抛荒地"① 等两类。笔者所在调研团队针对闽赣鄂浙 32 村 486 户的研究成果显示，2009 年至 2013 年期间，87.5％的调研村庄存在不同程度的土地抛荒或毁坏现象，抛荒或毁坏面积约占全部村庄总农地面积的 3％～5％②。随着时间的推移，这种现象并未发生根本改变，2018 年据闽西北将乐县安仁乡石富村驻村工

---

① 朱冬亮、高杨：《农户种粮意愿弱化与粮食种植业退化状况分析——基于闽赣鄂浙 32 村 486 户的调查》，《集美大学学报（哲学社会科学版）》，2013 年第 4 期，第 45—46 页。

② 《农户种粮意愿弱化与粮食种植业退化状况分析——基于闽赣鄂浙 32 村 486 户的调查》，第 45 页。

作队长 X. W. J. 介绍，现在村里的青壮年全部外出了，留在家里的空巢老人体力好的会种点口粮，其余的都没那个力气去比较高的垄田上耕作①，导致偏远地方的山垄田特别容易抛荒。调研过程中发现的更为极端的例子是，山垄田耕作中的高人力物力成本和相对较低的农业产出，致使将乐县安仁乡的高海拔村落上际村随着人口的外流，土地基本全部抛荒②。

在"精兵强将走四方，老弱病残务农忙"的同时，农业经营的现代技术应用、机械化种植以及规模化经营等均受到不同程度的限制。首先，作为现代农业科技的应用主体，农业经营主体的文化素质、年龄结构、性别比例等直接影响农业科技的推广程度及现代农业的产出效益。受当前农村人口素质水平整体偏低的制约，很多妇女、老人看不懂农药化肥的使用说明书和种子的亩均配比结构，更不了解测土配方施肥等新型农业生产技术。科学技术作为第一生产力，其使用的限制容易导致当前农业生产效益的降低。其次，就农村人口外流对农业机械化种植的影响而言，由于受到技术和体力的限制，妇女、老人等无法在农业生产的各个环节有效利用手扶拖拉机、旋耕机、插秧机、收割机等小型农业机械，在经营规模不变的情况下，可能导致人工投入成本的增加，进一步扩大农业投入—产出比。最后，在务农效率低下的同时，由于土地产权制度的固有缺陷以及农村社会保障体系的不完善，很多家庭让老弱病残成员继续在家保持"半抛荒式"的种地形式，但并不会完全放弃自家土地。农民中较为普遍地存在一种心理，即"小孩出去打工，如果混不下去就回乡，反正有田种也饿不死"③ 的心理，这直接影响了农村土地流转和规模化经营。

二、制约村民自治有序开展

2019 年，中共中央办公厅印发《关于加强和改进乡村治理的指导意见》，要求健全党组织领导的村民自治机制，推进民主选举、民主协商、民主决策、民主管理、民主监督实践。然而随着农村人口的大量外流，尤其是青壮年群体中的高素质人才流失，村两委弱化、虚化、边缘化的现象时

---

①调研组成员赵威对将乐县安仁乡石富村驻村工作队长 X. W. J. 的访谈。

②课题组成员王美英访谈上际村书记 Y. S. W. 。

③朱冬亮、高杨：《城镇化背景下失地农民的适应问题及对策分析》，《中共福建省委党校学报》，2015 年第 4 期，第 75 页。

有发生，这从多方面制约了干部队伍建设和基层民主的有序运转。其中，最为显著的现象是参与村两委选举的村庄人口基数减少乃至不足。在现实生活中，以青壮年群体为主的法定参选资格主体随着务工潮的外流，每到换届选举的时候，村干部很难联系到当事人回村参选，登记参选人数占比甚至难以满足基本的有效选举条件，致使村庄难以正常换届选举。此外，人口外流还导致村两委成员老龄化现象显著。2018 年 8 月，课题组成员在将乐县安仁乡调研期间，发现村里的年轻人大多都走了，留下的均是老人，大家都无所谓谁当选，村两委成员年龄普遍偏大。据安仁乡党委宣传委员 J.Y.F. 介绍，他挂职的洞前村，党员平均年龄 65 岁，选举出来的相对年轻的都已 50 多岁，对此他充满无奈："培养的年轻人在家里养不活自己，容易被人笑话，留下来的人年纪又太大，他们下村还得我扶着。"①

在此基础上，受行动能力和文化素质的影响，以妇女和老人为主的村庄留守人员的总体参选意识和能力较低，这在一定程度上影响了基层民主选举的质量和效果。其中，村民对村委会选举的认知体现着村民的政治意识，规制着其基层自治参与的广度与深度。为此，笔者以 2017 年在全国范围内抽取的 3843 个有效村民样本为分析对象，以村民对村主任当选最低票数及对本村村主任的熟悉度等为分析指标，详细了解乡村社会中妇女和老年群体对村委会选举的认知现状及特点（见表 1-9）。就性别而言，认为村主任当选最低票数为"三分之一""过半""三分之二""不知道"的男性村民分别为 1.32%、48.18%、15.46%、35.04%，不知道或答错的累计占比为 51.82%，同等情形下女性村民分别为 0.68%、35.65%、11.40%、52.27%，不知道或答错的累计占比为 64.35%，比前者高出 12.53 个百分点。就年龄而言，对村委会候选人表示"不太了解"② 的 60 岁以上老年人累计占比为 4.37%，同等情形下，50—59 岁、40—49 岁、30—39 岁、30 岁及以下村民占比分别为 2.78%、3.94%、5.33%、3.70%，对比可见，60 岁以上老年群体对候选人的了解程度相对更低。由此可知，随着对村庄选举了解程度更深的年轻村民和男性村民的持续外出，以老人和妇女为参

①调研组成员赵威对将乐县安仁乡党委宣传委员 J.Y.F. 的访谈。
②此处的"不太了解"是将表格中的"不太了解"和"不了解"两项累加以后的结果，下同。

与主体的村民自治，其深度和广度必将受到不同程度的消极影响。

表 1-9　不同村民群体对村主任当选最低票数的知晓度

（单位：岁、个、％）

变量	分类	村主任当选最低票数				合计
		三分之一	过半	三分之二	不知道	
性别	男	1.32	48.18	15.46	35.04	100（2808）
	女	0.68	35.65	11.40	52.27	100（1035）
教育水平	文盲	0.58	24.85	10.57	64.00	100（350）
	小学	1.35	40.88	11.07	46.70	100（1409）
	初中	0.94	50.40	15.30	33.36	100（1490）
	高中	1.61	50.20	21.78	26.41	100（496）
	大专及以上	1.06	59.58	24.47	14.89	100（94）

变量	分类	村民对村委会选举候选人了解程度				合计
		了解	一般	不太了解	不了解	
性别	男	86.60	9.78	3.40	0.22	100（2291）
	女	79.49	16.13	3.48	0.90	100（775）
年龄	≤30	70.37	25.93	3.70	0.00	100（27）
	30—39	79.29	15.38	3.55	1.78	100（169）
	40—49	84.75	11.31	3.61	0.33	100（610）
	50—59	86.46	10.76	2.48	0.30	100（1004）
	≥60	84.56	11.07	4.06	0.31	100（1256）

资料来源：徐勇、邓大才《中国农民状况发展报告 2017》（政治卷），北京大学出版社，待刊。为节省表格空间，笔者对部分内容略有合并改动。

此外，青壮年人口的外流所引发的教育养老等问题，也日益突破村民自治"自我管理"的框架，衍生出一系列的治理难题。以儿童教育为例，年轻父母外出务工，通常把小孩留给老人帮忙照看。对于这类留守儿童而言，他们常年见不着父母，家庭教育基本处于缺位状态，这是村两委难以补位的。而老人由于身体年龄、文化素质等因素的影响，对孩子基本以"生活上宠溺、学业上放纵"为主，年轻父母往往挣到了钱却又丢掉了后代教育。以将乐县安仁乡为例，2017 年全乡 570 名学生，其中将近 521 个属于父母不在身边的留守儿童，占比高达九成以上。从安仁中学毕业以后学生们到将乐城关学习，他们中的很多人仍处于托管中心的全托、半托管理模式中。即便学校开设有专门供学生联系父母的视频间，凡是向老师申请给父母打电话的均可以使用，但缺乏家庭教育配合的老师们，在学生数量较多、自身精力有限的前提下，除了为他们提供知识辅导外，能给予的人格培育和精神关怀十分有限。近年来，留守儿童流动化的趋向日益低龄化。据 J. Y. F. 介绍：安仁乡每年去城关的初中学生五六十人，小学就去城关的则更多了；安仁乡周边的余坊更为严重，整个班只有八名学生，老师比学生还多。① 如此长期循环，学生的家庭教育、社会教育不仅缺失，其对乡土的感情也日渐淡漠，反过来会进一步加剧村民自治的主体缺失和村庄治理难题。

三、阻碍乡村振兴全面实现

乡村社会作为国家治理的根基，其繁荣兴盛直接关系到两个一百年奋斗目标的顺利实现。早在 21 世纪初期，党中央就强调抓好乡村治理工作的重要性，提出包括产业发展、环境改善、乡村管理等在内的社会主义新农村建设。至 2017 年十九大召开，中共中央再次结合新时期乡村发展状况，明确强调推进社会治理向基层下移，并首次提出实施包括产业振兴、人才振兴、文化振兴、组织振兴以及生态振兴等五大方面的乡村振兴战略。其中，人才是推进乡村振兴战略的基本保障，人才振兴是引领乡村振兴实施的核心灵魂②。在此基础上，明确提出以"产业兴旺、生态宜居、乡风文

---

① 调研组成员赵威对将乐县安仁乡党委宣传委员 J. Y. F. 的访谈。
② 李鹏慧：《以人才振兴助力乡村振兴》，光明网，2019 年 10 月 17 日，http://economy.gmw.cn/2019－10/17/content33242189.htm，2020 年 8 月 20 日查阅。

明、治理有效、生活富裕"作为战略实施的总体要求。可见,乡村振兴战略覆盖了基层社会的经济、政治、文化、生态等各个方面,其最终目的在于通过五大板块的相辅相成,最终实现乡村的全面振兴,实现农业强、农村美、农民富的美好愿景。

人才兴则事业兴,人才强则乡村强。实现乡村全面振兴是时代潮流所趋,也是人民所盼。然而当前的乡村振兴却缺失了最关键的发展因素——劳动力乃至各类人才的不足。具体而言,当前我国的城市化率接近60%,这意味着农村在人口大量外流的过程中正悄然走向"静寂"。事实上,改革开放至今,农村人口在城乡位差的驱动下,广大青壮年持续外流,使得农村出现大批"386199部队"[①],长期留守村庄务农的莫过于无力外出的老弱病残群体,农村人口"中间断层"日趋严重,该现象的直接后果是以农业为主体的乡村产业发展受限。以在福建将乐的田野调查为例,笔者曾多次听乡民反映"现在的年轻人都不待在家种粮食了,往后估计种地的人也越来越少了,可能以后只能到超市买吃的"。这些话侧面反映了乡村社会对未来农业发展的担忧,也显示了当前以农业为主体的乡村产业发展在人口大量外流的背景下维持有序运转的困难所在。

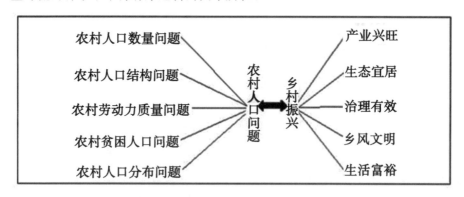

图 1-6　农村人口问题与乡村振兴关系图

资料来源:赵周华、霍兆昕《中国乡村振兴战略实施面临的人口问题及应对思路》,《农业农村部管理干部学院学报》,2019年9月,总第36期,第28页。

---

① 386199部队:指妇女、老人和儿童。

在这些农村社会主体的流动中，可以看到村庄成员四散分布在不同的城市，并以"候鸟式迁移"的方式往返于城市与乡村之间，这些行为正日益瓦解村庄固有的文化网络以及在此基础上形成的乡风文明。由于长期不在村，很多长期生活在外的年轻人，对村民和村庄存在陌生感。对于他们而言，村庄在某种程度上已经沦为脑海中回不去的"故乡"，传统村落的"熟人社会"正变成"无主体熟人社会"[①] 或"半熟人社会"[②]。与此同时，留守村民与外流人员基于地缘的长期分离，很多传统节日和乡约民俗在原有的村庄场域内日益碎片化，且面临无法重新拼接传承的难题。村庄成员的长期缺席、人际关系陌生化、价值观多元化以及经济分化，使村庄共同体出现"社会关系衰退"与"组织衰败"现象[③]，以笔者调研的广东省佛冈县三八片区白沙岭村为例，2014 年以前，行政村下辖的新屋村、上围村、禾塘村、白沙岭村等自然村由于人口长期外流，基本无人筹资兴建文化室、醒狮队、篮球队等集体文娱场所和项目，这些现象共同加剧了当地乡风文明的衰败。

第三节　强化乡村人才振兴的可能路径

有鉴于当前乡村人口的结构性困境以及所带来的严重后果，我们认为有必要从经验、文本层面寻找突破，包括依托政策文本进行乡村人才的概念界定，汲取世界各国农民培育实践的有益经验以及初步开展乡村人才培育的宏观探索。

一、乡村人才的基本意涵

概念的明晰是开展交流与对话的前提[④]。然而当前学术界和政策圈尚未针对乡村振兴的核心要素——"乡村人才"的基本内涵、外延范围和分类体系达成初步共识，甚至处于众说纷纭的状态。事实上，展开对话的主

---

① 吴重庆：《从熟人社会到"无主体熟人社会"》，《读书》，2011 年第 1 期，第 19—25 页。

② 贺雪峰：《论半熟人社会——理解村委会选举的一个视角》，《政治学研究》，2000 年第 3 期，第 61—69 页。

③ 田毅鹏：《村落过疏化与乡土公共性的重建》，《社会科学战线》，2014 年第 6 期，第 8—17 页。

④ 张凤阳等：《政治哲学关键词》，江苏人民出版社，2006 年，第 3 页。

体之间要想形成有效的沟通，"参与对话的任何一方，既要提供某种东西去理解，也要提供某种可理解的东西。这是话语过程的低度'共识'"①，而这种概念不一、众说纷纭的状态则瓦解了有效沟通的低度共识基础，"当某些观念演化为政治行动的合法理据，以致在同一面旗帜下可以集合若干不同的甚或截然相反的主张的时候，开展学术对话所必需的最低限度的知识平台似乎变成了空中楼阁。"② 鉴于此，如何让"乡村人才"成为学术界、政策圈乃至实践界达成有效交流的共有场域，对相关概念的识别和建构成为关键。下面笔者将重点以历年中央一号文件为分析对象，详细提炼同类型不同时期以及不同类型文本关于"乡村人才"的话语表达及外延范围差异。

具体而言，2005 年中央一号文件提出"农村医疗卫生人才"，2007 年兴起"新型农民""新农村实用人才""种养专业大户""现代农业的带头人"以及"乡土人才"等概念，2008 年逐步强调"种养业能手""科技带头人""农村经纪人"和"专业合作组织领办人"。2009 年，乡土人才范围扩大到"科技人员""大学毕业生"。2010 年以后，"农业科技领军人才""专业技术人才""高技能人才""新型职业农民"等技术类人才相继在政策文本中涌现。此后出现了更细的人才分类概念，包括村干部、农民专业合作社负责人、到村任职大学生等在内的"农村发展带头人"，农民植保员、防疫员、水利员、信息员、沼气工等在内的"农村技能服务型人才"，以及种养大户、农机大户、经纪人等在内的"农村生产经营型人才"。在此基础上，2014 年和 2017 年分别提出"农民经纪人""乡村工匠"。2018 年以来，国家又相继提出"乡土文化本土人才""乡村人才""'一懂两爱'③ 人才"等概念。这些尚未统一的分类概念，为地方政府出台兼具普遍性和差异性的乡村人才政策造成了困扰。

---

① 《政治哲学关键词》，第 1 页。
② 《政治哲学关键词》，第 1 页。
③ "一懂两爱"人才：即懂农业、爱农村、爱农民的"三农"工作队伍。

表 1-10　政策文件中的乡村人才类型表述汇总

序号	类型
1	农村实用人才（如种养业能手、科技带头人、农村经纪人和专业合作组织领办人等）；创业农民①
2	生产型人才、经营型人才、技能服务型人才、社会服务型人才和技能带动型人才②
3	农村技能服务型人才（村干部、农民专业合作社负责人、到村任职大学生等农村发展带头人，农民植保员、防疫员、水利员、信息员、沼气工等）；农村生产经营型人才（种养大户、农机大户、经纪人等）；新型职业农民；创业者（务农创业农村青年、返乡创业农民工）③
4	新型农民和农村实用人才（如专业大户、家庭农场经营者、务农创业者和合作社带头人等）④
5	新型职业农民；新型农业经营主体带头人（现代青年农场主、林场主）；农业职业经理人；专业人才（乡村工匠）；乡村教师；农村卫生人才⑤
6	新型职业农民；农村专业人才（如农业职业经理人、经纪人、乡村工匠、文化能人、非遗传承人等）⑥
7	新型职业农民；农村专业人才（如农技推广人才等）；投身乡村建设的社会人才（企业家、党政干部、专家学者、医生教师、规划师、建筑师、律师、技能人才、城市医生教师、科技文化人员、大学生村官等）⑦

①中华人民共和国中央人民政府：《关于切实加强农业基础建设进一步促进农业发展农民增收的若干意见》，中国政府网，2008 年 1 月 30 日，http：//www.gov.cn/jrzg/2008－01/30/content875066.htm，2020 年 9 月 17 日查阅。

②中华人民共和国中央人民政府：《农村实用人才和农业科技人才队伍建设中长期规划（2010—2020）》，中国共产党新闻网，2013 年 1 月 29 日，http：//cpc.people.com.cn/n/2013/0129/c244819－20363427.html，2020 年 9 月 17 日查阅。

③中华人民共和国中央人民政府：《关于加快推进农业科技创新持续增强农产品供给保障能力的若干意见》，中国政府网，2011 年 12 月 31 日，http：//www.gov.cn/gongbao/content/2012/content2068256.htm，2020 年 9 月 17 日查阅。

④中华人民共和国中央人民政府：《关于加快发展现代农业　进一步增强农村发展活力的若干意见》，中国政府网，2012 年 12 月 31 日，http：//www.gov.cn/gongbao/content/2013/content2332767.htm，2020 年 9 月 17 日查阅。

⑤中华人民共和国中央人民政府：《关于深入推进农业供给侧结构性改革加快培育农业农村发展新动能的若干意见》，中国政府网，2016 年 12 月 31 日，http：//www.gov.cn/zhengce/2017－02/05/content5165626.htm，2020 年 9 月 17 日查阅。

⑥中共中央、国务院：《关于实施乡村振兴战略的意见》，中华人民共和国农业农村部，2018 年 2 月 5日，http：//www.moa.gov.cn/ztzl/yhwj2018/spbd/201802/t201802056136480.htm，2020 年 9 月 17 日查阅。

⑦中共中央、国务院：《乡村振兴战略规划（2018—2022）》，中华人民共和国农业农村部，2018 年 9月 26 日，http：//www.moa.gov.cn/xw/zwdt/201809/t201809266159028.htm，2020 年 9 月 17 日查阅。

（续表）

序号	类型
8	农业技术推广人才；农业产业化龙头企业负责人；专业合作组织负责人；优秀生产经营人才（生产能手和农村经纪人等）[①]
9	新型职业农民队伍；新型经营主体；返乡创业者[②]
10	新型农业经营主体带头人（如专业大户、家庭农场经营者、农民合作社带头人、农业龙头企业负责人和农业社会化服务组织负责人等）；农村实用人才（农业企业经营管理人员、农村基层干部、大学生村官、返乡下乡涉农创业者、农村信息员和农业社会化服务人员等）[③]
11	农业科技人才；农村专业人才（农技推广、畜牧兽医、渔业渔政、农村卫生、乡村教育、农村事务管理、农村法治、建设规划、环境整治、改厕节水等领域人才）；新型职业农民（种植业、养殖业、农产品加工、农村物流、电子商务、农业职业经理人等领域人才）；农村乡土人才（休闲农业、乡村旅游、特色产业、文化传承、家庭服务等领域人才）；农村创新创业人才[④]
12	村两委成员；大学生村官；新型职业农民；农业产业精准扶贫户；现代农业创业农民、县域经济发展电商人才；乡村卫生和文化人才等[⑤]
13	新型职业农民队伍；基层农技推广和农村经营管理人才；农村技能人才；农村社会事业人才；农村基层党组织人才[⑥]

资料来源：刘晓峰《乡村人才：从概念建构到建设路径》，《人口与社会》，2019 年第 3 期，第 79—80 页。

[①] 中华人民共和国中央人民政府：《国家中长期人才发展规划纲要（2010—2020 年）》，中国政府网，2010 年 6 月 6 日，http://www.gov.cn/jrzg/2010−06/06/content1621777.htm，2020 年 9 月 17 日查阅。

[②] 中华人民共和国中央人民政府：《全国农业现代化规划（2016—2020 年）》，中国政府网，2016 年 10 月 20 日，http://www.gov.cn/xinwen/2016−10/20/content5122297.htm，2020 年 9 月 17 日查阅。

[③] 中华人民共和国农业部：《"十三五"全国新型职业农民培育发展规划》，中华人民共和国农业部，2017 年 1 月 22 日，http://jiuban.moa.gov.cn/zwllm/ghjh/201701/t201701225461506.htm，2020 年 9 月 17 日查阅。

[④] 山东省委、省政府：《山东省推动乡村人才振兴工作方案》，搜狐网，2018 年 8 月 1 日，https://www.sohu.com/a/24459819799960254，2020 年 9 月 17 日查阅。

[⑤] 黑龙江省委、省政府：《黑龙江省实用人才实用技术助力乡村振兴战略和脱贫攻坚行动计划》，手机人民网，2018 年 7 月 2 日，http://m.people.cn/n4/2018/0702/c1436−11221902.html，2020 年 9 月 17 日查阅。

[⑥] 中共湖南省委、湖南省人民政府：《湖南省乡村人才振兴行动计划（2018—2022）》，中国政府网，2018 年 12 月 21 日，http://rst.hunan.gov.cn/xxgk/gzdt/zwdt/201812/t201812215243325.html，2020 年 9 月 17 日查阅。

事实上，从构词学的角度而言，乡村人才由"乡村"（countryside）和"人才"（talent）两个词组合而成，其中，《现代汉语词典》对"乡村"的解释是"主要从事农业，人口分布较城镇分散的地方"[①]，对"人才"的解释是"德才兼备的人或有某种特长的人"[②]，同时考虑到乡村振兴和城乡融合的大背景，赋予乡村人才更多的时代属性、社会属性和价值属性，即乡村振兴语境下的乡村人才必须具备"懂农业、爱农村、爱农民"的素质和情怀。据此，笔者提炼出当前乡村人才的一般定义，即具备某种技能、特长或素质的，超脱于一般乡村性[③]的，在地域上与乡村存在生活或生产联系的，以及具备"一懂两爱"情怀的个体或组织。在此基础上，重新对前文政策话语中的乡村人才概念进行类型划分。其中，从地域属性出发，将乡村人才划分为"在乡人才""返乡人才"和"下乡人才"等三类，结合《农村实用人才和农业科技人才队伍建设中长期规划（2010—2020年)》中的相关分类标准，进一步将在乡人才划分为生产型、经营型、技能服务型、社会服务型和技能带动型等五个中类。系统的类型划分工作为全国各地的人才振兴实践提供了兼具共性和个性的参照系。

表 1-11　乡村人才的类型体系

大类	中类	小类
在乡人才	治理型人才	农村基层干部、大学生村官、驻村干部、村两委成员
	生产型人才	种植能手、养殖能手、捕捞能手、加工能手等
	经营型人才	一般经营人才、专业大户、农村经纪人、农民专业合作组织负责人、农业企业经营管理人员、特色产业经营者（如物流、电商、休闲农业、乡村旅游、特色产业、家政服务等）
	技能带动型人才	铁匠、木匠、泥匠、石匠、篾匠、漆匠等手工业者
	技能服务型人才	"三支一扶"人员、农技推广服务人员、农村基层卫生人才、动植物防疫防治员、农产品质量检验检测员、农机驾驶和维修能手、农民植保员、水利员、沼气工等

---

①中国社会科学院语言研究所词典编辑室编：《现代汉语词典（第7版)》，商务印书馆，2016年，第1426页。

②《现代汉语词典（第7版)》，第1096页。

③乡村性：英译为 rurality，指传统农业生产方式、传统小农以及费孝通语境中的"乡土社会"。详细参见文军、吴越菲：《流失"村民"的村落：传统村落的转型及其乡村性反思》，《社会学研究》，2017年第4期，第24页。

（续表）

大类	中类	小类
在乡人才	社会服务型人才	乡村文化人才（如民间曲艺和戏曲创作表演人才、手工艺人、文化能人、非遗传承人、乡村教师等）
		乡村社工人员（从事职业介绍、维护社会秩序、调解民事纠纷、开展公益事业等活动的农村劳动者）
返乡人才	经验知识型返乡人才	有在外务工或接受高等教育经历的，后返回并扎根乡村的返乡农民工、返乡大学生等
下乡人才	智力型下乡人才	身在城市，但以智力投入特定乡村发展的"三农"学者、科技人才、规划师、建筑师、律师、医生、教师等
	资本型下乡人才	身在城市，以资本投入特定乡村发展的企业家、金融家等
	社会型下乡人才	身在城市，但以社会关系投入特定乡村发展的，如社会名流、党政干部、爱心人士、社会组织人员等

资料来源：《乡村人才：从概念建构到建设路径》，第 83 页。

二、世界各国的农民培育

在系统梳理政策文本以及进行概念界定、体系划分的基础上，有必要了解他国乡村人才培育的相关经验，以期为我国的乡村人才振兴实践提供有益借鉴。事实上，乡村人才属于我国特有的人才分类名词，在国外没有完全意义上的关于乡村人才的研究机构和成果，他们的相关研究主要体现在农村人力资源尤其是农民教育方面[①]。具体而言，国外普遍高度重视农民教育，在农业教育资金投入和农业发展上均给予了相关政策倾斜。以美国为例，从 1995 年起，每年农业教育经费逐年递增，至 2000 年以后进一步从法律层面保障农业经费的持续投入。而在英国，政府唯一给予资助的就是农民教育培训。相对而言，韩国的政策覆盖更为全面，在将免费义务教育贯彻实施于农村、渔村和山地的同时，由政府全程为农业从业者提供培训帮助。此外，以色列农民的文化教育程度较高，农民教育体系发达。法国则设立高等农业培育院校，着重提高农民教育师资水平。下面重点介绍美、德、日三国的农民培育政策及实践举措。

[①]常一青：《民族地区乡土人才队伍建设的现状、问题及对策研究——以武陵山区为例》，《中南民族大学学报（人文社会科学版）》，2015 年第 1 期，第 7—12 页。

首先，以美国为例。现代化的美国为解决其农村人才因城市化水平提高而大量流失的问题，逐步建立起一套四措并举的农村人才培养模式。其一，依托法案确保农村人才培养有足够资金支持。从农业赶超阶段、跻身发达农业大国时期及至现阶段，美国一直重视强调农村人才培养的资金给付。其二，借助农业教育体系，促进农村人才培养与农技推广，重视从联邦到地方州的青年农技统筹与具体农技推广工作规划。值得一提的是美国的4H教育[1]，它强调科研与教学的双轨并重发展，同时注重农业科技知识的传播推广。其三，依靠多元渠道和多样教育形式，培养实用型农业人才。在农村实用人才培养上，突出重视公立大学式教育、培养时间上的阶段式教育和农技知识环节的全方位掌握和应用。其四，双向兼顾改善农村"软""硬"条件[2]。在乡村整体布局上，规划形成优良的农村生活环境，以有效引入外来农业人才，同时调整户籍制度，促使农村人才实现自由流动，以避免农村人才的单向度外流。

其次，以德国为例。德国的人才培养模式是欧洲农业人才培养的典型代表之一。首先，其着重农村人才的官方等级认定，使农业从业资格法律化，严格执行五级证书[3]认定标准；其次，强调以市场为导向，运行由各市场利益主体参与，以立法形式确定农业职业的农业人才培养"双元制"教育模式[4]，倡导职业学校教育与企业培训的双向结合；再次，以"知识、技能、能力"三要素确定普适性的教育评价体系[5]，使农业与其他行业在同一个评价体系下实现资质的自由比较和转换，促进农村人才在农业理论学习

---

① 美国的4H教育兴起于19世纪末，是一种校外农业教育，其目的在于培养新型职业农民以促进美国农技推广和有效应对美国在20世纪初即出现的农村空心化问题。（参见李金龙、修长柏：《美国4H教育对中国新型职业农民培养的启示》，《世界农业》，2016年第12期，第243—247页。）

② 高鸣、武昀寰、邱楠：《乡村振兴战略下农村人才培养：国际经验视角》，《世界农业》，2018年第8期，第177页。

③ 1级：学徒证书。2级：专业证书。3级：师傅证书。4级：技术员证书。5级：工程师证书。（参见高鸣、武昀寰、邱楠：《乡村振兴战略下农村人才培养：国际经验视角》，《世界农业》，2018年第8期，第178页。）

④ "双元制"教育模式最早于20世纪70年代出现于德国一所职业学校——巴登-符腾堡州的职业学院（Berufsakademie）。这种教育模式里企业和职业学校负责对学生进行教学工作，行会则负责对学生学习成效进行最终考核。经过"双元制"的培养模式，受培养对象将会成为兼具扎实理论知识和过硬实践能力的技能型人才。（参见高松：《德国双元制职业教育及其在高等教育领域的发展》，《河北师范大学学报（教育科学版）》，2013年第15卷第1期，第86—88页。）

⑤《乡村振兴战略下农村人才培养：国际经验视角》，第178页。

与实践能力上达到双向互补；最后，农村的养老和福利待遇成为国家养老保障体系的重点环节，凡是从事农业工作的人，均可以享受额外资金补贴。可见，德国农业准入门槛的严格设定、农业人才的教育培育模式以及全国统一性的资质评价体系等，不仅为农业人才的培育提供了优良"土壤"，而且等级人才证书的层层官方认定，为后续农业的有序发展储备了大量高质量的后备军。

最后，以日本为例，随着大批农村人口城市化，为解决农业发展困局，日本以政府为主导，注重从法律、政策及教育培训等三方面进行农村人才培养。其中：在法律保障方面，早于1947年日本就颁布《学校教育法》，首次以立法形式确定农民教育，随后一直重视通过法律文件的出台来保障农民培育的政府财政资金投入[①]；在政策供给方面，从资金保障、养老保险、国内外交流研修三个方面调动日本民众投入农业生产的积极性；在教育培训层面，早于1970年日本就强调农民的职业技术培训，并由学校免费为农户提供相关农技指导。[②] 同时日本重视构建多元共治的农村人才培养体系，协调推进国家、政府、社会组织参与的三位一体的农民培育体系，由日本教育主管部门按照初等、中等、高等三个级别逐级开展，以推进农业教育由大众化向专业化、科研化逐步提升[③]。此外，相较于传统的农业教育，该培育体系还注重通过理论学习与实践活动的互促共融来实现农技普及与农民的职业化教育。

表 1-12　美德日农村人才培养的比较

国家	法律体系	农民教育体系	部分政策措施
美国	莫雷尔法案；哈奇法案；史密斯-利费法	联邦农业推广局、州立大学、县级农业推广部门"三位一体"；公立学校的正规农业教育和由校外组织的农业服务推广教育构成的双轨制并行	加大乡村地区基础设施建设；调整户籍登记制度

①《乡村振兴战略下农村人才培养：国际经验视角》，第179页。
②何梅、杨全海：《日本农民职业技术教育对中国的启示》，《世界农业》，2014年第5期，第181页。
③《乡村振兴战略下农村人才培养：国际经验视角》，第179页。

（续表）

国家	法律体系	农民教育体系	部分政策措施
德国	职业教育法；职业训练促进法	传统学徒制与现代职业教育相结合的双元制与严格的人才等级认定制度相结合	健全养老保险制度；完善的基础设施建设；在农业财政与税费上给予支持
日本	学校教育法；农业改良助成法；农业改良资金援助法；产业教育振兴法；青年学级振兴法	由文部科学省系统的初等、中等、高等教育与农林水产省系统的农业技术普及教育和农协教育两部分构成	强制全民参与养老保险；重视农业基础设施建设；建立认定农业者制度并给予生产大户资金和技术支持

资料来源：《乡村振兴战略下农村人才培养：国际经验视角》，第 181 页。

三、人才培育的宏观路径

在概念界定和经验借鉴的基础上，从破解人才瓶颈、强化人才支撑以及加快人才双向流动等三个方面，对如何培育乡村人才提出宏观层面的初步设想。

首先，强化机制建设，破解人才瓶颈。2013 年，习近平总书记在中央农村工作会议上的讲话指出，"农村经济社会发展，说到底，关键在人。没有人没有劳动力，粮食安全谈不上，现代农业谈不上，新农村建设谈不上，还会影响传统农耕文化保护和传承"[1]。可见，中央层面也意识到人才瓶颈对乡村发展的制约作用。2018 年中央一号文件明确提出"必须破解人才瓶颈制约"，并将"强化乡村振兴人才支撑"作为单列部分重点提出。2019 年中央一号文件通过出台一系列政策举措将如何破解乡村人才瓶颈落到实处，包括提出人才培育机制、人才保障机制、人才配备机制以及人才使用机制。其中，人才培育机制方面，要"加大从高校毕业生、农民工、退伍军人、机关事业单位优秀党员中培养选拔村党组织书记力度"；人才保障机制方面，要"实行中央统筹、省负总责、市县乡抓落实的农村工作机制，制定落实五级书记抓乡村振兴责任的实施细则，严格督察考核"；人才配备机制

---

[1]中共中央文献研究室编：《十八大以来重要文献选编（上）》，中央文献出版社，2014 年，第 678 页。

方面，要求"各级党委和政府必须把落实'四个优先'的要求作为做好'三农'工作的头等大事，扛在肩上、抓在手上，同政绩考核联系到一起，层层落实责任"；人才使用机制方面，强调"把乡村人才纳入各级人才培养计划予以重点支持。建立县域人才统筹使用制度和乡村人才定向委托培养制度"。四大机制环环相扣，成为破解乡村人才瓶颈的宏观制度保障。

其次，主动培育人才，强化人才支撑。在国家提供宏观制度保障的前提下，重新面对乡村人口大量外流的现实处境，如何吸引包括青年农民群体在内的各类人才返乡或下乡，成为摆在眼前的首要难题。对此，笔者曾深刻分析过乡村在人们情感中的位阶变化及背后原因，"对于年轻的农民群体，他们大多没有从事耕作土地的经历，对土地没有什么印象也没有什么感情。他们疏远了农业和农村，自然也疏远了土地，再加上父辈的长期灌输引导以及生活经历让他们逐渐形成一种感觉，从事农业收入低且没有前途。在他们心目中，不仅不'恋土'反而'厌土'，农业在他们心目中甚至已经成为一种'低贱'的职业"[①]。经过长期的调研和思考，笔者发现越来越多的人在物质层面富起来之后，开始追求精神层面的富足。鉴于此，陈锡文认为政府需要主动发现并培育此类人才，"我们现在需要寻找一批真正把农业当作自己的事业来干的人，愿意搞农业，又热爱家乡。我见过很多这样的人，读了博士、硕士，甚至留了洋回来，要重视培养这样的人。"[②]事实上，作为处于实践活动主导地位的人，仍离不开与之相互作用的物的支持。为此，乡村社会更应该创造各类条件积极接纳返乡或下乡人才，并营造适合人才发展的舆论环境和社会基础，将其作为建设性力量有效利用起来。

最后，打破城乡二元体制，加快人才双向流动。费孝通曾在《江村经济》中提到，"正确地了解当前存在的以事实为依据的情况，将有助于引导这种变迁趋向于我们所期望的结果"[③]。事实上，人才振兴的提出正是基于我国当前国情的必然要求。前文分析已阐明，大规模中青年农村劳动力流

①朱冬亮：《农业治理转型与土地流转模式绩效分析》，中国社会科学出版社，2016年，第253页。

②陈锡文：《我国国情决定乡村必须振兴！振兴乡村是世界潮流！》，南方农村报，2018年8月10日，http://www.sohu.com/a/246259879100020178，2019年7月1日查阅。

③费孝通：《江村经济》，鹭江出版社，2018年，第28页。

向城市，导致农业生产经营缺乏必要劳动力，谁来种地的问题仍将长期摆在人们面前。众所周知，人的实践活动是人和物的相互作用，其中人是实践活动的能动因素，始终处于主导地位，实践活动的成败得失取决于人的主体性的性质、大小及其发挥。[①] 列宁亦认为，全人类的首要生产力就是劳动者。因此，联系到长期城镇化进程中形成的乡村人、财、物等资源和要素的单向度流动等客观事实，尤其是以乡村优质人才资源为主导的、其他生产要素为附加的单向度输出现象，这些在共同导致乡村资源逐渐匮乏的同时，也逐步将乡村社会异化为城镇化进程的附属品，城乡发展严重失衡。因此，打通城乡之间的人才交流通道并加快人才双向流动，真正使大学生村官、医生教师、党员干部、新型职业农民、农技推广人才、新乡贤等各类返乡或下乡人才在乡村场域中充分涌动，成为促进现代农业发展和实现乡村振兴的重要举措。

第四节　新时代乡村人才振兴的实践探索

在概念界定、经验汲取和宏观探索的基础上，全国各地进行了一系列的实践探索，包括四川省崇州市开展的新型林业职业经理人与林业现代化实践、福建省长汀县等开展的大学生村官嵌入基层治理实践、浙江省绍兴市上虞区开展的新乡贤培育实践以及厦门市海沧区开展的社会各界投身乡村建设实践。

一、新型职业农民培育与农业现代化

新型职业农民作为国家长期系统培育的基础性乡村人才，直接关系到我国农业现代化能否成功转型，同时也构成了当前乡村全面振兴的关键性要素。作为一项复杂而艰巨的人才工程，全国各地的新型职业农民培育工作经历了逐渐系统化的发展历程。其中，四川省崇州市结合本地林业资源丰富的优势开展的新型林业职业经理人培育探索工作尤为有益。事实上，在进行该项工作以前，当地曾面临一系列的发展困境。具体而言，2008 年国家出台《中共中央国务院关于全面推进集体林权制度改革的意见》，要求

---

① 袁贵仁：《马克思的人学思想》，北京师范大学出版社，1996 年，第 307 页。

各地方政府大力促进传统林业向现代林业转变。为此，崇州市在规划生态涵养主体功能管制区的同时，开始积极谋划生态优先战略下的都市现代林业转型。此后，随着移民搬迁工程的实施和城镇化的加速发展，当地逐渐出现"林农荒"，现代林业经营缺乏新型主体。

结合国家关于新型职业农民培育的顶层设计及试点先行等宏观安排，崇州市政府进一步明晰相关人才的培育路径，包括以精准遴选、系统培育、政策扶持等措施筑牢培育根基，以资格审查、等级评定、强化监督、完善党建等措施加强后期管理。与此同时，为了更好地发挥新型职业农民助推现代林业发展的作用，崇州市政府以林业产权改革为契机，成立林地股份合作社并聘请新型林业职业经理人任职，在完善组织架构、强化机制运行以及稳固利益联结的基础上，制定新型林业职业经理人配套扶持政策体系，包括产业扶持、科技扶持、社保扶持、创业扶持以及金融支持，使新型林业职业经理人优先推荐享受相关专项资金扶持、优先获取科技研发资金和立项支持、优先获取创业扶持奖励以及凭证享受 10 万、20 万、30 万的信用贷款支持。

在坚持家庭承包经营基础地位不动摇的前提下，四川省崇州市以新型林业职业经理人培育为核心，通过创新体制机制、放活经营权以及完善政策配套，打造出"林地股份合作社＋林业职业经理人＋林业综合服务"三位一体的"林业共营制"发展机制，为新型林业职业经理人嵌入现代林业经营体系奠定基础。实践证明，当地关于新型职业农民培育工作的探索真正实现了林业产业振兴、林区治理有效、林农持续增收。其中，以季崧林地股份合作社为例，2017 年实现产值 51.2 万元，新型林业职业经理人收益达 12.46 万元，刨除合作社提取的 1.78 万元公积金，合作社户均增收 4100元。此外，合作社社员保底分配 10 万元，二次分红达 3.56 万元，合作社务工工资收入亦达 30 余万元。

二、干部队伍建设与脱贫致富

习近平总书记指出，"村民富不富，关键看支部；村子强不强，要看'领头羊'"。基层干部队伍作为治理型人才，直接关系到乡村振兴场域中村民富裕问题和村庄治理难题的妥善解决。然而，当前的基层干部队伍建设尚面临一系列的现实困境。其中，人口的大量外流导致村庄精英群体的缺失，基层干部队伍因之缺乏相应的人才储备，长期面临"无源之水"的发展困境。此外，在国家正式提出"健全以财政投入为主的稳定的村级组织运转经费保障机制"以前的很长一段时期内，由于全国绝大部分村两委经费主要依靠自筹和地方财政补贴，部分集体经济贫弱的村庄难以有效保障基层干部队伍的正常工资性支出，尤其是相对偏低的工资性收入难以产生持续性的激励成效。除物质激励不足以外，基层干部队伍尚面临村民认同不足、精神激励失衡以及队伍结构老化、表率作用降低等发展难题。

有鉴于此，全国各地的党政机关以非常规化的动员方式为先手，即通过外部劝说、密切联系等方式来打动外出能人，力图激发其家乡情怀，返乡参与村庄建设；通过将能人培养入党以及依靠群众自治力量来约束基层干部队伍，以期增强基层干部队伍储备和强化干部后期管理。但是，上述两种方式随即出现"情怀路线难持久、晋升不畅难留人、三治不齐难护航"等缺陷。为克服早期非制度化探索阶段呈现的各类弊端，全国各地又开始了新一轮的制度化建设。其中，针对干部储备，通过加强人才库建设、严把干部入口关以及密切情感联系，全面提升储备干部的容量、质量及返乡意愿；针对干部选拔培育，通过严格换届程序、加强任内培训以及完善制度建设，全面增强干部队伍定力；针对干部后期管理，拓宽晋升渠道、改善物质保障以及加强监管覆盖，使干部队伍"有奔头、有劲头、有怕头"。

为促使干部队伍更好地嵌入村庄治理，全国各地从实际出发，总结出一系列可复制、可推广的经验做法。其中，以福建省长汀县古城镇丁黄村的 D. Q. Q. 为代表的大学生村官，在结合自身所学的基础上，通过纵向借力政策扶持，探索出"定方向、谋东风、亮名片"的旅游型村落建设路径；以福建省将乐县安仁乡乡贤 Z. Q. B. 为代表的返乡任职干部，以联村党建为核心，通过成立跨村产业联盟，合理整合及跨村配置优秀干部资源，探索出"村民、企业、村庄"全域激活的"安仁样板"；以浙江省绍兴市上虞区道墟街道①称海村书记 X. H. X. 等为代表的传统村庄能人，通过乡贤理事会、农业合作社等组织化的链动方式，充分调动干部、党员、乡贤以及普通村民参与村庄建设的积极性，进而全面激活村庄发展要素，成功实现

---

① 2017 年 7 月，经浙江省人民政府批准，撤销道墟镇，设立上虞区道墟街道。

"农业强、农村美、农民富"的美好愿景。

三、新乡贤与乡土社会重建

新乡贤作为能够动员和组织村民并具有较高治理能力及治理意愿的社会服务型人才，相对于基层干部队伍这类体制型的传统治理人才而言，往往聚合了体制性和非体制性等多重类型。事实上，沿袭于传统时期的文化权威、集体化时期的政治权威以及包产到户以后的经济能人权威，新乡贤在发挥"促进乡风文明、推动经济发展、优化基层治理"等功能的同时，尚面临能力转化困境、权威认同困境以及治理参与困境。例如，上虞区道墟街道称海村的 31 名新乡贤群体从事非农产业的技能在短期内就没有有效转化为带领农业、农村、农民发展的能力。此外，虽然新乡贤群体积极参与村庄公共事务，但在村民们看来，与村干部相比，长期脱离村庄生活的新乡贤的威望并不会更高，尤其在土地规划、宅基地拆迁、环境整治、公共设施建设等方面，并不能完全将村民意见统一起来。

事实上，培育新乡贤的困难远不止如此。上虞区领导在实地调研中发现，当地甚至存在"上虞名字由来模糊化、道墟诗人川岛日本化、广陵嵇康陌生化"等尴尬现象。为此，本着"挖掘故乡历史、抢救文化遗产、弘扬乡贤精神、服务上虞发展"的宗旨，上虞率先成立了全国第一家以"乡贤"命名的民间社团——上虞乡贤研究会。乡贤研究会通过修建乡贤馆等硬件设施，强化乡贤文化宣传的物质载体，同时注重发挥乡贤文化的治理效能。与此同时，上虞区政府通过建立四级联动机制、完善制度配套以及加强宣传培训，不断增强乡贤参事会等组织载体的内生运转力量，为持续培育新乡贤找准组织抓手。为克服"乡贤引进留不住、乡贤文化传不开、乡贤组织易脱轨"等难题，上虞区道墟街道以制度为抓手，在宣传落地的过程中引入座谈制度、连心制度，不断扎牢解决问题的制度笼子。

以上做法取得了显著成效。通过一系列资格界定的上虞新乡贤，依靠"在地化、体制化、公共化"等策略配套，成功嵌入当前村庄治理，具体表现为赢得村民信任、获得身份认同以及治理意愿增强。在此过程中，新乡贤不断提高自身参与乡村治理的持续性及有序性，并取得了良好的村庄治理绩效。最终，上虞系统培育新乡贤的成功经验获得了全社会认可，并打造出誉满全国的"上虞现象"。2015 年 5 月 21 日，中宣部在上虞召开创新发展乡贤文化现场交流会，高度评价上虞创新发展乡贤文化三方面做得好：见贤做得好、求贤做得好、传贤做得好。20 年来，上虞乡贤文化这一珍贵的人文资源，被最大限度地激活，使乡贤文化渗透到全区群众的精神生活中，形成向上向善、积极进取的文化导向。

四、鼓励社会各界投身乡村建设

2018 年国家出台《乡村振兴战略规划（2018—2022 年）》，其中明确指出"以乡情乡愁为纽带，引导和支持企业家、党政干部、专家学者、医生教师、规划师、建筑师、律师、技能人才等……服务乡村振兴事业"。可见，在坚持党建引领和政府主导的同时，积极发挥社会协同作用，已成为乡村人才振兴的重要策略补充，即各类社会人才成为参与乡村振兴的重要外部力量。福建省厦门市海沧区的外出能人 C.J.X. 在惦记家乡发展的情感牵引下，回到儿时生活过的村庄——青礁村院前社。回到村里，不仅意味着 C.J.X. 需要放弃富足的城市生活和稳定的产业收入，他还需要面对本村作为拆迁村，人口大量外流、环境污染严重、基础设施不足等各类问题。事实上，C.J.X. 的遭遇并非个例，扩展至新中国成立以来的各个历史阶段，便可以发现社会各界在投入乡村建设的过程中均或多或少面临参与主体不足等难题。

隐伏于其中的困难并没有打消 C.J.X. 投身乡村建设的决心。为此，重新回归村落并作为返乡创业人员的他，积极联合青礁村委会向上争取"共同缔造"的发展政策。争取到政策以后，C.J.X. 坚持"先造人，再造物"的发展原则，实施以文化人和用人唯实的育人、用人策略，在此基础上，C.J.X. 致力于妥善处理村内老人和年轻人的关系、合作社内部以及与政府之间的关系。他先后成立院前合作社，设置常务理事会以及打造劳模工作室，强化组织抓手；不断发挥党建引领机制，强化制度约束机制以及实施内在驱动机制，增强机制牵引。此外，他还以院前合作社为载体，持续打造开放式的平台经济，吸引大学生回乡创办依靠市场推动的"城市菜地"订单农业，引导台湾青年、村内老人、手工艺人共同打造双向互动的体验式旅游模式。

在 C.J.X. 的带领下，依托"共同缔造"模式发展起来的青礁村院前社取得了良好的村治绩效和社会效应。其中，C.J.X. 不仅使自身获得了村内外主体的大力支持，还增强了村民们致力于共同缔造美丽新院前的发展动力，并为社会各类人才投身院前发展提供了平台支撑，成功将一个曾经的"空壳村"打造为"机制活、产业优、百姓富、生态美、台味浓"的"闽台生态文化村"。C. J. X. 带动院前社人民共同缔造美丽院前的先进经验不仅获得了当地村民的强烈认可，如村民代表 Y. M. Q. 对此感慨不已，"我们的生活转变了，特别是院前社，变得越来越美丽了。"相关经验还溢出院前社，获得了全国认可。其中，"海沧实践"作为地方治理创新样本，在第一届中国地方改革创新经验发布会暨全面深化改革地方成果报告会得到重点推介。此后不久，基于共同缔造发展模式的海沧区被确定为"全国和谐社区建设示范区"。

第五节　研究思路和方法

一、研究思路

自从 2017 年底中央农村工作会议将乡村振兴战略提上工作日程，相关主题的学术研究便层出不穷。其中，就学术著作来看，2018 年国内共出版了 7 本代表性的乡村振兴类著作[①]，包括《走进新时代的乡村振兴道路：中国"三农"调查》[②]、《新乡村主义——乡村振兴理论与实践》[③]、《乡村振兴与中国乡村治理》[④]、《环境共治与乡村振兴：记得住的乡愁》[⑤]、《乡村振兴战略》[⑥]、《乡村振兴战略实践读本》[⑦]、《乡村振兴战略简明读本》[⑧] 等。可以看出，以上著作基本出自多年从事"三农"工作的党政工作人员之手，其研究素材亦多以官方资料为主，研究视角以乡村整体为主，缺乏对乡村振兴各个剖面，尤其是人才振兴的系统实践展示和深入学

---

①其中，冯俊锋所著《乡村振兴与中国乡村治理》为 2017 年版，特此说明。

②童禅福：《走进新时代的乡村振兴道路：中国"三农"调查》，人民出版社，2018 年。

③周武忠：《新乡村主义——乡村振兴理论与实践》，中国建筑工业出版社，2018 年。

④冯俊锋：《乡村振兴与中国乡村治理》，西南财经大学出版社，2017 年。

⑤朱信凯等：《环境共治与乡村振兴：记得住的乡愁》，中国农业出版社，2018 年。

⑥孙景淼等：《乡村振兴战略》，浙江人民出版社，2018 年。

⑦乡村振兴战略实践读本编写组：《乡村振兴战略实践读本》，中国农业出版社，2018 年。

⑧乡村振兴战略简明读本编写组：《乡村振兴战略简明读本》，中国农业出版社，2018 年。

术探讨。进一步搜索相关主题的学术文章，笔者发现不仅篇数寥寥，且关于乡村人才的研究多停留在介绍地域性的单类型人才培养模式层面，不仅缺乏将相关人才真正"引进来、留下来、育起来、用起来"的长效机制探讨，而且碎片化的研究不利于真正建立乡村人才分类体系以及整体化研究，尤其是缺乏将相关人才由"政策悬浮"状态嵌入村庄治理场域的一般路径研究。

鉴于此，本书拟从社会学、人类学等跨学科研究视角出发，在对相关中央政策与地方文件详细梳理的基础上，通过丰富多样的研究方法，尤其是以实地调查的方法，对所选取的全国代表性人才开展持续的、深度的类型化研究。具体而言，根据2018年中央一号文件的部署要求，结合前文对乡村人才的体系化分类标准，将全书拟探讨的乡村人才类型初步划分为新型职业农民、基层干部、新乡贤以及社会各界人才等四大类，并在文献研究、科学选点、实地调研以及深度访谈的基础上，依次筛选四类人才中的典型案例并形成扎根理论和调研报告。在此过程中，我们除了注重倾听新型职业农民、新乡贤、基层干部、社会人才等研究对象的声音以外，还经常接触市县乡等不同层级干部、外出务工村民、留守老人及妇女、村内无业青年、下派驻村干部、新型农业经营主体等不同社会群体，希望在直接了解研究对象的个人经历、心路历程以及未来打算等之余，获得更多相互佐证的次级文献和调研材料，以期全面、客观地把握不同类型人才的返乡下乡动机、干事创业历程以及所获发展成效，从中总结出不同类型乡村人才的培育体制机制和他们得以有效嵌入乡村治理的技术策略，并以此真正服务于乡村的全面振兴。

在进行本书相关主题的写作之前，笔者所在的厦门大学中国农村林业改革发展研究基地长期活跃于全国农村调查工作的一线，这为乡村人才振兴的研究写作奠定了坚实基础。总体而言，调研团队围绕农村各项改革先后到福建省将乐县、沙县、顺昌县、建阳区、长汀县，浙江省遂昌县、浦江县、龙泉市、绍兴市上虞区，贵州省龙里县、独山县、毕节市七星关区，内蒙古自治区达拉特旗、呼伦贝尔市，以及甘肃省天水市秦州区和清水县、陇南市武都区等地。具体到本书的研究主题，在综合考虑地理位置、经济水平等多种因素的情况下[①]，2016 年 6 月至 2018 年 10 月期间，调研团队选取福建古田、厦门海沧、福建晋江、浙江绍兴、四川成都、湖北恩施、广东蕉岭、山东莱阳、河南信阳、山西吕梁等多个省份的不同乡村开展人才振兴方面的田野调查。在此基础上，根据人才的代表性、案例的丰富程度，进一步筛选出福建省宁德市古田县、龙岩市长汀县、三明市将乐县、厦门市海沧区以及浙江省绍兴市上虞区、四川省成都市崇州市等地，对相关的普通农民、基层干部、合作社承包经营者、乡村企业能人等展开持续性的回访工作。该过程中，调研团队获得了包括政府文件、文字图片、访谈录音等在内的多类型、大样本田野资料。[②] 以上均为本书的成功撰写以及所具备的参考价值作了有力背书。

二、研究方法

首先，文献研究法（literature research method）。本文所使用的文献研究法，主要是指通过收集和分析现存的，以文字、数字、图片、符号以及其他形式存在的第二手文献资料[③]的研究方法。随着时代的发展，文献的内涵和载体亦不断扩展，逐渐由狭义的书面材料或文字材料延伸至与研究现象相关的任何信息形式。其中，根据文献的表现形式和现实来源的差异，既可将其划分为个人文献、官方文献及大众传媒等三大类，也可以划分成作为第一手文献的原始文献和作为第二手文献的次级文献，亦可以划分为

---

① 遵照案例选择的典型性特点，在实地调研中，我们发现有些地方的人才实践比较有独特性，且对其他地方乡村的人才实践可提供有用借鉴。因此，此次我们进行乡村人才振兴实践研究，着重选取了福建古田的乡土人才案例、厦门海沧区青礁村院前社的共同缔造模式、浙江绍兴的乡贤文化案例以及四川崇州的新型林业职业经理人实例。具体来讲，这几个地方在乡村建设实践中都付出了巨大的努力，取得了骄人的成绩，在人才引进、培养、管理与运用的过程中，可谓走在全国其他省份前列，在人才作用发挥上，不仅敢于创新、敢于担当，而且极具动员各方面力量的主动性，真实体现出乡村人才是如何发挥辐射带动作用，共同促使乡村旧貌换新颜。故而，这些地方的人才实践模式对于全国其他地方的乡村人才振兴研究具有示范性和指导性，同时更具有借鉴启发性。因此本书选取这几个地方为人才振兴地方实践案例，并总结出具有普遍意义的经验，以期能更好地指导全国其他地方的乡村发展。

② 这些资料包括（1）福建古田 2013 年以来人才工作总结和 2018 年 1—9 月人才工作总结以及古田乡土人才培育的图片及文字资料；（2）关于在村级党组织"领头雁"示范培育对象中开展首批农村（社区）治理人才认定工作的通知的资料；（3）访谈成都市崇州市道明镇斜阳村季崧林地股份合作社负责人 X.J. 的录音资料；（4）浙江省绍兴市上虞区道墟街道有关乡贤治理的录音及图片资料；（5）广东省蕉岭县乡村振兴系列规划资料；（6）山东莱阳市青山胜景农业合作社 Z.X.J. 社长访谈资料；（7）能人治村 虹吸效应精准人才扶贫——关于湖北恩施精准人才扶贫的报告。

③ 风笑天：《社会学研究方法》，中国人民大学出版社，2001 年，第 213 页。

现时性文献和回顾性文献，或者文字文献、画面文献、声音文献等[①]。具体而言，本书第二至四章关于新型职业农民、干部队伍建设、新乡贤培育以及鼓励社会各界投身乡村建设的历史溯源，均不同程度地使用了中央一号文件等官方文献；关于新型林业职业经理人、院前共同缔造等内容，不同程度地使用了网络、报刊等大众传播媒介文献。当然，在此过程中，除使用官方政策等原始文献外，还不可避免地使用了《中国人口和就业统计年鉴 2017》《中国农村统计年鉴 2019》《中国知识青年上山下乡大事记》以及若干数据库文献等次级文献，力图通过原始文献和次级文献、官方文献和大众传媒文献等的交叉使用，为本书的撰写提供更有力的文献支撑，以增强全书的内容信度和参考价值。

表 1-13　按不同标准划分的文献类型

文献类型		举例说明
第一类	官方文献	本书第二至四章关于新型职业农民、干部队伍建设、新乡贤培育以及鼓励社会各界投身乡村建设的历史溯源，均不同程度地使用了中央一号文件
	大众传播媒介文献	关于新型林业职业经理人、院前共同缔造等内容，不同程度地使用了网络、报刊等大众传播媒介文献
第二类	原始文献	官方政策
	次级文献	《中国人口和就业统计年鉴 2017》《中国农村统计年鉴 2019》《中国知识青年上山下乡大事记》以及若干数据库文献

资料来源：笔者整理并绘制而成。

其次，实地研究法（field research method）。实地研究是一种深入到研究现象的生活背景中，以参与观察和非结构访谈的方式收集资料，并通过对这些资料的定性分析来理解和解释现象的社会研究方式。[②] 就研究方法的细分而言，实地研究常被划分为参与观察、个案研究等两大类。其中，"参

---

①《社会学研究方法》，第 213—214 页。
②《社会学研究方法》，第 238—239 页。

与观察"（participant observation）往往更强调主体的参与性，例如在本书写作过程中，调研团队曾前往福建省龙岩市长汀县古城镇丁黄村、福建省三明市将乐县安仁乡、四川省崇州市道明镇斜阳村、浙江省绍兴市上虞区道墟街道称海等地调研，并深入到研究对象——丁黄村书记 D. Q. Q.、余坑村书记 Z. Q. B.、称海村乡贤 X. H. X.、斜阳村新型林业职业经理人 X. J. 等人所处的现实生活环境中，通过"望闻问切"等无结构观察（non-constructed observation），敏锐感知不同主体的相关反应，并在此基础上形成扎根理论（grounded theory），即在实地观察现象的过程中形成事后解释（见下图）。此外，本书还使用了"个案研究"（case study）方法，通过详细了解厦门市海沧区院前合作社、成都市崇州市道明镇斜阳村季崧林地股份合作社等的发展过程及影响因素，形成了对社会人才投身乡村建设、新型职业农民培育等问题更为全面深刻的认识。

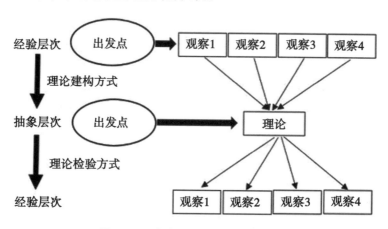

图 1-7　理论建构和理论检验方式

资料来源：《社会学研究方法》，第 39 页。在此基础上，笔者略有改动，将原图合二为一。

最后，定性研究（qualitative research）和定量研究（quantitative research）相结合的方法。在实地调研的过程中，笔者所在的调研团队曾大量使用无结构访谈法（unstructured interview method）进行资料收集工作，相对于结构式访谈（structured interview）而言，无须提前设计调查问卷或访谈提纲，在新乡贤、新型职业农民、基层干部等主题下与受访主体进行深度交谈或自由访谈。在深入细致的访谈过程中，我们把握了很多案例细节，包括新型林业职业经理人 X.J.、院前合作社理事长 C.J.X. 返乡的心路历程。在获取这些翔实而生动的定性资料基础上，调研团队亦采取了定量研究方法。在坚持价值中立的前提下，通过对浙江省绍兴市上虞区道墟街道称海村 31 名新乡贤群体年龄结构、居所分布、行业类型等的量化分析，得出当前新乡贤嵌入村庄治理所面临的"能力转化困境、权威认同困境、治理参与困境"等三重困难，为后续的定性研究提供更为精准的问题靶向。此外，该定量方法还应用于对新型职业农民人口结构等相关内容的研究。事实上，正如风笑天所言，"定量研究的结果在概括性、精确性上特征明显，定性研究则以其资料的丰富性、细致性和理解的深入性而与定量方法相对照、相补充"[①]。二者共同推进了本书研究目标的达成。

表 1-14　定量研究方式与定性研究方式的比较

	定量研究	定性研究
哲学基础	实证主义	人文主义
研究范式	科学范式	自然范式
逻辑过程	演绎推理	归纳推理
理论模式	理论检验	理论建构
主要目标	确定相关关系和因果联系	深入理解社会现象
分析方法	统计分析	文字描述
主要方式	实验、调查	实地研究
资料收集技术	量表、问卷、结构观察等	参与观察、深度访问等
研究特征	客观	主观

资料来源：《社会学研究方法》，第 13 页。

---

① 《社会学研究方法》，第 13 页。

第一章 / 新型职业农民培育与农业现代化[①]

　　培育新型职业农民是国家立足农业农村发展实际作出的重大战略抉择，是推动小农户与现代农业发展有机衔接的重要举措，同时也是强化乡村振兴战略人才支撑的关键路径。为此，2018 年中央一号文件提出："让农业成为有奔头的产业，让农民成为有吸引力的职业，让农村成为安居乐业的美丽家园。"然而，现实语境中的农民常常带有身份隐喻，为促进农民由身份向职业的转变，我国持续开展新型职业农民的系统培训工作，同时通过搭建有效的合作共营机制，推动新型职业农民更好地嵌入现代农业体系，从而推动现代农业转型和实现多元共享共赢。

第一节　职业农民建设的经验和困境

　　我国农民大致经历了传统农民、新型农民以及新型职业农民等三个演化阶段，各个阶段的农民实践为新时期的职业农民建设提供了可资借鉴的经验。当前，在推进新型职业农民建设的过程中尚面临"农业劳动力流失、劳动力结构失衡、劳动力素质偏低"等困境。为此，国家开展了一系列的早期探索，力图为新型职业农民培训工作营造氛围、积累经验和提供政策支持。

一、我国农民职业化建设历经的三个阶段

　　在中央正式提出新型职业农民概念之前，我国农民职业化建设大致经历了三个阶段，即传统时期的传统农民阶段、改革开放后的新型农民阶段

　　[①]需要说明的是，本文论述的"农业"是包括林业在内的广义农业概念。

以及新时期以来的新型职业农民阶段等。通过系统梳理各个阶段的农民特征，为新时期的农民建设实现由兼业向专业、由身份向职业的转变提供学理支撑和方向引导。

1. 传统农民阶段

《谷梁传》云："古者有四民。有士民、有商民、有农民、有工民。"传统时期[①]，从事农业生产的农民，"是一种身份标志"[②]，更是一种不平等身份的象征。正因此，中国农民长期被西方学者称为"peasant"（传统农民）而非"farmer"（职业农民），与"农民"关联的词汇亦常带有封闭、保守、落后、愚昧等隐喻。相对于职业农民，传统农民是世代相传的，他们生活在封闭的农村地区，依靠经验种地维持生计，"这种黏在土地上的特点使得以农为主的人，世代定居是常态，而迁移则是变态"[③]。前述特点同时塑造了农民身份的不可选择性和相对固定性。事实上，传统农民不只存在于传统时期，更覆盖改革开放以前的诸历史阶段。

新中国成立初期，在阶层之间以及行业之间，农民可以实现自由流动。例如为响应国家工业化的号召，"在一五期间，大约有800万人从农村迁入城市"[④]，成功实现农民身份的转换。与此同时，各地利用农闲，组织农民学习知识，包括党的各项政策，不断提高农民文化素质和知识水平。据统计，1950年入学农民超过2500万，1951年上夜校的农民达1100余万，1952年下半年农村学校入学的学生达到4900万，占全国学龄儿童总数的60％。[⑤] 但同时，该时期的农民培训呈现出"政治导向为主，基本常识为辅，农技知识缺位"的特征，农民的职业技能属性有待增强。

社会主义改造以后，尤其是1958年《中华人民共和国户口登记条例》的颁布，使得新中国成立初期频繁的农民流动受阻，跨地域、跨职业、跨阶层的垂直流动渠道几近阻断，仅有部分成分好的贫雇农可以通过参军、婚姻及接受工农学校教育实现农民身份的转换。进入人民公社时期，农民

①传统时期：此处特指1949年新中国成立以前的历史时期。
②朱启臻：《农村社会学》，中国农业出版社，2007年，第30页。
③费孝通：《乡土中国 生育制度》，北京大学出版社，1998年，第7页。
④亦冬：《中国城市化问题探讨述要》，《现代城市研究》，1996年第6期，第15—20页。
⑤庞松：《毛泽东时代的中国》，中共党史出版社，2003年，第120页。

及其生产资料被纳入集体化生产，相伴而生的城乡分割政策亦将其束缚得越来越紧。这一时期，为了限制农民向城市流动，政府出台了限制农民流动的一系列社会政策，包括城乡二元户籍制度及就业制度，农民作为一种身份愈发固化。

2. 新型农民阶段

2005 年召开的中共十六届五中全会正式提出，要适应现代农业发展和建设社会主义新农村的需要，切实提高农民文化素质和技能水平，培养有文化、懂技术、会经营的新型农民。可见，作为与经济社会发展阶段相伴生的概念，相对传统农民而言，新型农民更加强调农民自身所蕴含的时代属性及现代属性。鉴于此，培养新型农民的直接目标就在于使传统农民具备相应的文化素质、公民意识以及职业道德，以满足现代农业发展的迫切需要。事实上，法国社会学家 H. 孟德拉斯于 1967 年便已预见传统农民向新型农民转变的必然趋势，他在《农民的终结》一书中针对二战后工业化冲击中的法国农民大量外流现象，认为诞生于传统农业社会的传统农民将会消失，取而代之的是适应现代化农业发展需要的新型农民的出现。

中国农民开始由传统向现代转型的历史最早可以追溯至改革开放时期。这一时期，随着政治、经济、思想等方面的历史性变化，中国农民开始由传统向现代转型。伴随社会结构的弹性增强，农民重新脱离集体的控制和管理，并逐渐摆脱家族、血缘乃至身份等先赋性要素的制约，开始寻求不同职业。据某项调查显示，农民在回答"您选择职业时主要考虑的因素"，回答符合个人兴趣和特长的占 37.7%，能实现个人抱负的占 12.9%，为了高收入的占 11.6%[①]。在个人兴趣和经济理性双重导向下的中国农民开始出现异质化的职业分层。其中，改革开放初期，以职业为依据将农民群体划分为六个职业类型的分类方式最为常见，具体包括农业劳动者阶层、脑力劳动者阶层、个体户阶层、私营企业主阶层、村集体经济管理者阶层、村两委干部阶层。其中，农业劳动者阶层又可细分为纯农户、兼业户以及专业户（见表 2-1）。从中可以看到，以农为主的兼业农民仍为职业主流，脱农转非以及专业化、职业化农民的占比较低。

---

① 谭建光：《珠江三角洲农民角色的转化》，《社会学研究》，1996 年第 5 期，第 83 页。

表 2-1 改革开放初期农民职业分化概况

类型划分	主要对象	职业属性	备注
生产经营型	农业劳动者	纯农户	传统农民，占比最多，以农业为主要乃至唯一收入来源
生产经营型	农业劳动者	兼业户	过渡农民，以农为主，农闲从事非农行业
		专业户	新型农民，有文化、懂技术、擅经营，且以农业为主要收入来源
专业技能型	私营企业主	兼业或部分兼业	
	乡村企业管理者	兼业或部分兼业，村集体企业的主要负责人	
社会服务型	脑力劳动者	兼业或部分兼业，包括民办教师、农业技术员、文化站员、乡村医生等	
	个体户	兼业或部分兼业，包括补鞋、理发、制衣、打家具、油漆、跑运输、建造房屋等，为农民提供各种服务	
	村两委干部	兼业或部分兼业，村庄公共服务的主要供给者	

资料来源：笔者根据相关史料绘制而成。

　　与此同时，农民的职业分化与其身份转换并不同步，即呈现高度职业分化的农民，其身份意涵并未得到根本性的改变。据国家统计局 2012 年的数据显示[①]，截至该年底，全国城镇人口达 71182 万人，占比为 52.57%，较上年增加 2103 万人；乡村人口为 64222 万人，占比为 47.43%，较上年减少 1434 万人（见表 2-2）。越来越多的农民选择"离土不离乡"乃至"离土又离乡"的方式向其他职业分化，他们成为当前社会职业分化最明显的社会群体之一，这无疑推动了我国现代化的进程。但应看到，受城乡二元

[①] 统计局：《2012 年城镇人口占总人口比重 52.6%》，中国新闻网，2013 年 2 月 22 日。http://www.chinanews.com/cj/2013/02－22/4586763.shtml，2020 年 6 月 5 日查阅。

结构的限制，差异化的户籍制度、就业制度、受教育制度等成为捆绑农民身份的无形枷锁，很多从事第二、三产业的农民群体仍然保持着不对等的农民身份。此外，实行县政乡派村治的广大农村地区，因民意聚合而产生的村两委，其自治空间不断受到上级政府的行政挤压，农民的现代公民意识难以发展壮大。综上可见，因职业分化而"增进文化、懂得技术、改善经营"的新型农民，同时面临专业化程度低、农民身份固化、公民意识孱弱的困难处境。

表 2-2 2012 年末全国人口构成概况

指标	内容	年末数	比重%
区域	城镇	71182	52.6
	乡村	64222	47.4
性别	男性	69395	51.3
	女性	66009	48.7
年龄	0—14 岁	22287	16.5
	15—64 岁	100403	74.1
	65 岁及以上	12714	9.4

资料来源：中华人民共和国国家统计局编《中国统计年鉴 2013》，中国统计出版社，2013 年，第 95—97 页。需要说明的是，为方便绘图及分析，对比重类数据进行了化约处理，因此会出现文中数据与表格数据略有差异的现象。在此基础上，笔者整理绘制而成。

3. 新型职业农民阶段

2012 年中央一号文件明确提出"大力培育新型职业农民"，2018 年中央一号文件进一步强调，"让农业成为有奔头的产业，让农民成为有吸引力的职业，让农村成为安居乐业的美丽家园"。前述提法综合了"新型农民"和"职业农民"的相应特征，适应了我国农民由传统向现代、从身份向职业、从兼业向专业过渡的新要求。概言之，相对于传统农民和兼业农民而言，新型职业农民即为职业化的新型农民，其具体衡量指标为"以农业为职业、具有相应的专业技能、收入主要来自农业生产经营并达到相当水平的现代农业从业者"。

2013年，《农业部办公厅关于新型职业农民培育试点工作的指导意见》对新型职业农民的基本内涵及类型划分进行了明确界定（见表2-3）。文件指出，新型职业农民主要包括生产经营型、专业技能型和社会服务型职业农民。其中，生产经营型职业农民是指以农业为职业、占有一定的资源、具有一定的专业技能、有一定的资金投入能力、收入主要来自农业的农业劳动力。专业技能型职业农民，是指在农民合作社、家庭农场、专业大户、农业企业等新型生产经营主体中较为稳定地从事农业劳动作业，并以此为主要收入来源，具有一定专业技能的农业劳动力。社会服务型职业农民，是指在社会化服务组织中或个体直接从事农业产前、产中、产后服务，并以此为主要收入来源，具有相应服务能力的农业社会化服务人员。

表 2-3　新型职业农民的类型划分

基本分类	衡量指标	具体指称
生产经营型	以农业为职业、占有一定资源、具有一定的专业技能、有一定的资金投入能力、收入主要来自农业的农业劳动力	专业大户、家庭农场主、农民合作社带头人等
专业技能型	在农民合作社、家庭农场、专业大户、农业企业等新型生产经营主体中稳定从事农业劳动作业，并以此为主要收入来源，具有一定专业技能的农业劳动力	农业工人、农业雇员等
社会服务型	在社会化服务组织中或个体直接从事农业产前、产中、产后服务，并以此为主要收入来源，具有相应服务能力的农业社会化服务人员	农村信息员、农村经纪人、农机服务人员、统防统治植保员、村级动物防疫员等

资料来源：笔者根据原农业部（现农业农村部）办公厅的相关资料整理绘制而成。

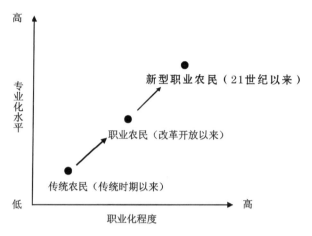

图 2-1　我国不同历史时期的农民职业演进趋势

资料来源：笔者根据前述文字归纳绘制而成。

关于不同类型的新型职业农民，H. 孟德拉斯曾深刻洞见其职业化的内在机理，即"劳动分工和专业化打破了农民的个人主义"[1]，为其职业化创造了条件。事实上，自 21 世纪以来，农民正是通过兴办各类专业组织，在专业分工中实现自身职业化。据中国网报道[2]，截至 2012 年底，全国已登记农民合作社逾 60 万家，涵盖农林牧渔以及传统手工业等各个涉农产业及生产环节，入社农户累计达 4600 多万户，约占农户总数的 18.6%，入社农户收入比非社员同业农户高出约 20%。合作社等专业技术协会的服务领域从产中向产前、产后配套服务延伸，服务内容从生产技术推广、经营信息提供，向培训物资供应、产品购销保障、融资保险担保等方面拓展，专业分工的细化极大促进了农民的职业化程度和专业化水平（见图 2-1）。

二、当前新型职业农民建设面临的挑战

随着国家一系列政策措施的持续推进，当前我国的新型职业农民发展形势良好，据中组部、原农业部、统计局等联合统计，截至 2015 年底，全

---

[1]［法］H. 孟德拉斯著：《农民的终结》，李培林译，中国社会科学出版社，1991 年，第 273 页。
[2]《如何扶持农民专业合作社发展壮大》，中国网，2013 年 4 月 17 日，http://finance.china.com.cn/roll/20130417/1392350.shtml，2020 年 6 月 20 日查阅。

国新型职业农民总量达到 1272.21 万人，其中生产型新型职业农民 616.67 万人，经营型新型职业农民 348.99 万人，技能服务型新型职业农民 306.54 万人，社会服务型新型职业农民 167.87 万人，技能带动型新型职业农民 252.22 万人。[①] 但与此同时，实际调查中也发现，当前新型职业农民培育尚面临"农业劳动力流失、劳动力结构失衡、劳动力素质偏低"等困境。

1. 农业劳动力大量流失

新型职业农民的主要构成人群即为传统农业劳动力。国际比较经验显示，经济现代化伴随就业结构的规律性变动，表现为农业劳动力占比从传统社会的 80% 左右持续下降到 10% 左右甚至更低水平。[②] 改革开放以来，中国的农业劳动力变动趋势亦呈现出前述特点。据国家统计局的最新调查数据显示，从 1978 年至 2018 年，我国农村人口总量从 79014 万人持续下跌至 56401 万人，农村人口占全国总人口比重由 82.1% 下降至 40.4%，与此同时，农村就业人口总数中，直接从事农业的劳动力总数由 28318 万人下降至 20258 万人，占比由 92.4% 下降至 59.3%。（见表 2-4）农业劳动力的大量非农化转移直接削弱了新型职业农民的建设根基。

表 2-4　全国乡村人口和第一产业就业人员情况

（单位：万人，%）

年份	乡村人口		乡村就业人员		
	人口数	占总人口比重	总数	第一产业	一产人员占比
1978	79014	82.1	30638	28318	92.4
1992	84996	72.5	48291	38699	80.1
2001	79563	62.3	48674	36399	74.8
2008	70399	53.0	43461	29923	68.9
2018	56401	40.4	34167	20258	59.3

资料来源：《2019 中国农村统计年鉴》，第 31 页。表题略有改动。

---

①杭大鹏：《2016 年全国新型职业农民发展报告》，中国农业出版社，2017 年，第 2—3 页。

②卢锋、杨业伟：《中国农业劳动力占比变动因素估测：1990—2030 年》，《中国人口科学》，2012 年第 4 期，第 13 页。

农业劳动力是否会持续下降关系到未来的新型职业农民建设。对此，学界的权威性预测研究表明，随着我国经济快速增长和就业结构不断演变，农业劳动力在全国总劳力中的占比从改革初期的逾 70％下降至 2010 年的约 35％，预计 2030 年该比例将接近 10％。① 从表 2-5 可以看出，自 2010 年至 2030 年，在 15 岁及以上的全国劳动力总量保持相对稳定的前提下，我国的农业劳动力将由 27931 万人下降至 10735 万人，下降幅度达 61.6％，农业劳动力占全国总劳力比重将由 35.6％下降至 13.6％，与之相对，非农劳动力则由 50457 万人增加至 68223 万人，增长幅度达 35.2％。可见，未来一段时期内，我国的农业劳动力仍将持续下降，新型职业农民队伍建设将不得不持续深化人员引流工作，不断吸引农业劳动者在内的各类人才参与到现代农业发展中来。

表 2-5　2010—2030 年中国若干劳动力总量指标估计

期末年份指标值	年份				
	2010	2015	2020	2025	2030
15 岁及以上人口（万人）	111832	112575	115536	117676	118953
劳动参与率	70.5	70.2	69.2	67.8	66.4
经济活动人口（万人）	78388	79081	79907	79842	78958
农业劳动力占比（%）	35.6	30.1	24.6	19.1	13.6
农业劳动力（万人）	27931	23800	19654	15247	10735
非农劳动力（万人）	50457	55281	60253	64596	68223

资料来源：《中国农业劳动力占比变动因素估测：1990—2030 年》，第 17 页。

2. 农业劳动力结构失衡

伴随农村劳动力整体规模萎缩以及第一产业劳动力占比持续下滑，农

---

① 《中国农业劳动力占比变动因素估测：1990—2030 年》，第 13 页。

业劳动力尤其是新型职业农民队伍，其人口结构还呈现出"性别失衡、人口老化"等问题。

一方面，新型职业农民队伍性别失衡。原农业部科技教育司 2016 年的调查数据显示（见图 2-2），全国 1272.2061 万名新型职业农民中，男性职业农民达 976.5171 万人，占比为 76.8%，女性职业农民仅 295.6890 万人，占比为 23.2%，前者高出后者 53.6 个百分点。就性别比而言，男性新型职业农民与女性新型职业农民的比例为 3.30：1，性别比失衡严重。事实上，随着传统农业向现代农业转型，单从现代农业的行业特征而言，越来越强调传统体力型农业之外的其他农业产业链布局，为此则需要管理能力、沟通能力、融资能力、行业把控能力、政策法规掌握能力等，而相较于男性，女性具有心思细腻、善于沟通等天然优势，强调新型职业农民的女性吸纳，对现代农业的全面均衡发展意义重大。

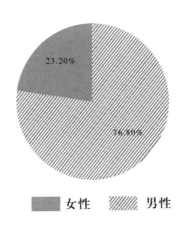

图 2-2　全国新型职业农民性别结构

资料来源：农业部科技教育司、中央农业广播电视学校《2016 年全国新型职业农民发展报告》，中国农业出版社，2017 年，第 3 页。

另一方面，新型职业农民年龄结构老化。截至 2015 年底，全国 1272.2061 万名新型职业农民中，35 岁及以下、36—40 岁、41—45 岁、46—50 岁、51—54 岁、55 岁及以上的新型职业农民总数分别为 218.0435 万人、208.8272 万人、267.7601 万人、264.4686 万人、162.5353 万人、150.5714 万人，在全部新型职业农民中的占比分别为 17.14%、16.40%、21.05%、

20.79％、12.78％、11.84％，总体上呈现出先增后减的趋势。（见图2-3）从中可知，41—50岁年龄段的新型职业农民人数最多，累计占比达41.84％。可以预见，随着农村劳动力尤其是青壮年劳动力的持续外流，居村务农的新型农民仍将以中老年为主，队伍建设整体年龄偏大，不利于后期深化培养以及对现代农业信息和技能的灵敏把握。

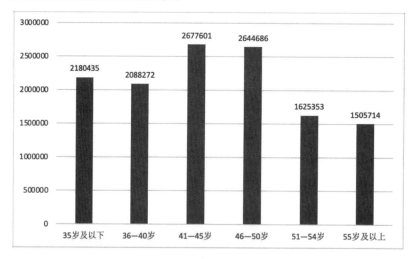

图 2-3　全国新型职业农民年龄结构

资料来源：《2016年全国新型职业农民发展报告》，第3页。

3. 农业劳动力素质堪忧

作为新型职业农民的重要构成来源之一的农业劳动力，其素质受文化教育程度和职业素养等多方面因素影响。其中，针对文化教育程度，为全面准确显示新型职业农民的相关素质，我们将从农业劳动力整体以及新型职业农民群体两方面分别加以考察。一方面，就农业劳动力整体而言，其文化素质偏低。根据2012年农村统计年鉴的数据，从1990年至2011年，我国平均每100个农村劳动力中，初中及以下学历者占比达70％以上，高中及以上学历者不仅增速缓慢，而且所占比例甚小（见图2-4）。另一方面，进一步考察全国新型职业农民的受教育程度。原农业部科技教育司2016年的相关调查数据显示，全国新型职业农民队伍以初中文化为主，整体素质同样偏低。其中，大专及以上659723人、高中（含中专）3220992人、初中 7346331 人、小学 1317749 人、未上过学 177266 人，初中及以下学历者累计占比达 69.50%，远高于其他学历的新型职业农民（见图 2-5）。

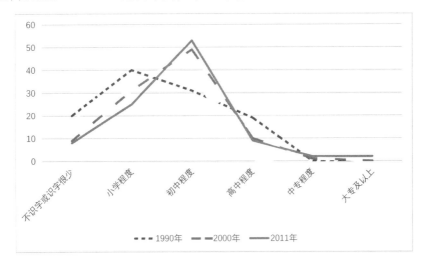

图 2-4　平均每百个农村劳动力中不同文化程度人数分布概况

资料来源：《2012 年中国农村统计年鉴》，在此基础上笔者略有删减。

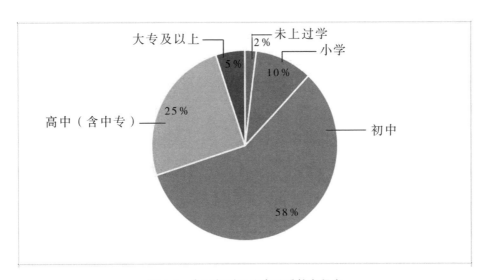

图 2-5　全国新型职业农民受教育程度

资料来源：《2016 年全国新型职业农民发展报告》，第 4 页。

职业素养亦是农业劳动力素质的重要组成部分，它主要受职业教育及职业培训的影响。一方面，在职业教育方面，由于人们对职业教育的认可度不高，致使我国农业劳动力很少接受相对系统的农业职业教育。其中，中专或大专教育通常以培养人们的职业技能为主，通过考察农村劳动力接受相关教育的程度，可以粗略估计其受职业教育水平。2019中国农村统计年鉴的调查数据显示，2018年以户主为代表的农村主要劳动力中，高达87%的农业劳动力仅具有初中及以下文化程度，而受过大专等职业教育的仅占1.6%（见表2-6）。可见，在我国农业劳动力中，接受过系统的农业职业教育的人寥寥可数。另一方面，在职业培训方面，受主客观条件限制，职业培训环节中尚存在专业性不足、规范性不够、有效性不强等缺陷，导致新型职业农民的职业培训流于形式，队伍整体素质难以有效提升。

表 2-6　农村居民家庭户主文化程度

（单位：%）

指标	年份					
	2013	2014	2015	2016	2017	2018
未上过学	4.7	4.4	3.8	3.3	3.2	3.9
小学程度	32.3	31.8	30.7	29.9	29.8	32.8
初中程度	51.0	51.5	53.1	54.6	54.7	50.3
高中程度	10.7	10.9	11.1	10.7	10.8	11.1
大专程度	1.2	1.2	1.2	1.2	1.3	1.6
大学本科及以上	0.2	0.2	0.2	0.2	0.2	0.3

资料来源：《2019中国农村统计年鉴》，第33页。其中，2013年、2015年占比加总为100.1，2016年占比加总为99.9。为保证引用的真实性，笔者未加改动。

三、新型职业农民培育的早期探索

在系统梳理传统时期以来农民特征阶段性演化以及厘清当前以新型职业农民为代表的农业劳动力队伍建设困境的基础上，国家长期实施一系列财政支农政策、农民培训工程以及战略方针安排，为全面系统的新型职业农民培训工作营造了良好的外部氛围，积累了宝贵的培训经验，以及提供了强有力的政策支持。

1. 财政支农，营造学农爱农氛围

自改革开放以来，在连续印发 16 个以"三农"工作为主题的中央一号文件的同时，我国先后实施一系列财政支农政策，推进农业发展、农村繁荣、农民富裕（见表 2-7），在全社会营造了支农爱农学农的良好氛围，为新型职业农民建设提供了良好的外部环境。

表 2-7　1978 年以来的财政支农成效

项目类型	1978	2016	2018
农民人均可支配收入	134 元		14617 元
农业增加值	1458.8 亿元		64734 亿元
修通公路的村庄		99.3%	
有医疗卫生机构的乡镇		99.9%	
有幼儿园、托儿所的乡镇		96.5%	
有小学的乡镇		98.0%	
有图书馆、文化站的乡镇		96.8%	
通电村		99.7%	
集中供水村		91.3%	
拥有住房的农户		99.5%	

资料来源：汉笑《改革开放以来中国财政支农政策的演进及启示》，《泰山学院学报》，2020 年第 2 期，第 6 页。在此基础上，笔者绘制而成。空格代表数据缺失。

1979 年至 2002 年，为财政支农政策的初级阶段。（见表 2-8）该阶段政策通过改革农产品价格体系以及实行分税制改革，提高农产品价格和加强农业基建投入，保障广大农民务农的基本权益。党的十一届四中全会明确规定，提高农产品购买价格，开放农产品市场。1982 年第一次正式取消包

产到户的禁令，有步骤地进行价格体系改革。1985年中央一号文件宣布取消农副产品统购统销制度。1987年建立发展农业转向资金，党的十一届四中全会通过《关于加快农业发展若干问题的决定》，调整对农金融政策。该时期的财政支农政策通过促进农产品价格体系市场化导向，为提高广大务农农民的生产积极性提供了初始动力。1994年至2002年，为财政支农政策积极变化阶段。1994年起，国家开始实行分税制改革，政府逐渐加大对农业基础设施建设的投资力度。1998年国家发行特别建设国债，投资重要水利工程设施等项目。

2003年至2012年，为财政支农政策全面扩大阶段（见表2-8和表2-9）。该时期的财政支农政策更加注重农村地区的长效发展，在减轻农民负担的同时，加大对农村基础设施和民生的投入。其中，以正式全面取消农业税为起点，国家逐步取消主产区粮食风险基金的地方配套，在减轻农民和地方政府负担的同时，自2009年起，持续加大各项务农补贴，包括粮食、种子、农机、化肥等补贴，同时辅以最低收购价、临时收储、目标价格等收购政策。用于农村基本建设支出的金额逐年增加，尤其突出加强农村地区的农田水利等基础设施的投入。在此基础上，财政支农的范围扩大至农村义务教育、社会养老保险、农民就业创业、农村水电路气房建设、精准扶贫开发等方面，全面改善农业设施，提高农民收入，促进农村发展。

2012年至今，为新时代的财政支农政策阶段（见表2-9）。财政支农政策坚持农业农村优先发展理念，强调公共财政及公共服务的优先保障，力图补齐农村发展短板。从表2-9中可以看出，2012年开始，国家财政支农总额连续三年分别为12387.6亿元、13349.55亿元、14173.8亿元，呈不断上升趋势。其中，针对补齐性的社会事业发展支出，从2012年的5339.1亿元增长至2013年的6051.12亿元，增幅达13.34%。为补齐发展短板，国家先后实施精准扶贫、精准脱贫政策，中央财政在严格财政专项扶贫资金管理的同时，积极拓展扶贫资金融资渠道，不断加大对贫困地区基础设施、公共服务的投入力度，持续改善贫困地区农村居民的生存和发展条件。配合乡村振兴战略的实施，有针对性地加强基础设施、农业金融、人才建设、资源保护、农田建设、防灾减灾等方面投入，全面促进城乡公共服务均等化，为农业现代化进程中的新型职业农民培育营造良好的外部条件。

表 2-8　国家财政支农结构表之一

（单位：亿元，%）

年份	财政用于农业的总支出	占财政支出的比重	生产支出和各项事业费	基本建设支出	农业科技三项费用	农业救济费
1978	150.66	13.43	76.95	51.14	1.06	6.88
1980	149.95	12.2	82.12	48.59	1.31	7.26
1985	153.62	7.66	101.04	37.73	1.95	12.9
1989	265.94	9.42	197.12	50.64	2.48	15.7
1990	307.84	9.98	221.76	66.71	3.11	16.26
1991	347.57	10.26	243.55	75.49	2.93	25.6
1992	376.02	10.05	269.04	85	3	18.98
1993	440.45	9.49	323.42	95	3	19.03
1994	532.98	9.2	399.7	107	3	23.28
1995	574.93	8.43	430.22	110	3	31.71
1996	700.43	8.82	510.07	141.51	4.94	43.91
1997	766.39	8.3	560.77	159.78	5.48	40.36
1998	1154.76	10.69	626.02	460.7	9.14	58.9
1999	1085.76	8.23	677.46	357	9.13	42.17
2000	1231.54	7.75	766.89	414.46	9.78	40.41
2001	1456.73	7.71	917.96	480.81	10.28	47.68

（续表）

年份	财政用于农业的总支出	占财政支出的比重	生产支出和各项事业费	基本建设支出	农业科技三项费用	农业救济费
2002	1580.76	7.17	1102.7	423.8	9.88	44.38
2003	1754.45	7.12	1134.86	527.36	12.43	79.8
2004	2337.63	9.67	1693.79	542.36	15.61	85.87
2005	2450.31	7.22	1792.4	512.63	19.9	125.38
2006	3172.97	7.85	2161.35	504.28	21.42	182.04

资料来源：孔祥智、黄博、刘同山《财政支农对农民增收的效应分析》，《现代管理科学》，2016 年第 12 期，第 19 页。

表 2-9　国家财政支农结构表之二

（单位：亿元，%）

年份	财政支农总额	占财政支出的比重	社会事业发展支出	农业四项补贴	农业生产支出	农产储备费和利息支出
2007	4318.3	8.7	1415.8	513.6	1801.7	587.2
2008	5955.5	9.5	2072.8	1030.4	2260.1	592.2
2009	7253.1	9.5	2723.2	1274.5	2697.2	576.2
2010	8579.7	9.5	3350.3	1225.9	3427.3	576.2
2011	10497.7	9.6	4381.5	1406.0	4089.7	620.5
2012	12387.6	9.8	5339.1	1643.0	4785.1	620.5
2013	13349.55	9.52	6051.12	1700.55	5426.83	620.5
2014	14173.8	9.3	—	—	—	—

资料来源：《财政支农对农民增收的效应分析》，第 19 页。

2. 培训工程探路，积累培农育农经验

我国曾开展过一系列的农民培训项目，这些项目为开展新型职业农民培育探索了道路并积累了经验。

规范化、制度化探索阶段。1990 年农业部印发《关于开展农民技术资格证书制度试点工作的意见》，要求开展"绿色证书"培训，造就一批发展农村经济的示范户和带头人，建立一支骨干农民队伍。自此，农民培训工作进入规范化探索阶段。1991 年《国务院关于大力发展职业技术教育的决定》逐步将相关工作制度化，要求在农村完善农民技术人员职称评定制度，并视条件逐步实行农民技术资格证书制度。在此基础上，1994 年出台《关于实施绿色证书工程的意见》，明确提出实施绿色证书工程的目标任务和实施步骤，逐步推进农民培训工作的规范化。

信息化、实用化探索阶段。1997 年以后，中央以实用为导向，不断强调农民培育工作的科技化、信息化。其中，1997 年的《绿色证书制度管理办法》、1999 年的"跨世纪青年农民科技培训工程"以及 2000 年的"巾帼科技致富工程"等均强调科技融入农民培训的可行性及必要性。在此基础上，从 2006 年开始的系列工程不断强化农民培训工作的在地化、实用化和专业化。其中，2006 年农业部组织实施"新型农民科技培训工程"，将培训工作落实到基层，强调对以村为单位的农民开展农科技术培训，为当地发展优势农业提供人才支撑。2007 年《关于加强农村实用人才队伍建设和农村人力资源开发的意见》提出实施新农村实用人才培训工程，要求培养集专业技能、生产规模、创业能力于一身的高素质创业型农民，为现代农业发展提供人才支撑。

针对性、有效性探索阶段。在加强农民培训工作规范化、制度化、实用化建设的基础上，为进一步提升培训的有效性和针对性，农业部（现农业农村部）下发《关于实施农村实用人才培养"百万中专生计划"的意见》，拟用 10 年时间，为农村培养 100 万名具有中专学历的实用人才，整体提升农村实用人才队伍学历层次。在此过程中，全国农广校系统及各农业职业院校按照农业部（现农业农村部）的总体部署，创新培育模式，包括通过坚持送教下乡，实行农学结合及弹性学制，组合"四大课堂"建立一

体化综合培养模式，发展线上线下混合式教学模式，提高培养的灵活性，通过适应农业产业和新型经营主体发展开设专业，突出实践技能培养强化实践教学，对接农业生产过程安排教学活动等，提高培训的有效性和针对性。

3. 战略先导，提高支农兴农站位

面对农村劳动力的结构性困境以及发展现代农业的迫切需要，党中央和国务院把新型职业农民培育作为应对新时代"谁来种地"问题的长期战略举措。以战略作为先导，用政策回应战略，我国的新型职业农民培育战略先后经历了发展期和深化期。

战略发展期（见表 2-10）。2012 年中央一号文件首次提出大力培育新型职业农民，强调要为未升学的农村高初中毕业生提供农业技能培训，同时加强对农村青年务农创业和农民工返乡创业项目的贷款扶持。2013 年中央一号文件从转变农业生产经营方式的角度出发，明确提出加强对新型农民的农业职业教育和职业培训，并拟制高校毕业生、退役军人、返乡农民工加入农民合作社的初步设想。同年的中央农村工作会议将该问题提升为事关农业现代化的"重大战略"，强调"让农业成为有奔头的产业，让农民成为体面的职业，让农村成为安居乐业的家园"。2014 年中央一号文件先后出台财政补助、税收优化、联社试点、用地单列、教育培训等系列举措，用于扶持新型职业农民队伍发展壮大。同年出台的《国务院关于加快发展现代职业教育的决定》，将系统化的农村职业教育作为培养新型职业农民的重点及突破口。2015 年的系列中央文件继续贯彻该思路，在强调完善农业职业教育及加强财政支农力度的基础上，要求"制定专门规划和切实可行的政策吸引年轻人务农"。

表 2-10　2012—2015 年新型职业农民相关的中央政策概况

2012 年	中央一号文件，大力培育新型职业农民
2013 年	中央一号文件，大力培育新型农民和农村实用人才，着力加强农业职业教育和职业培训
	中央农村工作会议，要以吸引年轻人务农、培育职业农民为重点，建立专门政策机制，构建职业农民队伍，助力农业现代化建设

（续表）

2014 年	中央一号文件，加大对新型职业农民和新型农业经营主体领办人的教育培训力度
	2014 年政府工作报告，写入"培训新型职业农民"
	《国务院关于加快发展现代职业教育的决定》，积极发展现代农业职业教育，建立公益性农民培养培训制度，大力培育新型职业农民
	《关于引导土地经营权有序流转发展农业适度规模经营的意见》，要求整合教育培训资源，加快发展农业职业教育，壮大新型职业农民队伍
2015 年	中央一号文件，积极发展农业职业教育，大力培养新型职业农民
	2015 年政府工作报告，支持种养大户、家庭农牧场、农民合作社、产业化龙头企业等新型经营主体发展，培养新型职业农民
	《国务院办公厅关于加快转变农业发展方式的意见》，加快建立教育培训、规范管理和政策扶持"三位一体"的新型职业农民培育体系
	《深化农村改革综合性实施方案》，吸引年轻人务农，培育新型职业农民，造就高素质的新型农业生产经营者队伍
	《中共中央关于制定国民经济和社会发展第十三个五年规划的建议》，大力推进农业现代化，培养新型职业农民

资料来源：《2016 年全国新型职业农民发展报告》，第 18 页。

战略深化期（见表 2-11）。从 2016 年开始，中央开始围绕如何培养一支懂农业、爱农村、爱农民的"三农"工作队伍，着手建立规范化、系统性和针对性的新型职业农民培养体系。其中，2016 年的系列中央文件围绕教育培训体系的系统性和可操作性、时代氛围孕育和社会地位改善等，不断在政策认知层面推进农民地位由身份向职业的转变。2017 年制定《"十三五"全国新型职业农民培育发展规划》，明确培育工作的针对性、有效性和规范性，并通过政策扶持、制度保障、工程实施等系统化举措，使新型职业农民培育工作提质增效。进入 2018 年，中央持续推进制度化建设，要求"全面建立职业农民制度"，包括"引导符合条件的新型职业农民参加城镇职工养老、医疗等社会保障制度"等。至 2019 年，新型职业农民培育与乡村振兴战略同频共振，强调"新型职业农民培育工程和新型农业经营主体培育工程要将小农户作为重点培训对象"，在实现小农户与现代农业有效对接的过程中加快新型职业农民的培育。

表 2-11 2016—2019 年新型职业农民相关的中央政策概况

	中央一号文件单列段落，强调加快培育新型职业农民
	2016 年政府工作报告，完善对家庭农场、专业大户、农民合作社等新型经营主体的扶持政策，培养新型职业农民
	中共中央印发《关于深化人才发展体制机制改革的意见》，健全以职业农民为主体的农村实用人才培养机制
2016 年	《国务院关于激发重点群体活力带动城乡居民增收的实施意见》，实施新型职业农民激励计划
	《国务院关于印发全国农业现代化规划（2016—2020）的通知》单列段落强调，加快构建新型职业农民队伍
	《国务院办公厅关于完善支持政策促进农民持续增收的若干意见》单列段落强调，加强新型职业农民培育
2017 年	《"十三五"全国新型职业农民培育发展规划》，以提高农民、扶持农民、富裕农民为方向，通过培训、吸引、培育，加快构建一支有文化、懂技术、善经营、会管理的新型职业农民队伍
2018 年	中央一号文件，持续深化新型职业农民相关的制度、体系、工程、机制及保障措施等的贯彻实施
	《2018 年农业科教环能工作要点》，大力实施现代青年农场主培养计划、新型农业经营主体带头人轮训计划、农村实用人才带头人培训计划和农业产业精准扶贫培训计划，增强培育条件能力、改进培育模式
2019 年	中央一号文件，继续强调实施新型职业农民培育工程
	《关于促进小农户和现代农业发展有机衔接的意见》，帮助小农户发展成为新型职业农民
	农业农村部实施新型职业农民培育三年提质增效行动，推动新型职业农民培育转型升级，全面提升质量效能

资料来源：笔者根据公开政策文本整理而成。

第二节　全面建设新型职业农民队伍

汲取早期探索经验，在对新型职业农民的正式培育过程中，国家通过搭建顶层框架、制定试点方案、吸引人才回流，为大范围推行新型职业农民培育工程做好先期准备。在此基础上，各地通过精准遴选、系统培训、政策扶持，提升培训工作的针对性、有效性和持续性。此外，通过完善登记、资格审查、等级评定、绩效考核以及党建引领等综合性手段，加强对新型职业农民培训主体、对象及机构的全面监督管理，促进新型职业农民培育工作持续迈向常态化、制度化和高效化。

一、顶层设计为纲，试点中回引人才

在正式开展新型职业农民培育工作之前，国家以顶层设计为纲，从目标规制、原则制定、制度建设等方面出发，系统搭建实施培育工作的宏观框架。在此基础上，有步骤、分阶段、针对性开展新型职业农民培育试点工作，为全国范围的推广积累经验。与此同时，作为新型职业农民工作实施对象的多类型人才，也在有条不紊地回流。

1. 完善顶层设计

在具体实施新型职业农民培育工程之前，党和政府高瞻远瞩，从目标规制、原则制定及制度建设等方面强化对相关工作的顶层设计。

在目标规制方面，明确新型职业农民培育工程的三项任务为构建新型职业农民队伍、探索建立培育制度以及建立健全培育体系。具体而言，包括以服务现代农业为目标，着力构建一支有文化、懂技术、会经营的新型职业农民队伍；建立适应现代农业发展需要以及符合我国基本国情的、以"教育培训、规范管理、政策支持"等为核心的新型职业农民培育制度；建立以各级农业广播电视学校为主体，以农业职业院校、农技推广服务机构、农业高校、科研院所等公益性教育培训资源和农民合作社、农业企业、农业园区等社会化教育培训资源为补充的新型职业农民培育体系。

在基本原则方面，强调新型职业农民培育工程的四项基本原则为"政府主导、市场机制、立足产业、精准培育"。展开来讲，首先，坚持政府对相关工作的协调统筹，包括政策扶持、经费投入、条件改善和氛围营造等。

其次，在坚持农民主体和尊重农民意愿的前提下，积极发挥市场在资源配置中的决定性作用，调动农民参与培训的积极性。再次，把服务现代农业作为新型职业农民培育工程的出发点和落脚点，以壮大产业为抓手，以绿色发展为导向，以两增长为目标，加强对新型职业农民的培育。最后，强化对培育对象的科学、精准遴选，坚持分产分类分层分块施教，不断提升培育工作的针对性和有效性。

在制度建设和经费投入方面，坚持"教育培训、规范管理、政策支持"等三位一体的新型职业农民培育制度，各地职业农民培育工作的制度化、法制化建设进程不断加快，如《天津市农民教育培训条例》、《甘肃省农民教育培训条例》、《青岛市新型职业农民培育管理办法》等相继出台。在此基础上，中央不断加大投入力度，财政补助资金直接切块到省。据不完全统计，2014 年、2015 年中央财政每年安排 11 亿元专项资金，2016 年中央财政投入增加至 13.9 亿元，2017 年底，财政投入资金超过 30.6 亿元，新型职业农民人均培训补助标准显著提高。（见图 2-6）

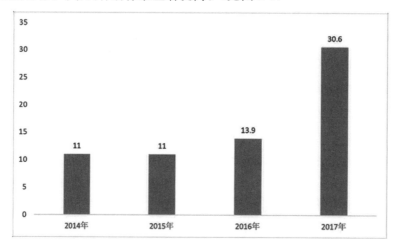

（单位：亿元）

图 2-6　2014—2017 年中央财政资金投入新型职业农民培育情况

资料来源：《2016 年全国新型职业农民发展报告》，第 22 页。①

---

①其中，2017 年的数据来自农业农村部：《关于政协十三届全国委员会第一次会议第 1766 号（社会管理类 140 号）提案答复的函》，中华人民共和国农业农村部，2019 年 3 月 29 日，http://www.moa.gov.cn/gk/tzgg_1/tz/201809/t201809136157347.htm，2020 年 9 月 21 日查询。

2. 探索试点先行

为持续稳步推进新型职业农民培育工作，国家和地方分别进行了针对性的试点部署。

国家层面，针对包括不同类型主体在内的新型职业农民群体，进行统一的试点推进工作。（见表 2-12）其中，2012 年农业部在全国选择 100 个试点县，力争在 3 年时间内培育新型职业农民 10 万名。2013 年继续推进试点工作，各试点县在试点期间，需以生产经营型职业农民为重点，确保培养认定 500～1000 名新型职业农民。从 2014 年开始，试点范围逐步扩大。2014—2016 年，试点范围由 2 省 14 市 300 县扩展至 8 省 30 市 800 县。在新型职业农民培育工程的试点推动下，截至 2015 年底，全国 1500 多个农业县开始进行新型职业农民培育工作。《国家质量兴农战略规划（2018—2022 年）》规定，按照年均培养 100 万人的速度推进该项工作，力争至 2022 年培育新型职业农民 500 万人以上，其中高中以上文化程度职业农民占比达到 35%。

表 2-12　2012—2016 年新型职业农民培育工程实施范围

（单位：个）

年份	示范省	示范市	示范县
2012 年	—	—	100
2014 年	2	14	300
2015 年	4	21	487
2016 年	8	30	800

资料来源：《2016 年全国新型职业农民发展报告》，第 23 页。在此基础上，笔者增加了 2012 年的相关数据。

地方层面，以地方特色产业为依托，针对性地开展某一类型新型农民培育试点工作。（见图 2-7）以四川省崇州市为例，该市是成都市下辖的县级市，森林面积 427.4 平方公里，森林覆盖率达 42.7%，全市林地面积 44756.58 公顷，林业总产值 91 亿元。随着工业化、城镇化的深入推进，崇州林业经营格局正在发生重大变化，"弱者管理""低效管理""无人愿种"等问题日益突出，现代林业发展面临严峻挑战。为此，借助全国集体林改示范区、全国新型职业农民培育示范县以及全国农村承包土地经营权抵押示范县的契机，崇州市在 2012 年开展第一代新型职业农民培育试点工作的基础上，2014 年开始了稻田综合种养试验。针对林业生产的特殊性，2015 年总共选取 8 个山区乡镇作为新型林业职业经理人的试点培育点位，探索"林地股份合作社＋林业职业经理人＋社会化服务"等三位一体的现代林业发展体系。

2011年崇州市开展土地股份合作社试点，同年开展农业职业经理人培训，X.Z.C.是第一代农业职业经理人

2012年全国开展新型职业农民工程，崇州市成为新型职业农民培育试点县

2014年X.J.成为第二代农业职业经理人

2016年，林业共营制改革，新型林业职业经理人试点，X.J.成为第一代林业职业经理人

图 2-7　四川省崇州市农、林业职业经理人试点工作概况

资料来源：笔者根据对成都市崇州市道明镇斜阳村季崧林地股份合作社新型林业职业经理人 X.J. 的深度访谈资料整理绘制而成。

3. 加强人才回引

在农业劳动力数量不足、素质堪忧以及结构失衡的背景下，顺利实施新型职业农民培育工程的前提和关键在于加强人才的返乡回引。以成都市崇州市道明镇斜阳村季崧林地股份合作社新型林业职业经理人 X.J. 的相关经历为例，她和家人朋友之所以回到老家并成为新型林业职业经理人团队的成员，主要受以下三方面因素的影响。

首先，受父影响，重新择业。2010 年 X.J. 大学毕业后，在成都一家公司做出纳员。与此同时，在国家政策号召下，外出经商多年的 X.Z.C. 于2010 年回到家乡崇州经营土地股份合作社，并在次年经培训顺利成为第一代新型农业职业经理人。农技中心的培训让一窍不通的 X.Z.C. 掌握了前沿技术和最新政策，慢慢地，他从 30 亩水稻做起，到如今已发展到有近 2000亩。其间，在合作社发展到有 500 多亩水稻的规模时，因文化水平有限，X.Z.C. 不会做账、编资料，他便力劝出纳出身的女儿回家帮忙。X.J. 起初并不情愿回来，但看到作为新型农业职业经理人的父亲干得有声有色，加之不想父亲如此辛苦，便辞去了成都的工作，加入了返乡大军。回乡后的 X.J. 经培训很快成为第二代新型农业职业经理人，随后在崇州市推行的林业共营制改革中，犹豫不决的她在父亲一番"做农业也好、林业也好，就是蹚路子，先苦才有甜"的真切鼓励下，成功竞聘第一代新型林业职业经理人。

其次，自身立志，投身林业。对 X.J. 来说，回乡的前两年非常痛苦，从一开始分不清秧苗和稗子，到熟悉农业种植的每个环节，她付出了很多汗水。在此过程中，她带领村民们注册成立崇州市童桥家庭农场，同时结合之前在外闯荡的经验，把规模化种植、功能产品开发和电商销售理念融入传统农业，经验的持续积累和合作社的渐入佳境为她立志长期从事农业积累了信心。与此同时，X.J. 在新型职业经理人培训过程中，接触到成功示范，对于怎样做农林相关产业有了思路。比如参观攀枝花以及云南的中药基地，她发现只要标准化搞得好，仅种植这一个产业就有很高的回报，更别说一三产融合互动了。经验的积累和信息的交流使得 X.J. 对发展林业经济也信心满满，她认为做好林业资源的开发利用，不仅符合时下发展生态经济的潮流，也利于增加林区老百姓的收益。因此，X.J. 开始立志长期担任林业职业经理人，力争做大当地的农林产业，带领村民共同致富。

最后，辐射青年，返乡涉林。作为崇州市返乡创业的青年代表，X.J.很快成为四川省的返乡创业明星以及省妇联代表，为新型林业职业经理人及相关工作的开展树立了先进典型，并不断发挥引领和示范作用。其中，X.J. 创办的季崧林地股份合作社本草山房基地成为大学生创业活动的示范地，为吸引更多的大学生群体返乡从事现代农业奠定基础。与此同时，在她的影响下，丈夫和妹夫也回到合作社，分别成为机械维修和合作社管理的专职人员。尤其是 X.J. 的初中同学兼闺蜜，大学毕业的她具备高素质管理才能，受 X.J. 本人、个人兴趣以及林业发展前景的多重影响，回到合作社担任总经理角色，帮助 X.J. 分担总经理、会计、出纳、外勤、内务等部分工作。X.J. 组建新型林业职业经理人团队，以项目合伙的形式，加强彼此之间的利益联结，使团队成员对从事的工作产生归属感和获得感，坚定长期留下来的信心。

二、系统培育，强化扶持，为人才振兴筑基

在规划前置的基础上，全国各地通过多样化的举措强化对人才的精准遴选，确保合适的人进入培训环节。针对遴选出来的新型职业农民，以系统培育为核心，提升培训工作的针对性和有效性。同时，通过全方位的政策补位，为新型职业农民的发展增添强大动能。

1. 精准遴选，让合适的人进入培训环节

精准遴选培育对象是新型职业农民培育的关键一环。实践过程中，产生了自上而下、自下而上以及双向结合等三种遴选机制。

自上而下的遴选机制。主要表现为政府利用信息化手段，对有意愿的农民加以登记入库。具体而言，各级政府依托新型职业农民培育工程，针对家庭农场经营者、合作社带头人、种养殖专业大户以及退伍军人、大学毕业生、返乡创业农民工等，广泛开展宣传动员和摸底调查，建立实时动态的新型职业农民培育对象数据库，同时鼓励以县为单位，由政府部门组织有文化基础、有培育需求、有务农意愿的农民，统一登录中国农村远程教育网"新型职业农民培育申报系统"页面，或手机下载"云上智农"App，引导其报名参加培育。

自下而上的遴选机制。主要表现为普通农民通过竞选的方式，最终由利益相关群体决定是否录用的一种新型职业农民筛选机制。同样以成都市崇州市道明镇斜阳村季崧林地股份合作社新型林业职业经理人 X.J. 的经历为例。2015 年崇州市政府结合第一轮农业职业经理人改革试验，深化林业职业经理人制度改革，并选择 8 个山区乡镇作为示范点位，将林业职业经理人的聘用权交给合作社成员。在此背景下，X.J. 与其他三人一起报名竞选季崧林地股份合作社新型林业职业经理人岗位。竞选初期，X.J. 之前在道明镇担任农业职业经理人的丰富经验和良好声誉为她赢得了合作社成员的初步信任，加之她提出了切实可行的林业发展方案以及利益共享机制，最终在全体社员一致表决下，顺利当选合作社职业经理人。

双向结合的遴选机制。在强化政府组织引导以及提倡农民自愿报名的基础上，综合"自上而下"和"自下而上"两类遴选机制的优点，针对有志于现代农业生产经营管理的大中专毕业生、返乡农民工、种养能手等，采取自愿报名与政府推荐相结合的方式，吸引多层次人才到农村创业兴业。同样以新型林业职业经理人的另一种遴选方式为例。各级政府针对有志于现代林业发展的多层次、多类型人才，在其自愿报名的基础上，结合乡镇政府推荐，由林业行政主管部门进行相关资格审查，把符合培训条件、有意愿从事林业生产经营管理的人员精准纳入新型林业职业经理人的培育名单。

2. 系统培育，提升职业农民培训工作实效

为解决"不会管理、低效管理"等问题，从提高经营管理水平入手，各地在探索实践中逐步总结出"充实培训师资力量，提高培训有效程度，完善多元培训机制"的系统培训体系，大力培养懂技术、会经营、善管理的新型职业农民，以此切实推进产业科学化、现代化、专业化发展。

一是配优配齐新型职业农民培训的师资力量。在充分发挥各级农广校、农业职院高校、农技推广机构等公益性教育培训资源以及合作社、农企、农业园区等社会化教育培训资源的基础上，遴选推介一批高水平名师前往新型职业农民培育示范基地开展讲座，同时优先聘请优秀教师为新型职业农民长期授课。以崇州市林业职业经理人的培育为例，当地通过聘请四川农业大学、四川省林科院、成都市农林科学院等"一校两院"的专家学者，同时遴选市、乡技术人员，组建30人的培训教师团队，形成专家学者、基层技术人员互为补充的教学师资队伍。在此基础上，完善教学条件，建成职业经理人培训管理中心，配备现代化多媒体教室，建成林业职业经理人实训基地2个。

二是提升培训工作的灵活性、针对性和实效性。首先，在灵活性方面，充分利用现代信息技术，建立包括在线教育培训、移动互联服务、在线技术信息咨询、在线认定管理考评和全程跟踪服务等功能在内的智慧农民云平台，方便新型职业农民随时随地参与培训学习。其次，在针对性方面，强化对生产经营型、专业技能型、社会服务型等新型职业农民的分类培育。（见表 2-13）例如，针对从事农业经营管理的学员，就由擅长市场化、信息化、标准化和质量安全的老师对其进行相关培训。最后，在实用性方面，通过构建田间课堂，建立农民田间学校，同时打造实训基地、农民创业园，探索适应农民学习和农业生产规律的培育模式，力图使新型职业农民在农业生产实践中得到实用技能的训练。

表 2-13　新型职业农民的针对性培养方案

新型职业农民类型	教师培训专长
综合型	重点设置职业道德素养、团队合作、科学发展等内容
生产经营型	重点设置创新创业、品牌创建、市场营销、企业管理、融资担保等内容
专业技能型	重点设置新知识、新技术、新品种、新成果、新装备的应用，市场化、信息化、标准化和质量安全等内容

资料来源：笔者根据农业农村部《对十三届全国人大一次会议第 2553 号建议的答复摘要》的相关内容归纳绘制而成。

三是加强培训工作的创新性和可持续性。一方面，在加强培训工作的创新性方面，通过突出培训工作的理论传授与实践教学结合、集中培育与现场实训结合，建立健全"一点两线、全程分段、注重实训、强化服务"的培育模式。与此同时，各地创新方式方法，例如通过跨区域学习交流等丰富传统培训形式。另一方面，在推动培训工作的可持续性方面，以新型职业林农的"双培训"机制为例（见图 2-11），即以林业专家为代表的林业职业经理人导师培育林业职业经理人，再由职业经理人对新型职业林农团队成员进行培育；也可以由职业经理人导师直接对职业林农进行跨级培育。层级化的培育模式有效减少了知识传导成本，跨级式的培育模式又增加了培育的权威性、针对性和有效性，二者结合的"双培训"机制有力助推了新型职业林农培育工作的可持续发展。

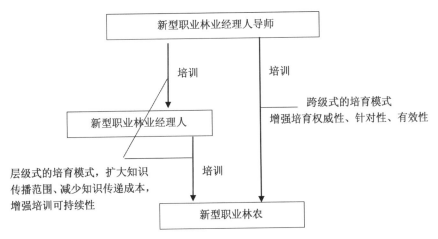

图 2-8　职业林农"双培训"机制示意图

资料来源：笔者根据相关资料整理绘制而成。

3. 政策扶持，为职农发展增添新动能

在精准识别、加强培训的基础上，各地通过构建全方位、多层次的政策保障体系，持续保障新型职业农民培育工程持续向好运行。以四川省崇州市为例。围绕新型职业林农及林业职业经理人培育，当地建立了包括产业扶持、科技助力、社保补贴、金融支持等在内的系统化政策扶持体系。

一是加大产业扶持力度。对林业职业经理人领办或新办林地股份合作社、家庭林场，发展林业适度规模经营的，优先推荐享受相关专项资金扶持。其中，毕业 5 年以内的高校毕业生取得职业经理人证书，首次受聘或领办、新办新型林业经营主体 6 个月以上的，给予 1 万元一次性奖励。与此同时，给予相关的土地扶持政策。季崧林地股份合作社作为新型林业职业经理人的培训示范基地，缺乏建设合作社配套设施以及供培训人员参观的足够场地。为此，崇州市领导根据政策，要求相关部门按程序尽快批复合作社建房手续及相关证件。

二是加大科技扶持力度。科技助农是将传统农民培育成"爱农业、懂技术、善经营"的新型职业农民的重要扶持措施，政府作为政策扶持的主要供给方，应对此加大投入力度。四川省崇州市出台的相关科技扶持政策

规定，林业职业经理人领办、新办、经营的新型经营主体进行林业科技成果的研发、推广、应用和转化的，优先给予技术、资金和立项支持。经过前期的行业调查，作为职业经理人的 X.J. 打算在季崧林地股份合作社推广中药材种植，但她不懂相关技术，于是利用崇州市政府签署的院士合作项目，每年免费获得相关技术指导。

三是加大社保补贴扶持。针对 5 年以内的回乡创业大学生，崇州市所属的成都市政府就业局统一规定，凡是取得营业执照的职业经理人，在个人申请的基础上给予社保补助。以获得资格证书的林业职业经理人为例，上岗期间以个体身份参加城镇职工养老保险的，按上一年度全省在岗职工月平均工资 60% 为缴费基数，缴费费率为 20%，实行"先缴后补"方式，其中个人缴费 8%，财政补贴 12%。目前 X.J. 获得 60% 的社保补贴，每年自己缴纳 4000 多块钱，政府再补贴 4000 多块钱。

四是加大金融支持政策。除了政策奖励、社保补助之外，针对新型林业职业经理人，还实行更大力度的贷款贴息等金融扶持政策。崇州市政府规定，对初级、中级、高级林业职业经理人分别给予 10 万元、20 万元、30 万元信用贷款支持，并给予人民银行同期贷款基准利率 50% 贴息。X.J. 作为高级林业职业经理人，同时具备土地经营权证和林地经营权证，总共贷款 100 余万，借助四川省开通的农贷通平台，在粮食种植补贴的基础上，获得 80% 的贷款贴息，最终贷款利率与银行存款利率基本持平。

三、以监督考核为要，深化绩效

加强管理是保障新型职业农民培育工作持续稳定运行不可或缺的兜底性措施。通过完善注册登记工作、资格审查及等级评定，推进新型职业农民队伍管理工作的信息化、制度化和规范化；通过强化绩效考核、日常监督和退出制度，加强新型职业农民培训工作的有效性、针对性，促进新型职业农民队伍自身持续焕发活力；通过党课培育和党建引领，加强对优秀新型职业农民的思想引领和组织吸纳，在强化组织管理的同时，激发新型职业农民自我管理的内在动能，促进新型职业农民培育工作持续迈向常态化、制度化和高效化。

1. 以登记为前提，完善资格审查及等级评定

首先，在注册登记方面，完善注册登记工作是对新型职业农民进行持

续跟踪监测管理的前提。各地通过建立新型职业农民注册登记制度，及时对具备相关职业教育经历、持有执业资格证书或通过新型职业农民认定评级的农民进行注册和登记。在此基础上，建立实名制、实时化、动态化的新型职业农民基本信息数据库和门户网站，对新型农业职业经理人、新型林业职业经理人在内的新型职业农民群体进行档案管理，以此搭建人才资源信息库和分类管理服务平台，及时公开农业职业经理人、林业职业经理人等的特长、绩效、诚信等动态信息，在方便其寻找合适就业岗位的同时，也在最大程度上让其接受全社会的实时监督。

其次，在资格审查方面，主要加强对培训主体、培训机构以及培训对象等三方面的资质审查。其中，就培训主体而言，加强对培训教师的执业资质、职业修养、道德素质等的全面动态考察，及时将业务水平低下、思想道德不检点、政治意识错位的教师清理出培训队伍，并对其设置行业禁入年限；就培训机构而言，政府应履行对新型职业农民培育机构的资质审查义务，避免非法传销等不法分子利用培训业务外包的机会，加大对新型职业农民的利益侵害；就培训对象而言，按照"职业类别、培训情况、生产规模"等三个特征，即是否以农业为职业、是否接受过农业系统培训或职业技能鉴定、是否达到规定的生产经营规模，加强对新型职业农民的资质审查。

最后，在等级评定方面，建立层级化的新型职业农民认定体系并颁发相应的资质证书。以新型林业职业经理人为例，崇州市通过建立初级林业职业经理人、中级林业职业经理人、高级林业职业经理人等"三级贯通"的证书等级评定制度，成立林业职业经理人评定委员会。根据审核对象的经营规模、生产技能、管理能力和经营水平等，按照每年一次的惯例开展常态化评定工作，对符合条件的申报对象颁发相应等级的《林业职业经理人证书》。由于组织级别高、审核常态化、工作细致化，不同级别的《林业职业经理人证书》均在当地得到广泛认可。截至 2018 年，崇州市已评定 87 名初级林业职业经理人和 21 名中级林业职业经理人。

2. 以考核为抓手，强化日常监督和退出制度

绩效考核是现代人力资源管理的重要技术手段，通过建立独立公正、覆盖全面、技术先进的绩效考核体系，有助于增强新型职业农民培训工程的长效性。针对新型职业农民培训工作的绩效考核，主要涉及培训主体、培训对象等方面。其中，就培训主体而言，以培训对象满意度为主要衡量指标，通过市场招标引入独立第三方机构，加强对培训主体的绩效的全面指标化考核。考核结果一方面直接与培训教师的工作绩效、培训资质等挂钩，另一方面与主管行政官员的行政绩效、政治责任挂钩，层层压实培训主体责任。与此同时，依托全国农业科教云平台和"云上智农"App 等现代化信息手段，线上考核所有培训班次、培训教师、培训基地的培训效果。就培训对象而言，将"云上智农"App 和"农业农村部新型农业经营主体直报系统"应用纳入培训课程，通过信息化手段推动小农户衔接现代农业，全面加强对新型职业农民的信息化管理水平。完善林业职业经理人绩效考核机制，每两年考核一次，根据考核结果维持、提升或降低林业职业经理人等级；凡出现产品质量安全不合格、违法违规等问题的，直接取消其林业职业经理人资格。

作为民主的一种新型历史形态，监督式民主对于组织内部的权力运行起着重要制衡作用，通过引入不同层级的监督措施，确保新型职业农民培育工程在正常轨道内稳定运行。一方面，政府层面的监督。主要利用财政监督、审计监督和行政监察等手段，即由地方财政对新型职业农民培育的专项资金项目进行绩效管理，加强对培训专项资金落实情况以及培训效果群众满意度等的审计工作，同时行政监察机关依据相关法律对培训工程的实施效能切实履行行政监督职责。另一方面，团队内部的监督。以新型林业职业经理人团队为例，上级政府监管部门将监督责任下移，由团队内部的新型职业林农以集体表决的方式，对林业职业经理人的日常工作绩效以及"双培训"机制的有效性程度等进行制度化、常态化监督，同时利用合作社内部的现代审计手段，加强对林业职业经理人的财务审核，努力搭建权力运行的制度笼子。

灵活有效的退出机制是新型职业农民培育工程始终保持活力的关键所在。在绩效考核和日常监督基础上，充分利用市场在资源配置中的决定性作用，建立健全退出机制，加强对新型职业农民的配置使用效率，优化新型职业农民队伍结构。四川省崇州市在新型林业职业经理人的培训过程中，以市场机制为抓手，通过建立实时动态、公平自愿、双向选择的人才准入准出机制，分乡镇或区域组建林业职业经理人之家，采取优先推荐、公开竞聘等方式，鼓励林业职业经理人不受地域限制，在全市区域内自由流动，实现新型林业经营主体与林业职业经理人双向选择，通过市场机制实现"能者上庸者下劣者汰"，优化新型林业职业经理人和新型职业林农等人才资源的培育、配置和使用。

3. 以党建为引领，推进组织吸纳和绩效管理

一方面，党课进培训，激发自我管理动能。新型职业农民的前提要求是思想观念保持先进，为此，代表中国先进文化前进方向的广大党员干部，应该积极深入田间地头和教学一线开展党课教学工作，用党性修为和理论修养去帮助广大学员明确培育目标、责任担当和自我约束。具体而言，各级党委政府坚持在新型职业农民培训中强化党性教育，围绕农民群众关心的热点难点，在互动中传递党和国家的相关政策，让大家听得懂、悟得透、用得活。同时，在党课教育中贯穿文明教育，以顺口溜、讲故事的形式，将村规民约、法律法规等融入新型职业农民的日常培训中，让正式和非正式规章在潜移默化中成为重建新型职业农民现代心灵秩序的关键力量，最终激发其自我管理动能。

另一方面，组织吸纳人才，压实持续发展责任。在新型职业农民培育工程中贯彻党管人才的原则，通过对包括新型农业职业经理人、新型林业职业经理人等在内的新型职业农民人才进行组织化吸纳，加强对其监督管理。一方面，坚持能人变红人，优先考虑将职业技能突出、文化素质较高、思想品德端正的非党员新型职业农民发展入党，通过党性教育、政策学习及纪律约束，持续深化对新型职业农民的监督培育。另一方面，坚持红色引领绿色，即由市委组织部出面，将表现优异的党员或非党员新型职业农民培养成具有正式编制的国家工作人员，通过该措施增强对新型职业农民长期从事农林等绿色行业的内在激励，同时提升对其综合素质的考核要求，在激励与压力中提升管理绩效，发挥新型职业农民带领农民群众共同致富的重要作用。

第三节　职业经理人嵌入，合力共营现代林业发展

经历系统培训的新型职业农民如何有效嵌入现代农业发展是相关培育工程回应"无人种地"困境并取得实效的瓶颈所在。为此，作为新型职业农民示范区的四川省崇州市，通过构建以新型林业职业经理人为核心的林业共营制，即通过搭建"新型林业职业经理人、林地股份合作社、林业综合服务"三位一体的林业共营制，着力破解"无人育林"的现实困境，推动都市现代林业向好向快发展，最终实现多元主体共营多赢。

一、"缺人"状态下都市现代林业的困境

随着工业化、城镇化的深入推进，崇州林业同全国其他地方一样，林业经营格局正在发生重大变化。其中，在政策规制、生态移民和人口转移等的影响下，当地传统林业发展面临"林业落后""林农缺失""林地闲置"等问题，这是实现由传统林业向都市现代林业转型的症结所在。

1. 生态战略下的林业转型

2008 年《中共中央国务院关于全面推进集体林权制度改革的意见》颁布，提出大力实施以生态建设为主的林业发展战略，不断创新集体林业经营的体制机制，依法明晰产权、放活经营、规范流转、减轻税费，进一步解放和发展林业生产力，促进传统林业向现代林业转变。党的十八届五中全会审议通过了《中共中央关于制定国民经济和社会发展第十三个五年规划的建议》，提出"创新、协调、绿色、开放、共享"五大发展理念。2016年中共四川省第十届委员会第八次全体会议上通过《中共四川省委关于推进绿色发展建设美丽四川的决定》，提出始终坚持牢固树立绿色发展理念，构建绿色发展空间体系，优化国土空间开发格局；开展大规模绿化全川行动，筑牢长江上游生态屏障，努力推进绿色发展、建设美丽四川。2017 年成都市第十三次党代会，提出建设全面体现新发展理念的国家中心城市的总体目标，确立了"东进、南拓、西控、北改、中优"的空间战略。崇州处于"西控"范围之内，按照持续优化生态功能空间布局的总体要求，崇州市打破现有城乡行政区划，确立了生态涵养保护区、生态旅游发展区、都市现代农业集聚区、田园城市核心区"四大功能区"，大力发展高端绿色

林业科技产业，提升林业绿色发展层级，保持生态宜居的现代化田园城市形态，推行生态涵养主体功能区的管制。

2. 搬迁工程后的林农缺失

2008 年"5·12"大地震以后，山区的林农大部分搬迁至新村集中居住，生产生活方式发生了较大变化，生活区距离林业作业区较远，生产作业半径扩大，不利于传统林业生产的持续发展。[①] 与此同时，随着工业化、城镇化的速度不断加快，大都市周边劳动力不断向城镇转移，越来越多的青壮年不愿意回到山区生活，导致山区人口结构严重不合理，青壮年劳动力严重缺失，人口老龄化现象严重。2015 年，鸡冠山国家森林公园、国家大熊猫主题公园、李家岩水库等项目获国家批复，其中，李家岩水库是成都市第二大水源库，涉及崇州市 3 个乡（镇）、9 个村（社区）、41 个村民小组，总共搬迁农户 1774 人。按照水库库区、产业园区、特色景区、精品社区"四区联动"的模式，崇州需大力实施生态移民工程，谁来经营林地的难题愈加凸显。

3. 人口结构失衡中的林地闲置

长期发展过程中，崇州市的林业发展面临"大型龙头企业少，缺乏产业拉动力；精深加工产品少，缺乏市场竞争力；产业配套服务少，缺乏整合优势力；科技成果转化少，缺乏持续发展力"等结构性问题，由此导致传统林业种植竞争力弱、附加值低、综合收益少，日益增多的林农群体开始选择外出打工，居住地也逐渐由林区向城镇聚集，大量林地资源被闲置。崇州市的一项调查显示，农村居民人均可支配收入中，工资收入占 53%，农林业经营性收入比重不断下降。在此背景下，崇州市已逐步走出靠山吃山靠水吃水的资源掠夺式发展路径，开始步入全社会更加关注的生态环保型良性发展轨道。由此，如何在坚持家庭经营的基础性地位的前提下，及时补充现代林业经营主体，实现林业经营方式的突破创新，转变林业发展方式，加快构建新型林业经营体系，成为崇州都市现代林业发展亟须解决的重大结构性课题。

---

①孟繁芸、冯扬帆：《崇州发展"林业共营制"的实证探索研究》，《农业开发与装备》，2018 年第 3 期，第 76—78 页。

二、探索职业经理人嵌入林业共营体系

针对发展都市现代林业的多重现实困境，崇州市坚持以产改为契机，吸纳新型林业职业经理人进入林业股份合作社，通过加强监督管理、利益联结和风险防控，筑牢新型林业职业经理人嵌入现代林业共营体系的基石，同时致力于全方位的社会服务供给，推动新型林业职业经理人得到持续赋能，以此进一步带领共营制下的林业股份合作社向好向快发展。

1. 以产改为契机，职业经理人受聘于合作社

首先，培育新型主体，明晰林业产权。2007 年以来，崇州市围绕"归属清晰、权责明确、保护严格、流转顺畅"的林权改革总体思路，扎实开展集体林权制度改革，颁发林权证 2.06 万本，覆盖面积达 47.78 万亩。在坚持农村土地集体所有权和稳定农户承包权的基础上，运用林权确权颁证成果，以土地集体所有为前提，以家庭承包为基础，以林农为核心主体，以盘活林地经营权为线索，推进林地所有权、承包权、经营权、林木所有权、林木使用权"五权分置"，培育林地股份合作社为主的新型林业经营主体。截至 2017 年底，全市共组建林地股份合作社 28 个，入社林地 6.2 万余亩，入社林农 5300 余户。

其次，讨论合作社章程，制定聘用合同。按照集体林地承包权与经营权、林木所有权与经营权"四权分置"原则，运用农村产权改革成果，坚持"自愿联合、民主管理，入社自愿、退社自由，风险共担、利益共享"原则，尊重林农意愿，引导林农以林地经营权折资入股以及工商注册林地股份合作社。合作社讨论并通过《章程》，按照《章程》规定，依法建立成员（代表）大会、理事会、监事会等组织机构，选举产生理事长、监事长。建立健全《财务管理制度》《理事会、监事会职责》等内部管理制度。建立符合自身产业特点、行业要求的基础台账，包括成立登记、年度计划、规章制度、会议记录（纪要）、农业职业经理人聘用合同以及生产、销售等文书档案，会计凭证、账簿、成员分红等会计档案以及其他档案。

最后，创新股权量化，壮大林业资本。针对林地经营生产周期长、投入成本高、林地经营权和林木所有权"两权"并存等特点，合作社召开成员（代表）大会，确定林地（林木）入股基准价，根据入社林地的位置、地力状况、林竹种植时间等因素，组织现场测量和评审林地经营权（林木

所有权、林木使用权）折资金额，确定社员原始股份，对后续新增入股的林权，参照原始股份额确定股权。对入社前已产生收益的林权，入社后按股份分红；入社尚未产生经济效益的林权，从该宗林地收益之年开始分红，形成"原始股＋新增股""收益股＋预期股"的股权新机制。[①] 以宏益林地股份合作社为例（见表 2-14），针对林地经营生产周期长、前期投入大等问题，合作社将股权分为林地经营权折资股和资金股两种方式，其中聘请的新型林业职业经理人可以资金入股的方式对合作社进行投资，最终林地经营权入社 26 户，资金入社 5 户，合作社资金总额达 42.65 万元。

表 2-14　崇州市宏益林地股份合作社股权量化方式

股权方式	具体规定
林地经营权折资	理事会根据入社土地的位置、地力状况等因素，由合作社全体成员共同测量，通过社员大会讨论，确认林农的入股面积。入股期限初定为 30 年，每亩折算股金 900 元，折合林地经营权股金 24.65 万元。为降低人工生产经营成本，索道（物资运输设备）折资 8000 元。建立成员登记册，记载成员入社的林地及物资股数，由社员签字确认，作为分配的依据。社员中途退社，需向合作社支付前期投入的生产成本，并只能按折资标准以现金方式退股。
资金股入社	合作社结合前期生产成本预算，经社员大会讨论，吸收资金入社，用于合作社购买种苗、配套基础设施、支付工资等，每亩林地最高匹配入股资金 3000 元，优先满足入社林农。资金入社林农 5 户，入社资金 18 万元。在后续的生产经营中，合作社生产成本不足需要筹集资金时，以 2015 年 1 月为基准，出资额按 1∶1.1 逐年递增配股，参与合作社分配。

资料来源：成都市林业局。

2. 以利益联结为核，在管理风控中平稳运行

完善运行管理制度。借鉴现代企业管理机制，合作社公开聘请林业职业经理人从事生产管理，理事会代表全体社员负责决策"栽种什么"，林业职业经理人负责"怎样栽种""怎样管护"，提出具体生产实施意见、生产成本预算、产量指标等，交由理事会讨论通过后执行；监事会负责监督理

[①] 周小娟、罗加勇、张格华、胡浩：《崇州市林业共营制创新研究》，《中国西部》，2018 年第 6 期，第 61—70 页。

事会和林业职业经理人生产经营，形成"理事会＋职业经理人＋监事会"的内部监管机制。（见图 2-9）生产成本筹集比例由职业经理人和合作社共同协商，职业经理人筹资后不足的资金，由合作社以"林地经营权流转证""经济林木（果）权证""农业生产设施所有权证"等产权向银行抵押贷款。[①] 生产支出由理事长和监事长共同审签列支入账，农资和机具的放置、申领、使用和处理，实行专人负责，建立社务公开制度，实现公开事项、方式、时间、地点的制度化。对财政奖补资金形成的合作社资产，实行股权量化到合作社全体社员，增加社员财产性收益。

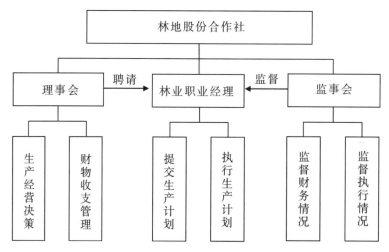

图 2-9　林地股份合作社运行机制

资料来源：成都市林业局。

强化利益联结机制。本着经营收益多方共享、分配方式灵活多样的原则，在充分兼顾入社社员、职业经理人（林业企业）、新型集体经济组织各方利益后，采取现场谈判协商方式，由职业经理人（林业企业）与社员（代表）大会共同协商确定利益联结机制，[②] 主要有三种分配方式。一是除本按比例分红，如凤栖药花谷林地股份合作社，采取除本纯收入按照 1：2：7 比例分配（纯收入的 10％作为公积金，20％用于职业经理人的佣

[①]《崇州市林业共营制创新研究》，第 61—70 页。

[②]《崇州发展"林业共营制"的实证探索研究》，第 76—78 页。

金，70％用于社员林地入股分红）；二是保底二次分红，如季崧林地股份合作社，采取 100 元/亩·年保底，二次分红按照 1∶2∶7（10％作为公积金，20％用于社员林地入股二次分红，70％作为职业经理人的佣金）；三是股份＋佣金分红，如鸡冠山乡宏益林地股份合作社，林农以林地经营权折资和资金入股，林业职业经理人以资金入股，确定股权占比，职业经理人每年每亩 50 元管理工资，除本纯收入按照 1∶1∶8 比例分配（纯收入的 10％作为公积金，10％用于职业经理人佣金，80％用于股权分红）。

健全风险保障体系。围绕合作社运行，针对新型林业职业经理人在内的众多主体，推行覆盖全面的风险保障体系。一是推进政策性林业保险全覆盖。公益林保险金额 500 元/亩，保险费率 0.13％，财政补贴 90％，农户承担 10％；商品林保险金额 750 元/亩，保险费率 0.16％，财政补贴 75％，林农（经营主体）承担 25％，林业保险覆盖面达 100％，增强林农（经营主体）抗御自然风险能力。二是推进土地流转履约保证保险。为保障土地流转当事人合法权益，引入平安保险、太平洋、锦泰等 3 家保险机构，对流转双方的合同行为进行担保保险，费率按照流转费用的 3％收取，政府补贴保险费 50％，流入人承担保险费 40％，流出人承担保险费 10％。三是推进农业生产经营主体用工意外伤害保险。针对生产经营主体雇佣人员年龄大、劳动强度大、易发生用工意外伤害问题，制定出台《农业生产经营主体用工意外伤害保险试点工作实施方案》，[1] 采取不记名投保的方式，保险费率 11 元/亩，财政补贴 70％，经营主体自筹 30％，意外身故保险金额 20 万元/人，意外残疾保险金额 20 万元/人，意外补助保险金额 2 万元/人。

3. 以综合服务护航，全方位赋能合作社发展

在完善运行机制、强化利益联结以及提供风险保障的基础上，"共营制"架构下的新型林业职业经理人要在社会高度分工、市场日趋复杂、各类风险交织的背景下，实现林业股份合作社的长效运转和现代林业的顺利转型，离不开各类社会服务的综合赋能。为此，按照"政府引导、资源整合、市场参与、多元合作"的发展思路，建立集技术指导、产权交易、专业化服务、品牌运营、农村金融、森林资源管护等为一体的林业社会化综

---

[1]《崇州市林业共营制创新研究》，第 61—70 页。

合服务总部基地，构建公益性服务与经营性服务相结合、专项服务与综合服务相协调的新型林业社会化服务体系，为新型林业职业经理人嵌入现代林业经营体系提供有效保障。

首先，搭建林业科技服务平台。一方面，修建林业专业人才大院。聘用来自成都市农林科学院、四川省林科院以及四川农业大学等科研院所和高校的 56 名林业专业人才，组建成集林业科技成果集成转化、林业产业综合开发项目合作、职业林农人才培养为一体的综合性林业专业人才大院，采取综合性的管理机制，包括项目评审考评制、学科专家聘用制以及课题管理激励化、转化利用服务化等。在此基础上，依托林地股份合作社等各类新型林业经营主体，建立 1.2 万亩林业科技示范基地，以此实现林业科技成果转化利用的无缝对接。另一方面，加速推广林业科技成果应用。依托来自四川省林科院、四川农业大学、成都农业科技职业学院的数十位林业专家，大力开展林业产学研成果一体化转化，积极鼓励相关技术人员自主创办科技型林业企业，大力开展科技成果产业转化。此外，依托林业专业人才，建立林业职业经理人导师制度，即采取"一所两校专家＋市、乡技术人员＋新型林业经营主体"的立体服务模式，对新型林业职业经理人实施一对一的"保姆式"技术指导服务，由此形成林业专家团队、职业经理人、职业农民上下一体、互通互构的林业科技推广体系，并促进"产学研用"各环节全面融合。截至目前，崇州市已推广林业新品种 42 个、新技术11 项。

其次，搭建智慧林业管理服务平台。信息化时代，技术成为赋能的重要通道。就现代林业管理服务平台的建设而言，关键在于开发智慧林业管理系统。在建立市、县、乡、村四级林权管理服务体系的过程中，崇州市持续推进"互联网＋"、物联网技术、大型云计算、移动互联、5G 等现代信息技术和智能化装备在林业研发、生产、经营、管理等方面的综合应用。同时，为实现林权"一本图"智能化信息化管理，当地综合采取"村级收集、乡镇审核、县级汇总"的层级运行机制，逐级落实工作任务和工作职责，健全智慧林业管理服务机制，逐步积累、完善、汇总并更新包含林业种类、林地承包、林业产业、林业经济、林地流转、林权融资等相关管理数据在内的林业信息大数据库，在此基础上完善林权交易、交易鉴证、森林防护、资源管护、林火监测等综合化服务，真正实现一站式服务，让群众少走路。与此同时，推动林业科技信息化应用。综合利用"移动监测终端"、"新农通"、科技网络书屋等现代信息服务手段实现海量信息传播，方便林业科技专家、技术推广人员、新型林业经营主体就发展中遇到的各类难题展开实时互动交流。到目前为止，崇州市已应用15台"林业有害生物移动监测终端"，每年上传林业监测信息3000余条。

再次，搭建林业专业化服务平台。主要包括培育林业专业化服务主体及建立林业服务超市等两方面。其中，针对如何培育林业专业化服务主体，崇州市利用农机购置补贴、项目建设资金等支持政策，坚持市场化导向、专业化服务、多元化主体的实践原则，培养一批从事农机使用、森林植保、育种育苗的实用型人才，在推动林农就业在地化、专业化、组织化的过程中，培育和壮大服务于林业经营的各类社会组织载体，积极承接生产经营示范、社会服务购买等各类涉农财政项目，以此实现新型职业林农素质和收入"双提升"。截至2017年底，崇州市已配备200台（套）无人植保机、油锯等实用林业机具，累积培育39个农机专业合作社、5个森防专业合作社以及6个劳务合作社，承担3个涉林政府购买项目，总体服务面积达18万余亩。在此基础上，建立林业服务超市。引入四川空中农人科技有限公司，建立合作式、订单式、托管式林业服务超市平台，按照"覆盖全程、综合配套、便捷高效"的服务理念，整合技术、人才、资金、设备、管理、信息等服务资源，将分散的经营性服务资源纳入社会化大生产体系中。经营过程中，服务项目、服务质量、服务价格等明码标价，提供林业产前、产中、产后"一条龙"服务，包括技术咨询、林业劳务、林机服务、农资配送、专业育秧（苗）、病虫防治、产品烘干、冷链仓储等，以满足林业经营主体多样化的服务需求，构建林业生产全要素、全过程、全产业的服务体系。

此外，搭建林业品牌运营服务平台。提升林产品附加值的关键在于标准化生产、品牌化运营以及流通化运作。一是推进标准化林业生产。崇州市依托新建成的8个乡镇标准化检测室和22个村级标准化检测室，建立覆盖基层的林产品质量安全监管网格化管理系统，持续培育和打造无公害林产品、绿色食品、有机林产品和地理标志林产品等"三品一标"林产品，累积认证面积达 666.6 公顷，其中认证有机牛尾笋基地面积达 333.3 公顷，认证枇杷茶地理标志农产品面积达 333.3 公顷，认证林业地理标志产品 3 个。二是加强林产品品牌化运营。此处的品牌运营是指林企利用品牌这一无形资本，在营造良好品牌形象的基础上，实现品牌资产有形化，更好地促进产品的生产经营。崇州市通过构建"公共品牌＋自主品牌＋特色品牌"的现代都市林业品牌运营体系，将"崇耕"等公共品牌，牛尾笋、枇杷茶、樱花和林下中药材等特色品牌以及"崇州造"等企业自主品牌塑造成协同运作的整体，切实提升当地林产品品牌的知名度、美誉度和诚信度。三是培育流通服务主体。通过现代信息技术促进流通中的林产品价值链延伸，包括利用"互联网＋"技术，推进以公共平台和企业平台为依托的林产品双平台建设，积极培育"土而奇"等林产品公共电商平台及品牌，着力建成"三编创客中心""龙门山山货集市"，推动线上、线下交融互生、协同并进的品牌营销模式。截至 2017 年底，20 余家林业经营主体加盟公共电商平台，线上销售林产品达 30 余个。

最后，搭建农村金融融资服务平台。借助"农贷通"等融资综合服务平台，整合政策、资金、项目及服务等各类资源，不断吸引更多社会资本投入现代都市林业。一是依托成都农交所崇州市农村产权交易有限公司，搭建市、县、乡、村四级林权流转交易服务平台，健全"归属清晰、权责明确、保护严格、风险可控、流转顺畅"的林权交易体系。二是组织多元主体代表，成立林权指导价格评审工作组，同时引入 13 家专业化评估机构，针对估值难易程度不等的林权，建立科学立体的林权价值评估体系。三是崇州市财政注资 1 亿元成立蜀兴融资担保公司，在此基础上引入中国人民银行和 8 家商业银行参与林权抵押贷款，撬动金融资本投入现代林业发展。四是将诚信作为享受各类财政扶持政策的必备社会资本，充分利用农村信用信息数据库管理系统，建立新型林业经营主体信用信息数据库，健全新型经营主体信用等级评定机制，坚持"每年调整，隔年复评"的原则，发挥"一款一库一补"的撬动激励作用。五是崇州市建立融资风险防控体系，通过财政，注资 750 万元建立林权抵押风险基金，合理确定银行、风险基金的风险分担比例，促进银行与保险公司的联动合作，优先支持投保贷款对象。六是成立崇州市蜀兴融资担保公司，探索组建村级互助担保合作社，共同搭建政府和村级自治组织担保收储平台，建立林权担保收储体系。七是针对使用"林地经营权流转证""经济林木（果）权证"抵押贷款的，资金用于发展林业第一产业、第二产业、第三产业的，分别给予不同额度的人民银行同期贷款基准利率贴息。

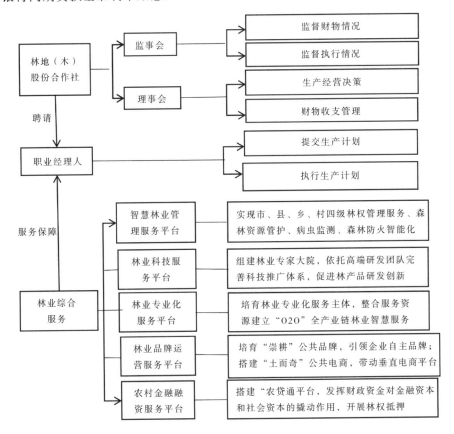

图 2-10 林业共营制运行示意图

资料来源：成都市林业局提供。

三、在经营管理中实现共营多赢

崇州"林业共营制"的探索实践，通过引导林农以林地经营权、林木所有权、林木使用权作价折资折股组建林地股份合作社，提高了农民的组织化程度；通过培育以林业职业经理人为重点的新型职业林农，推动了都市现代林业产业化经营；通过构建林业科技、专业化服务、信息化服务、品牌、金融"全产业链"综合服务体系,提升了林业经营管理集约化水平,[①] 实现了多元主体的"共建、共营、共享、多赢"。

1. 实现经营主体的"共营共建"

在林权细分与重新配置的基础上,形成了林地股份合作社、职业经理人、社会化服务组织等多元主体共同构建和共同经营的新型林业经营组织体系。新型林业职业经理人的嵌入以及应运而生的林业专业服务组织,有力地推动了林地经营权流转,发展了林业产业化经营,促进了林业生产要素的自由流动,不但优化了林业产业体系、生产体系和经营体系,而且构建了以林农家庭经营为基础、合作与联合为纽带、社会化服务为支撑的立体式复合型都市现代林业体系,维护了农民集体、承包农户、经营主体的权益。以新型林业职业经理人为核心的林业共营制,激活了"人、地、钱"三要素,补齐了要素供给短板,释放了林区发展内在活力,夯实了科技、装备、生态三大支撑,补齐林业转型发展短板,有效促进都市现代林业转型升级。

2. 实现经营收益的"共营共享"

土地要素的集中、现代生产力要素的聚集及以新型林业职业经理人为代表的人才要素的嵌入,共同优化了林业资源配置,破解了一家一户小农应用先进科技和生产手段的瓶颈,实现了现代物质技术装备、企业家能力等先进生产要素与经营方式的高效对接,提高了土地产出率、资源利用率、劳动生产率,[②] 极大地改善了林业经济的规模效应、分工效应与合作机制,形成"共营共享"的利益共同体机制。在新型林业职业经理人的经营管理下,林地股份合作社通过规模经营提高了市场谈判话语权,通过产业化经营得到了政府项目资金、政策资金、产业资金的扶持,通过提取公积金壮大了新型集体经济,通过土地流转机制与农业分工机制的形成,加快农业人口的流动,推动农村新型城镇化建设。林农入社以后,一是可以实现股权分红;二是从"兼业化"的林业生产经营管理方式中彻底解放出来,安心外出务工增加收入;三是获得参加专业服务或劳务组织的机会,促进了

① 庞莹、四海:《崇州:从绿水青山到金山银山的"林业共营制"探索》,《四川日报》,2017年11月14日,第4版。

② 四川省成都市委政研室、四川省崇州市委政研室:《农业共营制的崇州探索》,《当代县域经济》,2016年第12期,第24—26页。

农民职业化与产业工人专业化。以季崧林地股份合作社为例，2017 年，入社社员实现股权分红 10 万元，二次分红 3.56 万元，社员在合作社务工工资收入 30 余万元，户均增收 4100 元。

3. 实现经营目标的"共营多赢"

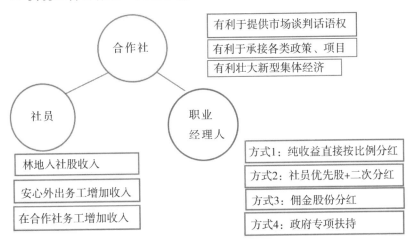

图 2-11　以职业经理人为核心的林业共营多赢机制

资料来源：成都市林业局。

以新型林业职业经理人为核心的林业共营制，从农村基本经营制度出发，落实了土地集体所有权，稳定了农户承包权，放活了土地经营权，保证了各个参与主体的权益，调动了各方面的积极性。土地入社以后，经营决策控制权依然掌握在农户手中，农户共同进行生产经营决策及监督，确保了农户的经营主体地位；林业职业经理人培育了新型职业林农群体，让林农实现职业化，提高了林业经营效率；林业专业化服务体系，让林业服务实现产业化，创造了新的生产力，促进了林业信息、金融信贷、生产资料以及现代林业物流业发展，推动了林业服务手段现代化，实现了整体规模经营和效益提升。入社社员实现了稳定增收，农业职业经理人实现了创业增收，专业化服务组织实现了服务增收，[①] 政府实现了保护生态、推进林

---

①王吉泉、沈贵川、冯龙庆、蒋鹏：《成都农业共营制发展研究——以崇州市为例》，《中共四川省委党校学报》，2016 年第 4 期，第 65—67 页。

业产业化经营和绿色发展的社会责任，兼顾了农户、专业组织、集体与国家等各方面的利益，各方权益得到有效保障，林业生产力水平和可持续发展能力显著增强，实现了微观主体经营目标与国家宏观政策目标的激励相容与共营多赢局面。

第二章／干部队伍建设与脱贫致富

习近平总书记指出，"村民富不富，关键看支部；村子强不强，要看'领头羊'"。村干部是连接普通村民和乡镇党委政府之间的纽带桥梁，是党在农村各项政策及路线的执行人，同时也是村级公共服务的主要供给者。优秀的村干部往往集村民信任、乡村权威及善治经验于一身，对村庄的全面发展至关重要。然而，随着城镇化的加速发展，在村庄空心化、老龄化的宏观背景下，基层干部队伍建设面临"人员缺失、结构老化、激励不足"等难题，为此有必要在系统梳理新中国成立以来干部队伍建设经验的基础上，通过制度化措施不断加强人才储备，完善干部选育，深化干部激励与监管，同时从各地实际出发，努力探索出目前乡村干部队伍嵌入村庄治理、实现联村共富的有效路径。

第一节　干部队伍建设的现实困局及早期探索

自建党以来，我国干部队伍建设大致经历了三个历史阶段，包括革命时期的思政建设阶段，大集体时期的实践建设阶段以及改革开放以来的专业化、制度化建设阶段。它们为随后的干部队伍建设提供了"以党建为引领、以制度为根基、以作风为抓手"的宝贵历史经验。新时期以来，干部队伍建设主要面临队伍断层、激励不足、组织涣散等现实困境。在此背景下，全国各地展开了一系列非制度化探索。

一、我国干部队伍建设的历史变迁

1. 革命时期的干部队伍建设

中国共产党成立早期，主要通过农民运动讲习所培养农民运动的骨干力量，同时通过黄埔军校，将大批党员、共青团员培养成优秀的革命干部。至大革命时期，遭受挫折的党组织和干部队伍，在走农村包围城市道路的过程中，将大量农民吸纳进党的干部队伍。其中，1928 年 11 月，毛泽东在给中共中央反映井冈山根据地党的干部队伍建设情况的报告中明确指出："边界各县的党，几乎完全是农民成分的党，若不给以无产阶级的思想领导，其趋向是会要错误的。"[①] 小农思维的弊端很快通过个人主义、主观主义、机会主义等形式在干部队伍中呈现出来，给革命事业造成巨大损失。

为此，党中央坚持通过理论学习和思想改造加强干部队伍建设。其中，1937 年《国内和平实现后的形势和任务》指出，"加强党在红军中的堡垒作用，重新教育干部，使他们能够负担新形势下的新任务，严整军风纪，学习群众工作"[②]。同年，制定的干部政策要求"审查干部与考察干部政治面目与工作能力"[③]。此后，中央将干部的标准界定为"无限忠心，联系群众，独立工作能力，遵守纪律"[④]，并通过报纸、电报、党务广播、口头报告等方式推行整风教育与思想教育。至新中国成立前夕，中央更加强调干部训练的扩大与下沉，指出"训练干部，不仅要训练党内的，而且要训练党外的。冀中村干部轮调，是大批训练基层干部的办法。政府要办学校，包括大学、专门学校，大批培养各种干部"[⑤]。

2. 大集体时期的干部队伍建设

土地改革以后，作为中共基层政权的骨干，广大乡村干部以来自村庄内部的农民为主。在选拔这些农业生产组织领导者的过程中，除家庭出身、个人成分等政治条件外，农业劳动能力成为重要考核要素，"乡村干部的一

①《毛泽东年谱》(1893—1949) 上卷，中央文献出版社、人民出版社，1993 年，第 258 页。

②《毛泽东文集》(第一卷)，人民出版社，1996 年，第 495 页。

③《毛泽东文集》(第二卷)，人民出版社，1996 年，第 60 页。

④《毛泽东文集》(第三卷)，人民出版社，1996 年，第 55 页。

⑤《毛泽东文集》(第五卷)，人民出版社，1996 年，第 137 页。

切工作即为了搞好生产"[1]，具体来讲，即要求干部劳动技术好，态度认真，能在生产中起模范带头作用。[2] 随着"大跃进"、人民公社化运动的推进，"高指标、瞎指挥、浮夸风"的"左"倾错误对干部队伍建设造成严重影响，官僚主义和贪污腐败盛行，社员形容干部多吃多占是"要鱼就打，要米就拿，要柴就拉，要菜就拔"[3]。

为此，党中央加强干部队伍建设的方式逐步从整风学习、实践改造向制度建设过渡。1957 年，毛泽东在《关于整风和干部参加劳动》中指示，需将整风与劳动相结合，"提倡县、区、乡三级党政主要干部，凡能劳动的，每年抽一部分时间下田参加生产"[4]，同年在《关于正确处理人民内部矛盾的问题》中继续强调，"我们在增产节约运动中要求精简机关，下放干部，使相当大的一批干部回到生产中去"[5]。为了真正实现"以纠正共产风为重点，带动其余四项歪风的纠正"[6]，干部队伍建设逐渐制度化。1962 年，中组部召开组织工作会议，要求把干部的考核、鉴定、挑选、提拔、教育、监督等工作抓起来。在此基础上，制定出党管干部的系列制度措施，包括恢复干部的鉴定制度、组织生活会议定期召开制度、干部系统监督制度、能上能下的激励制度等。

3. 改革开放以来的干部队伍建设

改革开放以来，干部队伍建设中涌现出不少新老问题。其中，面对市场经济和深化改革，"干部队伍能力不足、'本领恐慌'问题比较突出"；面对重大风险挑战，"一些政治上的两面人，装得很正，藏得很深，有很强的隐蔽性和迷惑性"；面对干部培养和选拔，"选人用人上的不正之风并没有销声匿迹"；面对人民群众，形式主义、官僚主义频发，"一些干部办事拖沓敷衍、懒政庸政怠政。有的干部知情不报、听之任之，态度漠然；有的

---

①新华书店东北总分站编审部辑：《村干部要参加生产领导生产》，新华书店东北总分店，1950 年，第 20 页。

②陈霞：《制度与生活：集体化时期乡村干部的劳动形象——以山西平遥道备村为例》，《党史研究与教学》，2019 年第 2 期，第 71 页。

③肖冬连：《共和国年轮 1961》，河北人民出版社，2001 年，第 32 页。

④《毛泽东文集》（第七卷），人民出版社，1996 年，第 294 页。

⑤《毛泽东文集》（第七卷），第 240 页。

⑥《毛泽东文集》（第八卷），人民出版社，1996 年，第 220 页。

干部说一套做一套、台上台下两个样"。其他诸如贪污腐化，凡此种种，不一而足。

对此，党中央始终坚持能力为先、政治为本、制度保障的干部政策。1980 年，邓小平在十一届五中全会扩大会议中提出，"当前和今后一个时期，实现干部队伍'年轻化、知识化、专业化'，并且要把对于这种干部的选拔和使用制度化"。1996 年，江泽民在《努力建设高素质的干部队伍》中亦指出，"必须有一支能够坚决贯彻执行党的理论和路线的高素质干部队伍，这应当是一支包括党政干部、企业经营管理干部、科学技术干部和其他战线干部组成的宏大队伍"。同时他要求，"作为党的干部都要具备基本的政治业务素质"。2010 年，中共中央、国务院编制《国家中长期人才发展规划纲要（2010—2020 年)》，明确干部的培养开发机制、评价发现机制、选拔任用机制、流动配置机制以及激励保障机制。

二、当前基层干部队伍建设的现实困境

当前基层干部队伍建设面临结构性难题。在吉登斯看来，结构指的是"社会再生产过程中反复涉及的规则与资源"[①]。其中，规则包括解释性规则与规范性规则，资源包括权威性资源和配置性资源。据此，在基层治理场域下，干部队伍建设过程中呈现出的结构性要素便可归纳为四类：以村民认同结构为基础的解释性规则，以干部晋升结构为保障的规范性规则，以集体经济结构为核心的配置性资源和以村庄干部人口结构为关键的权威性资源。这些结构性资源与规则的缺失，深刻影响着干部队伍建设的效度。

1. 人口外流，集体经济贫弱

传统时期的基层干部主要来源于乡村社会内部。随着工业化和城镇化的快速发展，农村人口开始大规模向城镇转移。国家统计局最新数据显示，2019 年末我国城镇常住人口占总人口 60.6%[②]。大量人口的外流导致村庄现有人口结构失衡，基层干部队伍建设面临"无源之水"的困境。以闽西北将乐县安仁乡为例，辖 11 个行政村、88 个村民小组，总计 3557 户、

---

①［英］安东尼·吉登斯：《社会的构成——结构化理论纲要》，李康、李猛译，中国人民大学出版社，2016 年，第 351 页。

②国家统计局：《2019 年末城镇常住人口占总人口 60.6%》，2020 年 5 月 20 日，https://baijiahao.baidu.com/s? id=1655952780226912295&wfr=spider&for=pc，2020 年 7 月 1 日查阅。

13750 人。事实上，自 20 世纪 90 年代起，安仁乡村民陆续前往上海、浙江一带经商务工。截至 2019 年，全乡外出人口近 8000 人，其中在沪务工人员达 6000 余人，剩余的 1000～2000 人在将乐县城务工。

具体到各个行政村（见表 3-1），情况如下。泽坊村有 1360 人，长期在村的仅 400～500 人，在将乐县城的有 300～400 人，剩余均在上海和广东经商务工。石富村下辖 3 个自然村、6 个村民小组，总计 286 户、1279 人，其中外出人口有 642 人，占比达 50.20%。上际村总共 170 余户、724 人，易地搬迁工程实施以后，搬至安仁乡的有 68 户，搬至将乐县城的有 100 户左右，除了小孩，外出务工的有 300 余人，占比达 50% 左右。福山村总共 1068 人，在村的 300～400 人，去将乐县城的有 100 多人，其余全部外出，外出者占比逾 50%。青壮年村民大量外流，客观消解了基层干部队伍建设的人口基础。

表 3-1　2018 年将乐县及下辖各行政村外出人口概况

（单位：人、%）

名称	人口总数	外出人口数	外出占比
将乐县	13750	约 8000	约 58.18%
泽坊村	1360	860～960	63.24%～70.59%
石富村	1279	642	50.20%
上际村	724	≥300	≥41.44%
福山村	1068	668～768	62.55%～71.91%

资料来源：笔者根据 2018 年将乐县深度访谈资料整理绘制而成。

除人口资源以外，以集体经济为核心的配置性资源，深刻规制着村庄干部队伍的利益结构，并影响其集体行动能力。以闽西北将乐县为例（见表 3-2），县域北部的安仁乡下辖安仁、伍宿、石富、福山、洞前、半岭、余坑、元洋、泽坊、上际、蜈蚣鼻等 11 个行政村，村级经济整体贫弱。对此，安仁乡安仁村 Z 姓委员表示，"2018 年以前，我们集体收入大概是一年

7 万至 8 万，乡政府每个村都要补，不足 10 万补 10 万，基本上每个村都要补"。即便以收入略有提高的 2018 年为例，其中 4 个村的年收入低于 10 万，6 个村的年收入低于 15 万，参照石富村 2017 年高达 11.92 万的干部管理支出标准，这 10 个行政村的集体经济在勉强维持干部正常运转之余，基本无法提供干部队伍持续行动的利益结构，极易导致村级公共项目陷入集体行动的困境。

表 3-2　2018 年福建省将乐县安仁乡各行政村集体收入

（单位：万）

村名	村收入	下派第一书记情况	村主干
安仁村	13.21		村书记兼主任：J. F.
伍宿村	13.41		村书记兼主任：X. Y. W.
石富村	21.55	H. B.（市电业局下派）	村书记兼主任：Y. K. Q.
福山村	7.33		村书记兼主任：Y. S. M.
洞前村	11.13		村书记兼主任：Y. T. E.
半岭村	4.76		村书记兼主任：Z. Z. S.
余坑村	12.3	C. X.（县国土局下派）	村书记兼主任：Z. Q. B.
元洋村	8.97		村书记兼主任：X. R. C.
泽坊村	11.18	S. Y. Y.（县组织部下派）	村书记 Z. L. R. 村主任 Z. C. C.
上际村	13.32		村书记兼主任：Y. S. W.
蜈蚣鼻村	6.38		村书记 L. L. G. 村主任 S. X. Q.

资料来源：将乐县安仁乡政府提供，笔者略有改动。

2. 收入较低，村民认同偏弱

《中共中央国务院关于建立健全城乡融合发展体制机制和政策体系的意见》提出，"健全以财政投入为主的稳定的村级组织运转经费保障机制"之前，全国绝大部分村两委经费主要靠自筹和地方财政补贴。以福建将乐县安仁乡为例，村两委班子每年的工资基本不够，其中泽坊村 2019 年村财收入仅 4 万元，上级政府补助 5 万，完全无法维持村部的运转，必须靠村干部的个人关系才能够运转下来，村书记 Z.R.L. 表示："我们这边没什么统筹，现在要给我们统筹工资，就是我们自己的工资也是村里自筹的。"

村干部的工资性所得偏低。基本工资与干部职位、坐班天数等密切相关。同样以安仁乡为例，2019 年对于没有实现一肩挑的村主干，按照每年 240 天、90 元/天的标准计算，已实现一肩挑的则按照 310 天/年、90 元/天的标准计算。（见表 3-3）对此，上际村书记 Y.S.W. 解释道："去年实行一肩挑的村主干按照 280 天/年、80 元/天的标准计算。我们安仁总比别人慢半拍，特别是待遇方面，其他乡镇一开始就是 70 元/天，我们到后面才提了 10 块。目前最高是按 300 天/年来算，我们乡里面卡着，只给算 280 天，每年加上所有的东西，总共收入是 3 万多块，年轻人稍微会花点，根本不够用。"

表 3-3　安仁乡石富村 2017 年部分管理费用支出概况

（单位：元）

工资类型	具体内容	数额
村干部基本工资	全部村主干报酬	94200.00
其他人员工资	小组长及管理人员工资	25000.00
总计		119200.00

资料来源：将乐县安仁乡政府提供。

就绩效奖励而言，以经济发达的浙江上虞为例，乡镇党委组织部主要按等级给各村书记发奖励，工作做得好与不好的村庄，都会通过考核的方式确定分数。比如一个村拿了 155 分，另一个拿了 160 分，每一分都可换算成 100 块钱，算下来 160 分就是 16000 元。即便如此，有绩效的村干部收入仍堪忧。上虞区 X 书记表示："我们 21 个村里面，全靠这个维持家庭的干部只是个别，还有一些工资都不拿，直接把报酬全部还给村里面支持发展，因为很多村干部都是搞企业的。"然而，以此谋生的村干部则苦不堪言，身处欠发达地区的安仁乡安仁村 Z 姓委员表示："我们没有一肩挑，不敢跟他们比，每年也就二三万元，加上务工少、项目少，县乡里的这块绩效就少了，根本不合算啊。"此外，不同于国家公职人员，村干部的养老保险制度和落选离任村干部的生活安置办法仍停留在文件层面，尚未落到实处。即便位于经济发达的绍兴市道墟街道，联浦村书记 Z. G. Q. 仍表示："就是当书记的有保险，其余几个支委都没有。现在就是去打个普通工也有保险。区里面开人大代表会议的时候，我也提了好几次。更没有退休金之类的。"

除物质激励不足以外，干部工作尚面临村民认同不足的难题，精神激励亦处于失衡状态。同样以绍兴市道墟街道联浦村书记 Z. G. Q. 为例，由于村集体经济薄弱，他拿出工资收入以及部分家庭资金成立了个人基金，用于村委会开支，却得不到村民的信任和支持。对此，Z. G. Q. 详细介绍道："村里面现在零开支，因为我当书记，就自己办个卡，卡里当初存了 10 万块钱，包括这五年所有的工资，之后又加进去几十万，现在还有二十多万。有时候村委会要奖学，去赞助一下本村考上一本的孩子，这个钱村民不知道是我个人的，只有干部们知道，老百姓还说我吃着公家的，哪里有这么好。"村民们的不信任也不断消解干部队伍的干事热情。

3. 队伍老化，表率作用降低

在党管干部的原则之下，党员成为基层干部的主要来源，党组织成为干部行动的重要载体。然而当前，基层党组织面临"成员结构老化、表率作用弱化"等难题，导致基层干部队伍建设面临"失活"的困境。

考察村内党员、干部的人口结构特征（见表 3-4）。其中，安仁乡福山村两委成员有 5 人，党员 41 人，其中女党员 7 人，外出党员 20 人，外出占比达 48.78%。上际村两委成员 5 人，外聘 1 人、选举 4 人，29 名党员中，女党员 3 人，60 岁以上的老党员 14 人，占比达 48.28%，外出党员 18 人，占比达 62.07%。泽坊村两委共 5 人，外聘 1 名财粮管理人员，47 个党员整体年龄偏大，8 个女党员全部是老人，组织培养的 7 个 20 余岁青年党员全部外出务工。石富村共有党员 28 人，其中女党员 3 名，入党积极分子 1 名，外出流动党员 6 名，外出占比达 21.43％；党支部成员中文化程度初中及以下的党员 22 人，占比为 78.57％；40 周岁以下的仅 4 人，占比为 14.29％；支部委员会由党支部书记、组织委员及纪检宣传委员等 4 人组成，其中 40 岁至 50 岁的 2 人，大中专及以上学历者 2 人，初中及以下学历者 2 人。年龄老化、学历偏低的结构特征，客观制约着基层党员干部队伍的治理效能。

表 3-4　2018 年石富村党员干部人口结构特征

类别	姓名	性别	出生年月	文化程度
党员干部	Z. J. S.	男	1947.05	小学
	Z. J. S.	男	1948.02	小学
	L. T.	女	1990.06	大学
	L. W. Z.	男	1985.04	大学
	Y. J. P.	男	1973.06	初中
	L. X. Y.	男	1972.08	中专
	Q. L. J.	女	1989.11	大学
	W. Z. F.	女	1978.02	初中
党支部委员会	D. Y. L.	男	1970.04	大专
	L. J. F.	男	1970.05	初中
党支部委员会	Y. K. Q.	男	1973.01	初中

资料来源：笔者根据石富村委会提供的相关材料整理绘制而成。

与此同时，干部的失范行为也弱化了队伍自身的表率作用，无形中增加了队伍建设及其发挥作用的社会成本。以将乐县下辖各行政村干部违规使用公款购买香烟问题为例。2013 年 7 月至 2013 年 12 月份，W. G. T. 在担任将乐县古镛镇新路村党支部书记、Z. G. B. 在担任将乐县古镛镇新路村村民委员会主任期间，二人多次购买或交代其他村干部购买香烟用于日常村务接待等活动，并由 W. G. T. 和 Z. G. B. 共同签批后入村财核销，合计 7451 元。2017 年 9 月 21 日，W. G. T.、Z. G. B. 分别受到党内警告处分。2013 年 7 月至 2013 年 12 月份，L. X. L. 在担任将乐县大源乡源西村村主任期间，多次购买香烟用于日常接待和村务活动，并由 L. X. L. 签批后入村财核销，合计金额 1771 元。2017 年 11 月 1 日，L. X. L. 受到党内警告处分。这些发生在群众身边的基层党员干部腐败问题，不断腐蚀着干部队伍的先进性、纯洁性，严重削弱了村民对干部的合法性认同。

三、探索干部队伍建设的非制度化阶段

实际上，在干部队伍建设面临"无源之水、后继乏力、监管不足"的情况下，各地亦有针对性地开展了一系列非制度化的探索活动，包括依靠村民的情怀意愿与村干部的外部动员，让优秀人才愿意返乡；依靠个人申请和组织培育相结合的方式，为村庄培育更多储备干部；依靠群众等自治力量，加强对基层干部队伍的行为监督，为干部廉洁有为营造氛围。这一非制度化的探索阶段为后期大规模的干部队伍建设改革作了准备。

1. 返乡引流，情怀路线难持久

早期阶段，针对人口外流、干部断层的现实困境，全国绝大多数乡村地区主要探索依靠外出村民的自主返乡意愿与村干部的非常规化动员相结合的方式解决这一问题。

其中，经济发达地区的能人返乡担任村干部，主要依靠个人的家乡情怀、家人的支持以及外人的非强制动员。以浙江省绍兴市道墟街道联浦村书记 Z. G. Q. 为例，土生土长的他在外面经营着众多产业，经济收入颇丰。与此同时，集体经济贫弱、发展困难的联浦村则面临干部队伍软弱涣散的困境。鉴于此，有村民趁 Z. G. Q. 节日返乡之际前去劝说，希望他带领大家一起谋发展。此时，作为人大代表的 Z. G. Q. 基于责任和情怀，同时在家人的支持下，回到联浦村竞选并担任村书记一职。对此，他表示："我是在本村土生土长的，当初来村里，是好几个人叫我来的，我一直不去，后来家人也不反对我到村里来。到了村里，很有成就感，这个真不一样，因

为我跟别人挣的钱，用来把村庄建设好，虽有压力，但是我还是会做，我想得到老百姓的认可。同时我也是人大代表，政府给了我很高的荣誉，这是再多钱都买不来的，所以家里也很以我为豪。"

而在相对欠发达的乡村地区，则主要探索通过外部劝说和个人发展相耦合的方式使被动员者愿意回村任职。以福建省龙岩市长汀县为例。当地处于闽西山区，包括村集体在内的地区整体经济形势贫弱，无法为青壮年村民提供有效的在地化发展机遇，这使得他们在返乡任职之前不得不考虑生活压力与发展前途。对此深有体会的古城镇丁黄村返乡书记 D.Q.Q. 解释道："年轻人不愿意回村里，因为在村里年轻人养活不了自己，这就是一个最大的问题。"据他回忆，2013 年全村总人口 700 多人，而实际留村的仅20 多人，丁屋岭村剩下的大部分是不舍得离开的老年人。至 2017 年，时任村书记趁 D.Q.Q. 尚未离家前往湖南工作之际，找他谈话，想动员他回村参加本村的换届选举。恰好此时，D.Q.Q. 本身也有回村发展旅游的想法。他认为，自己从来没有当过村书记或村主任，想回来试试看，同时也想靠自己大学所学知识回报家乡并改造这里的落后面貌。

此外，排除经济因素的影响，更多地区主要探索通过组织动员和个人职业规划相结合的方式使能人返乡任职。以福建省龙岩市长汀县三洲镇小溪头村支书 Z.X.Y. 为例。2016 年返村之前，她毕业于福建工程学院城市规划专业，随后在福州一设计公司工作了两年。由于需要赶项目，晚上经常熬夜，身体吃不消，于是想换一份工作。对于后来为何回到村里当书记，她曾这样解释道："因为之前帮村两委做过很多事情，镇党委就打电话给我，希望回来谈一下。刚好那段时间公司经常通宵赶项目，害怕熬夜把身体搞坏了，而且当时就想考公务员，回到镇里又了解到，我可以边工作边考试，甚至如果做好了，还会更容易考（公务员），后面就这样回来了。"但事实上，这种不稳定的职业晋升路径并非吸引干部返乡的长久之策，正如 Z.X.Y. 的处境所示，直至目前她仍未被招录为公务员，因为按照村里规定，至少工作 5 年以上才可以。对此她表示："这个暂时还没有破格，即便我是全县唯一的女性村书记，规定破格至少得本科学历才行。"

从中可以看出，非常规的动员策略和主观化的个人意愿相结合的探索方式，使更多想要将返乡担任村干部并以此作为长期职业或晋升通道的社会群体面临诸多顾虑，基于此而衍生的常规化、制度化、职业化干部返乡动员举措，亟待列入政府新一轮的探索之中。

2. 被动培育，晋升不畅难留人

随着《关于建立健全城乡融合发展体制机制和政策体系的意见》以及《中国共产党农村工作条例》的相继发布，村书记兼任村主任的"一肩挑"现象成为基层干部建设的主流。在此背景下，"优秀人才发展入党并培养为村主干"成为广大基层党组织需要探索解决的重要问题。以福建省各村组为例，这一探索过程大致经历了三个阶段。

最初阶段，当地探索出发展党员干部的"标准动作"是"个人申请在先，组织培育在后"。以福建省龙岩市长汀县古城镇丁黄村民 D. Q. Q. 为例。2012 年大学毕业后，他一直在外面从事旅游行业，由于处于中上管理层，手下还有 10 多个导游，总体来讲，在外活得还算滋润。到 2014 年，他开始萌生向党组织靠拢的念头，并主动进入本村党支部书记的考察视线。由于他在本村学历相对较高，又是本村少有的年轻人，很快便被发展入党。但是这种培育方式并未很好地将人才在地化为基层干部，加入党组织后的 D. Q. Q. 仍然在湖南张家界做着自己的导游事业，有时候回家也会在村里开农家乐、种植土特产，等了几年也未等到组织的召唤。

这种依赖优秀人才找组织的被动探索方式存在限制框架太多、成功率较低的缺陷。以福建省将乐县黄潭镇祖教村为例，某嫁入本村的畲族青年女性非常优秀，经常向村书记 F. S. R. 表示想加入党组织，愿意为村民办点实事。鉴于此，F. S. R. 亦愿意将培养她成村主干，并请她写入党申请书。但是，受发展党员指标的影响，整个祖教村两年才给一个指标，7 个人选了三遍才最终确定 2 名积极分子，竞争相当激烈，后又经过全体党员票决、公示，该名优秀女性位列第三名，未能入选积极分子。

事实上，长期在基层一线工作的老书记 F. S. R. 很早就意识到队伍断层的风险，并不断探索如何将优秀年轻人培养入党，以此作为干部队伍的储备人才。据 F. S. R. 介绍，从他当书记以来，就在留意培养接班人，"我不喜欢别人在背后指指点点说闲话，没有说下届选票可以多一票，就把儿子或孙子发展成党员，都是培养优秀的，这些人跟我一点关系都没有，而且甚至有的还是跟我吵过架，反过来人家更会拥护你"。截至 2019 年，经其培养的党员有八九个，但是培养一个走一个，根本留不下来。对此，他表示理解："稍微有经济能力的都会走出去，因为现在农村生存空间太小。比如发展大型养殖业，生态环保不让搞。为了生存肯定要出去，所以人才这方面我们农村确实比较少。"

在此背景下，F.S.R. 又转而探索"党员中发展大户，大户中发展党员"的干部培养路径。黄潭镇祖教村的产业以苗木、花卉、烟叶、食用菌等为主，形成了数家苗木大户，"苗木这个有几户，一年都会赚30万，像我那个老主任一年能赚七十几万，我那个老书记也是育苗大户，以前跟我那个村主任也是育苗大户，这叫作大户当中发展党员干部嘛"。相对于将优秀青年尤其是大学生培养成在村干部，这些长期在村的"田秀才""土专家"经过组织培育后，更愿意长期担任村职并带领村民发展。

从福建省各村组党干培养探索历程出发，可以看出加强基层党员干部队伍培育，不仅需要基层组织主动出击，使优秀者"能人变红人"，更要探索如何从村庄土壤及国家政策优化方面出发，真正使成为党员的"红人"在地化，成为贡献乡村发展的干部队伍骨干力量，这也与《乡村振兴战略规划（2018—2022）》提出的"加强农村基层党组织带头人队伍建设"、"加强农村党员队伍建设"以及"鼓励社会人才投身乡村建设"相契合。事实上，对于广大欠发达地区的农村而言，在完善村庄产业、晋升制度的前提下，加强干部队伍的内培外引才是村庄的首要任务。

3. 自治约束，三治不齐难护航

引育干部的同时，针对基层干部队伍贪污腐败等失范行为，在政府出台制度化的监督举措之前，全国各地以自治为抓手，进行了一系列初步探索。

其中，处在村级自治场域中的基层干部队伍，最先迎来的是《村民自治章程》及其规定的"民主决策、民主管理、民主监督"，强调干部队伍的"自我管理、自我教育、自我监督"。具体内容，包括实行村务公开、财务监督、群众评议以及加强村务监督委员会建设等。以福建省将乐县常口村为例。Y.Y.H. 在村里担任村务监督委员会成员、村民第一小组组长，工作尽心尽责，对村集体各项支出认真把关，让村财用在实处。生活中，看到村里损坏的公共设施，他主动前去维修；对破坏公共设施、踩踏苗木等不良行为，能够积极站出来予以制止，让大家形成了自觉爱护公物的良好习惯。（见表3-5）此外，基层党组织内部亦设立纪检委员，以此加强对党员的自我监督，但是无法覆盖对村级干部队伍的全面监督。

表 3-5　2018 年将乐县村组干部自我监督组织概况

村庄名称	组织类型	具体内容
高唐镇常口村	党小组	第一党小组
		第二党小组
	村委会	常口主村 1—4 组
		三岩干自然村 5—6 组
	村务监督委员	尧坑自然村 7 组
		成员 3 人
安仁乡石富村	驻村第一书记	主抓全面工作
	支部书记	
	组织委员	主抓党建、文明创建、财务、文书
	纪检、宣传委员	主抓监督、公开、综治维稳、安全生产

资料来源：将乐县高唐镇常口村委会及安仁乡石富村委会提供，略有改动。

　　与此同时，出现了以文化人的自治探索倾向。以浙江省绍兴市上虞区道墟街道联浦村为例。在实行村民自治的过程中，由于不同于乡镇及以上行政机构的干部由纪委进行监督，导致自治层级的村级干部队伍缺乏法纪约束，村主任、书记贪污腐化现象频发。鉴于此，联浦村结合传统时期的清廉文化，逐步探索出依靠群众约束基层干部的"联浦要诀"，强调"大事七步走，要事三层管，口碑群众评"，其中"三层"指党员、村干部、村民等，具体要求即为村庄大事在执行过程中，必须接受党员、村民代表、村务、财务工作监督小组以及全体村民的监督。随后，"联浦要诀"又规定村庄大事必须按照提出、确定、听证、讨论、决定、实施、公开等七个步骤有序开展。自实施以来，"联浦要诀"使干部作风转变了，群众情绪理顺了。至今，村干部中无一例违纪违法案件发生，整个村无越级访、集体访、重复访现象，也没有一件针对村干部的信访。自此，将"联浦要诀"不断制度化的意识逐渐在村民心中生根发芽。

从福建、浙江两地的探索可见，依靠群众等自治力量加强对基层干部队伍的行为监督很有成效，同时他们在此过程中也逐渐意识到当前法治尚不到位、制度化不足的缺陷，因此探索在行政村建立"三治中心"，即将自治与德治、法治相融合，业已成为今后探索如何加强干部队伍监督的重要方向。

第二节 干部队伍建设的制度化阶段及框架搭建

在早期探索的基础上，全国各地以制度化为手段，从储才、选育、培植等方面出发，系统搭建干部队伍建设的宏观框架。

一、储才阶段：拓宽选用视野，提高队伍活力

针对广大乡村地区人口外流、干部不足的现象，从中央到地方，以干部储备为前提，通过加强人才库建设、严把干部入口关、打好情感联系牌，大力扩充、提高后备干部队伍的容量和质量，提升人才返乡意愿。

1. 加强人才库建设，扩充后备队伍容量

2010 年，国务院制定《国家中长期人才发展纲要（2010—2020）》，其中规定"实施后备干部队伍建设'百千万工程'"，包括高校毕业生、大学生志愿团体、援藏援疆干部、访问学者、少数民族科技骨干和教师等，要求"加强女干部、少数民族干部、非中共党员干部培养选拔和教育培训工作"。在该政策的指导下，为破解长期以来乡村人口外流严重、基层干部队伍人才短缺的困局，全国各地拓宽后备干部选用视野，在差异化的实践过程中，逐步总结出"内培一批、外引一批"的人才库建设思路，不断为干部队伍注入新的活力。

在内部培育方面，很多乡镇党委立足于本土精英，全面摸排本管辖区内各行政村的人员年龄、学历、政治面貌等情况，同时以思想政治素质、带头致富能力、群众公认程度等为标准，建立涵括农村致富能手、农民专业合作社负责人、专业大户、现任党员村干部、外出务工经商返乡人员、退役军人、乡村医生教师、返乡创业大学毕业生、党员大学生村官等在内的村级后备干部库、人才资源库等。通过这些举措，福建省将乐县安仁乡余坑村的农业致富能手 Z. Q. B.、龙岩市长汀县古城镇丁黄村的大学生党员 D. Q. Q.、浙江省绍兴市道墟街道联浦村经商返乡人员 Z. G. Q. 等进入当地的人才库。

在外部引入方面，各地继续贯彻大学生村官制度、驻村干部派遣制度、合同工招聘制度等，尤其注重探索与地方院校合作，参照免费师范生政策，培养一批愿意返乡的大学生，不断扩展村级后备干部库存，确保每个行政村尤其是薄弱村庄至少有一名大学生进入村级领导班子。以福建省将乐县安仁乡为例，当地鼓励优秀民营企业经营管理人员，乡镇机关和企事业单位"退居二线"、提前离岗或退休干部职工中的党员回原籍当村党组织书记。对少数确无合适党组织负责人选的村，通过提前介入的方式，注重从储备的乡事业单位优秀党员干部人才库中优先选派到村任职。

表 3-6　全国各地培育村级后备干部的代表性举措①

地区	项目名称	具体举措
广东省江门市	村两委后备干部培养制度	按照每个村不少于 3 名后备干部，且其中至少有 1 名女性的要求，在全市建立村级后备干部库，大学生村官全部列入后备干部库
浙江省绍兴市柯桥区	村级优秀人才"千人计划"	通过"发现人才、甄别人才、培养人才、输送人才"的模式，为村级换届选举储备后备人才，同时举办村级后备干部骨干培训班，从全区村级"千人计划"后备库中摸排若干名人选，以 80 后现任村干部和具有大学生村官经历的村级后备干部为主，由区委书记、相关业务专家为"中青班"授课
江苏省泰州市	"雁阵培育"计划	动员创业有成、有奉献精神的党员、民营企业家、致富能手、回乡知识青年、复员退伍军人、务工经商人员、大学生村官参加村书记选举；依托"雁阵计划"，公开选聘选拔一批村干部年轻苗子，实现每村至少有 1 名青苗型年轻干部"雏燕"

①上述资料分别来源于广东省政府发展研究中心农村研究处《实施"双培"工程培养现代新型村干部——江门市"把大学生培养成村干部、把村干部培养成大学生"的创新实践》，《广东经济》，2015 年第 12 期，第 20—21 页；绍兴市柯桥区以"中青班"模式培养村级后备干部，共产党员网，2016 年 4 月 5 日，http: // gcdy. zjol. com. cn/html/2016－04/05/content_5424. htm，2020 年 7 月 1 日查阅；陈遥《打造村干部"雁阵"推动乡村高质量发展——泰州市村干部队伍建设实践》，《安徽农业科学》，2019 年第 9 期，第 243—245 页。笔者略有改动。

2. 严把干部入口关，提升队伍建设质量

在增加基层干部队伍人才存量的同时，各地从严格党员准入程序、规范村干竞选标准等方面，不断提升村干正式队伍及后备力量的质量。

严把党员"入口关"。"一肩挑"的发展趋势下，党员身份日益成为竞选村主干的重要条件之一，青年党员逐渐成为基层干部队伍的主要来源之一。为增强后备干部素质，各地严把党员准入关口，使党员发展工作不断程序化、制度化。以厦门市翔安区内厝镇的党员发展工作为例，乡镇党委 L 书记介绍，"我们 150 个入党积极分子当中，只挑 20 来个发展"。除定期汇报心得体会外，每个积极分子一年要进行六次义务植树，义务劳动完成以后，所有积极分子都要站在路口接受上级检查，以增强他们的自我认同感和队伍归属感。在此基础上，各地逐步形成发展党员公示制度、票决制、推优制、预审制、责任追究制等。

严把干部"任职关"。针对"小官大贪"、底线不严、站位缺失等问题，各地严格基层干部任职标准，并使其可操作化。如福建省将乐县安仁乡在"年轻化、高知化"标准之外，明确要求村主干任职需符合"政治素质优、发展本领高、治理能力强、作风品行正"等基本条件，同时规定"违法违纪的、欺压群众的、参与邪教的、组织贿选的"不能作为村党组织委员候选人，建议"违法用地、损害环境、违反计生政策的；违反《信访条例》的；被法院纳入失信被执行人名单的；被处以治安处罚的；道德品行低劣的；外出时间连续超过 6 个月的"村民不宜担任村干部。在此基础上，安仁乡党委进一步建立健全资格审查制度，细化村干部任职条件，包括党委调研分析，广泛听取党群意见；成立资格审查小组，审核候选人任职资格；征求县政府各部门审查意见，规定程序提交选举等。

3. 打好乡情联系牌，增加人才返乡意愿

在建立后备人才库、严格干部准入标准的基础上，同时反思先期探索中呈现的"偶发型、碎片化、运动式"动员机制缺陷，各地通过加大宣传力度、密切日常联系、强化党建引领等一系列举措，持续深化流动党员、外出乡贤等人才返乡动员工作，为其参与村委会竞选提供情感支撑。

加大宣传力度。针对劝返工作难开展等问题，全国各地形成了多样化

和层级化的宣传动员模式。一方面，媒介先行，营造氛围。在国家层面，各地县委宣传部、文广局等职能部门充分利用广播、电视、报刊、网络、宣传栏、短信、微信等现代化媒介形式，不断加强基层干部队伍"带彩打牌"整治工作的宣传教育，广泛宣传当前基层干部队伍建设的素质要求，即"高知化、年轻化"，为优秀人才返乡营造风清气正的良好氛围。在村庄层面，以村级微信群为主战场，同时结合手机 App、LED 走字屏等新媒体，通过入户宣传身边的扶贫、综治等典型事迹，进一步将村干部任职条件和相关政策讲清楚、说明白，引导各类村级后备人才珍惜参选权利。另一方面，层级联动，宣传落地。随着"一肩挑"政策的实行和换选率的系列要求，多地县委组织部联动乡镇党委参与村干部人才返乡动员工作，切实将相关政策及宣传落到实处。以福建省长汀县为例，据该县组织部的工作人员介绍，2017 年全县大多数乡镇党委都参与本辖区人才返乡回村的动员工作，很多 90 后被动员回来参选村干部，其中丁黄村的 D. Q. Q. 就是被成功动员的典型，他于 2018 年 7 月被动员返乡参加村干部换届选举，并以绝对优势当选为村主干。

密切日常联系。针对运动式和半强制的动员机制导致的低效率问题，全国各地逐步探索出"以日常联系为契机、以感情联动为抓手"的工作方案，力图在潜移默化中密切与外出优秀人才的情感联系，以此搭建双方沟通交流的制度化平台。以作为基层干部重要来源的村级流动党员为例，如表 3-7 所示，长汀县三洲镇曾坊村针对本村的 7 名流动党员成立管理领导小组，建立"流动党员信息库"和"流动党员管理台账"，实行"一个党员登记簿""一份党员花名册""一张党员联系卡"的"三个一"联络方式，通过走访、打电话、书信往来等方式，与流动党员保持日常联系，及时了解流动党员的异地生活、学习及思想状况，转达党组织的问候以及描述家乡的发展变化，为引导他们返乡做好情感铺垫。

表 3-7　曾坊村 2017 年流动党员管理小组及流动党员分布概况

主体类别		概况	成员
管理小组	职务	组长	D. C. G.
		副组长	D. J. C. 、D. J. D.
		组员	D. C. L. 、H. E. X.
	地点	成立流动党员教育管理站，设在村部	D. C. G. 兼任站长
流动党员	分布	市内 3 名，市外省内 4 名	

资料来源：由三洲镇曾坊村委会提供资料，笔者绘制成表格。

强化党建引领。安仁乡长期在沪的党员有 100 多名，为密切他们同家乡的联系，2012 年正式成立上海党支部，有 5 个支委，每个支委有 5 名成员[1]。在此基础上，打破党员原属行政村间隔，根据他们在沪区域归属设立了 5 个党小组，5 个支委分别挂包 1 个党小组，负责党费收缴、学习教育、政策传达等。在学习教育方面，作为上海支部的定点联络员，安仁乡党建办副主任 Y. D. 以及组织委员 Y. Z. W. 每年都会寄资料或发电邮过去，平时通过流动党员微信群保持联络，没有微信的老年党员则组织起来集中学习。"平时召集党小组会不是那么容易，就分成这样，有什么学习资料可以寄到上海去，有些精神传达一下。"在政策传达方面，每年安仁乡书记和乡长都会去上海拜访全体党员，顺便走访在沪的非党员乡贤，包括上海商会终身荣誉会长 L. Y. H. 、商会秘书长等余杭村乡贤。"我们也会通过上海商会沟通，去走访一下这些非党员乡贤，把乡里做的成绩跟他们汇报一下，把乡里的政策跟他们说一下，说只要有人想做事情都可以回来，余杭村的 Z. Q. B. 就是当时引回来的。"

二、选育阶段：严格规章制度，增强队伍定力

在增强干部储备的基础上，返乡人才需要通过换届选举、加强培训及

---

[1] 根据组织管理的基本需要，包括支部书记、副书记、组织委员、宣传委员、纪检委员等 5 名成员。

职业化建设，实现由普通人才至基层干部的关键一跃，并在此过程中通过系列制度化建设，增强队伍定力。

1. **换届选举，"人才"变"将才"的关键一跃**

在县政乡派村治的政治格局下，村两委换届选举成为优秀人才获取干部身份、嵌入基层治理的程序性要求和实质性契机。

党委引航，确保干部选得稳。以安仁乡的村级组织换届选举为例。根据《中国共产党基层组织选举工作暂行条例》，为切实加强对村级组织换届选举工作的领导和指导，确保换届选举工作顺利进行，经乡党委研究决定，在 2018 年村级组织换届选举期间，成立安仁乡村级组织换届选举工作领导小组。（见表 3-8）在此基础上，按照省市县三级党委的通知精神，在村党组织换届选举中，全面实行以党员和群众推荐、乡党委推荐、党内民主选举为主要内容的"两推一选"。村党组织换届采用"两推一选"的程序步骤，包括公开任职条件标准、制定人选推荐办法、推荐支部委员候选人初步人选、开展人选考察工作、确定候选人预备人选、请示批复、纪律承诺、党员大会选举、党委审批任命等。

表 3-8　安仁乡村级组织 2018 年换届选举工作领导小组成员概况

分工	姓名	职务
组长	Y. F. S.	乡党委书记
第一副组长	D. H. C.	乡党委副书记、乡长
副组长	Y. Q. C.	乡人大主席团主席
	Y. Y. J.	乡党委副书记
	W. Q. H.	乡党委副书记
	S. H. H.	乡党委委员、纪委书记
	Y. Z. W.	乡党委组织委员
	J. Y. F.	乡党委宣传统战委员、副乡长
	Q. B.	乡党委委员、人武部部长
	G. X. F.	副乡长
	F. Y. E.	副乡长

（续表）

分工	姓名	职务
成员	W. S. Z.	乡派出所所长
	X. S. C.	乡司法所所长
	X. T. T.	乡党政办主任
	Z. C. H.	乡纪委副书记、环保站站长
	Z. R.	乡党建办副主任
	X. L. B.	乡民政办主任
	X. W. J.	乡卫计办主任
	P. L.	乡水利站站长
	D. Q.	乡综治办干事
	X. Y. C.	乡财政所负责人、经管站站长
	Z. W.	乡建设所所长
	X. X. F.	乡妇联主席
	Z. C. D.	乡扶贫办副主任
	C. G. Q.	乡农技站站长、武装部干事
	Z. H.	乡团委副书记
成员	H. X.	乡文明办负责人、宣传统战干事
	W. H. Y.	乡人大秘书
	H. W. B.	乡林业站站长
	X. Y. N.	乡国土所负责人

资料来源：安仁乡政府提供资料，笔者整理绘制成表格。

　　法制护航，确保干部选得准。仍以安仁乡为例。为有效防止和查处村级组织换届中的拉票贿选行为，营造风清气正的换届选举环境，确保"能者上、庸者下、劣者汰"的干部建设格局，根据《中国共产党章程》《中国共产党基层组织选举工作暂行条例》《中华人民共和国村民委员会组织法》《福建省村民委员会选举办法》及有关规定，成立安仁乡打击拉票贿选行为协调小组。（见表 3-9）坚持把纪律和规矩立在前面，将三明市打击拉票贿选及其他破坏选举等违纪违法行为的《通告》和将乐县"五不能""六不宜"负面清单张贴至各村公开栏、人口密集区、主干道等地，并及时将两份《通告》上传到各乡微信公众号和各村党员、村民微信群。同时，通过以会代训、入村走访座谈、张贴标语、"和谐安仁乡"微信公众号等多种形式，集中宣传换届选举纪律要求和村"两委"干部任职条件负面清单，引导广大党员群众积极参与选举、全力支持选举、依法依规选举。

表 3-9　安仁乡打击拉票贿选行为协调小组

分工	姓名	职务
组长	S. H. H.	乡党委委员、纪委书记
副组长	Y. Z. W.	乡党委组织委员
	W. S. Z.	乡派出所所长
	X. S. C.	乡司法所所长
成员	X. T. T.	乡党政办主任
	Z. C. H.	乡纪委副书记、环保站站长
成员	Z. R.	乡党建办副主任
	X. L. B.	乡民政办主任
	D. Q.	乡综治办干事

资料来源：安仁乡政府提供资料，笔者整理绘制成表格。

换届助航，确保干部选得精。仍以安仁乡为例。在党委引领和法制保障的前提下，2018 年安仁乡村两委换届选举取得较大收获。在 396 名党员中，实际参选人数达 297 人，党员参选率 90％以上的行政村达 8 个，登记参选的选民数为 6846 人，实际参选的选民数为 6469 人，选民参选率在 90％以上的行政村达 8 个，最终选出村两委成员 54 人、党支部成员 33 人、村委会成员 33 人、交叉任职者 12 人，9 个行政村实现"一肩挑"全覆盖。（见表 3-10）具体而言，相较于换届之前，换届之后的村两委成员平均年龄为 45.2 岁，下降幅度达 1.8 岁，35 岁以下的增加 4 人；村党组织成员平均年龄下降幅度达 0.5 岁，35 岁以下的增加 3 人；村书记平均年龄为 44.4 岁，降幅达到 3 岁，35 岁以下的增加 2 人；村委会成员平均年龄下降至 42.1 岁，降幅达 1.9 岁，35 岁以下的增加 6 人；村主任平均年龄下降至 42.1 岁，降幅达 3.2 岁，35 岁以下的增加 2 人。（见表 3-11）与此同时，换届后的村干部受教育程度亦有所提高，大专及以上的村两委成员由 4 人增至 10 人，包括 4 名村书记、4 名村主任、4 名村委会成员。[①] 可见，换届选举为安仁乡以及广大乡村地区提供了建设"年轻化、高知化"基层干部队伍的有效契机。

表 3-10　2018 年安仁乡村两委换届选举结果统计表

（单位：人，个）

村两委成员情况				"一肩挑"村数		村两委成员兼任配套组织负责人情况			
选出村两委成员总数	党支部成员数	村委会成员数	交叉任职数	上届	本届	兼任经济组织	兼任共青团	兼任妇联	兼任民兵营
54	33	33	12	0	9	11	11	11	11

党员总数	实到党员数	党员参选率90%以上的村数	登记参选的选民数	实际参选的选民数	选民参选率在90%以上的村数
396	297	8	6846	6469	8

资料来源：数据由安仁乡政府提供，经笔者整理绘制成表格。

表 3-11　2018 年安仁乡村两委成员换届前后年龄对比概况

（单位：岁，个）

成员类别		年龄分组		
		平均年龄	35 岁以下人数	50 岁以上人数
村两委成员	上届	47.0	—	—
	本届	45.2	4	14

①由于存在村两委"一肩挑"和交叉任职等情况，故此处的数据并非简单加总关系，特此说明。

（续表）

成员类别		年龄分组		
		平均年龄	35 岁以下人数	50 岁以上人数
村党组织成员	上届	46.5	—	—
	本届	46.0	3	9
村书记	上届	47.4	—	—
	本届	44.4	2	0
村委会成员	上届	44.0	—	—
	本届	42.1	6	7
村委会主任	上届	45.3	—	—
	本届	42.1	2	1

资料来源：数据由安仁乡政府提供，经笔者整理绘制成表格。

表 3-12 2018 年安仁乡村两委成员换届前后文化程度对比概况

成员类别		文化程度		
		大专及以上人数	中专人数	初中及以下人数
村两委成员	上届	4	7	55
	本届	10	12	32
党组织成员		9	8	16
村书记	本届	4	5	2
村委会成员		4	15	14
村主任		4	4	3
备注：村"两委"成员中至少有 1 名以上大专及以上文化的村数有 8 个				

资料来源：数据由安仁乡政府提供，经笔者整理绘制成表格。

2. 任内培训，增强定力与能力的"精神之钙"

思想政治培训。金民卿教授认为，政治信仰、政治方向、政治立场和政治目标，是领导干部保持政治定力、抵御风险挑战的"精神之钙"。[①]　鉴于此，福建省于 2016 年 4 月 7 日首次在边远山区——厦门市同安区莲花镇海拔 800 余米的白交祠村设立高山党校教学点，作为厦门市同安区全体基层党员干部"两学一做"的学习教育基地。高山党校的办学宗旨是"党校办到高山上、教授请到家门口、学员深入田间头"。作为首次在边远山区设立的教学点，市区两级党校在这里举办党校主体班和特色专题班，邀请专家授课，开展体验式教学。让基层干部重走习近平总书记走过的路。具体而言，一是重学深学。邀请老村干部向全体党员干部讲述当年习近平同志深入基层、扶贫攻坚历史，介绍习近平同志来村里调研的重要指示，同时组织大家集中学习《党章》《摆脱贫困》等。广大基层干部深受教育，很有触动。二是分类教育。有针对性地组织学习，组织年轻党员干部手抄党规党纪，原原本本、逐条逐句，磨炼党性修养。专门组建"党员交流学习微信群"，面向整体文化素质较高、接受新生事物能力强的 32 名青年党员干部群体，定期把党章党规、系列讲话发送至微信群，让党的新政策、新理论、新思想能够以更快的速度、更广的覆盖面迅速普及。对于一些年纪较大、文化水平偏低的党员干部，则采取"引领式教学"乃至"送学上门"，不让一名党员干部掉队。

业务能力培训。习近平总书记强调，"领导干部不仅要有担当的宽肩膀，还得有成事的真本领"。对领导干部而言，既要敢担当，又要善担当，着力增强适应新时代发展要求的本领能力，涵养担当作为的勇气和底气。为此，高山党校所在的同安区委区政府高度重视农村干部队伍的培训和教育工作，坚持大培训理念，在发挥党校干部培训主渠道、主阵地作用的同时，充分发挥部门优势，形成齐抓共管、多层次提升农村干部队伍履职能力的培训格局。一是领导干部亲力亲为，带头上讲台，带头帮包薄弱村，手把手帮助村干部解决工作难题。二是选聘高层次讲师，丰富培训内容。为确保培训效果，一

---

①金民卿：《以坚定理想信念塑造干部队伍》，人民网，2019 年 9 月 30 日，http：//renshi. people. com. cn/n1/2019/0930/c139617-31381800. html，2020 年 7 月 1 日查阅。

大批国内知名专家教授被邀请进党校课堂，参与授课讲师既有"三农"工作特别是乡村振兴战略各项具体政策的起草者、规划者，也有深耕基层一线的先锋模范。他们或理论功底深厚，或实践经验丰富，满足了学员学习理论知识、提高业务能力、丰富工作经验等多方面需求。三是搭建平台，扩大培训覆盖面。充分发挥县委党校主渠道、主阵地功能，提高基层分校和村级教学点的标准化建设，推动优质教育资源向基层下沉，让更多的村级干部在家门口就能听到高质量的党课。四是按需培训，满足学员差异化发展需求。针对村干部队伍的不同情况，分门别类地制定培训方案。学历层次较低的，依托电大、县远程教育等平台，开展学历教育。

干群联动培训。乡村振兴是广大基层干部和群众共同绘制的大蓝图，在强化村主干思想政治及业务能力培训的同时，各地及时跟进普通群众、非职党员的培训工作，力图营造"干群互动、全民共治"的良好氛围。同样以白交祠村为例。利用作为厦门市级乡村振兴试点示范村的政策优势，村书记 C.H.H. 积极引导全体村民参与各类乡村振兴培训，实地考察学习知识，同时认真研究相关政策，召开村民代表大会进行宣传讲解，带动村民参与到乡村振兴的工作中去，为干群"心往一处想、力往一处使"提供共同的认知基础。与此同时，针对无职党员，白交祠村探索出设岗定责的培训方案。具体而言，即结合白交祠村非干部党员的实际状况，分别设置了党风党纪监督岗、富民强村项目岗、政策法规宣传岗、村务监督管理岗、民事纠纷调解岗、计划生育协管岗、共同缔造岗、群众意见收集岗、基层治安维护岗、文明新风倡导岗、美丽乡村建设岗、乡村旅游引领岗等 12 种岗位。32 名年青党员结合自身特点，在认领的岗位上郑重地签下了自己的名字，例如党员 Y.Y.X. 在"乡村旅游引导岗"责任状上签名后，充分发挥当导游时的资源和优势，主动推介宣传白交祠，积极协助村民开办农家乐，扩大了村里的影响，受到村民好评。有的党员在富民强村项目岗上，运用自己的人脉资源为村庄引进项目。在这一制度激励下，党员找到自己发挥作用的舞台，不仅收获了成就感，也进一步提升了基层治理水平，他们充分发挥带头作用，引领村庄向前发展。

3. 制度建设："游击队"变"职业军"的防护网

成功当选及经过系统培训的村干部在日常工作中，常常因为非职业化的性质特征，导致"工作方式随意、干群联系疏松、村庄运行不稳"的现象突出，村庄治理缺乏常态化的机制保障。鉴于此，为加强基层干部队伍的职业化建设，全国各地相继探索出干部常态化值班制度、干群日常化联系制度。

坚持干部常态化值班制度。福建省将乐县很多村庄将干部住村值班制度列入年终考核及村庄发展规划之中。在此基础上，很多乡镇将村级干部值班制度细化（见表 3-13 和表 3-14），详列出每个工作日对应的值班干部及其联系方式，明确规定值班期间各项职责，并在村内公布，在规范干部管理的同时，亦方便村民及时联系村主干解决实际问题。对此，白莲镇古楼村主任 Y. X. S. 表示："村干部每天有安排值班还有挂包的，今天比如说我值班或者谁值班，看到这个幸福院的老人要清点一下有几个人，有没来的我们都会回访去看一下，确保他们的安全。"针对水患、火灾等突发事件，各地区及时建立了"乡镇—行政村"两级联动的干部值班制度。对此，光明镇山头村副主任表示，"现在村里面的事情更少一点，乡镇里面值班防汛、抗台风这些事情更多，每次防汛都要通知干部值班。"此外，南口镇人民政府针对清明期间森林防火工作，要求镇、村两级严格执行 24 小时值班制度，在清明节期间，各村主干原则上不得外出，必须做到 24 小时通信畅通，值班人员必须在岗在位。常态与非常态的值班制度，共同筑牢了干部管理与村庄治理的防护网。

表 3-13 将乐县南口镇部分行政村干部值班制度概况

村名	规章名称	具体内容	责任人
温坊村	2016—2018 年规划	完善村干部管理机制，严格执行干部住村值班制度，加强村干部责任制考核和民主评议活动，增强村干部服务意识	党支部 Y. C. S. 村委会 T. X. H.
陈厝村	2018—2021 年规划	完善村干部管理机制，严格执行干部住村值班制度，加强村干部责任制考核和民主评议活动	党支部 C. L. X.

资料来源：将乐县南口镇政府提供资料，笔者整理绘制成表格。

表 3-14　将乐县高唐镇常源村两委干部值班概况

类型	日期	姓名	电话
值班周期	星期一	G. Y. M.	—
	星期二	L. D. F.	—
	星期三	L. S. W.	—
	星期四	Z. G. C.	—
	星期五	G. X. L.	—
值班职责	接待上级部门来人		
	接待办事村民，了解需求，登记反映情况		
	做好本日安全巡查工作		
	整理办公场所卫生，管好门窗等事宜		

资料来源：将乐县高唐镇政府提供资料，笔者整理绘制成表格。

推进干群日常化联系制度。按照"四不出村"服务要求，深入开展农村党员干部联网访户工作，制订"村党员联系群众情况表"，及时掌握梳理村民群众需求，因地制宜落实服务措施，协调整合村内外资源，帮助村民群众解决实际困难，努力实现"联系不漏户、党群心贴心"的目标。据此，各地争相学习杭兰英"民情通"工作法，争做"有正气、有本领、有口碑"的基层干部。首先，坚持入户访谈法，即有空就去老百姓家转悠，善于跟群众聊天以及记下群众的想法和需求。"农村干部，就是做群众工作，熟悉了解每家每户，知道他们想什么，是做好农村工作的第一课"。其次，坚持现场解难法，即尽量少坐办公室，群众有困难在第一时间到场。"村干部没有固定的办公场所，村里的每一寸土地都是办公地；村干部没有固定的上班时间，群众的呼声就是上班的铃声"。再次，坚持用心服务法，即始终保持爱心，从点滴做起，健全服务机制。"村民只要有事找我们，肯定是他们解决不了的事。无论大事小事，我们都要把它当成大事、要事，用心去办，把群众的事办实、办好、办满意"。继而，坚持阳光议事法，即坚持民主公开、坚持集体领导、坚持公正公平。"群众对干部有三怕：一怕占了茅坑不拉屎，二怕利用权力谋私利，三怕处理事情不公正。解决群众对村干部疑虑的最好办法是阳光操作、公开公平"。同时，坚持示范带动法，即要求别人做到或不做的，干部首先做到或者带头不做。"村干部的一言一行，群众都看在眼里，任何事情只要村干部带好头，群众自然也会跟着上"。

三、厚植阶段：坚持严管厚爱，激发队伍动力

职业化的干部队伍建设离不开组织的严管厚爱，通过拓宽晋升渠道、保障物质充足、全面覆盖监管，进一步加强干部队伍的深耕与培植，始终保持基层干部队伍的干事热情和纯洁作风。

1. 晋升渠道宽，干部有奔头

拓宽晋升渠道，畅通新老更替，是保持基层干部队伍活力的关键所在。从国家宏观层面的政策制定到地方政府的具体实施，逐步将村干部晋升方案标准化、可操作化，始终让干部心中有奔头。

为此，中央组织部与国家人力资源和社会保障部专门下发《关于开展从优秀村干部中考试录用乡镇机关公务员的工作的意见》（以下简称《意见》），提出要"坚持依法办事，认真执行公务员法及《公务员录用规定》（试行），坚持公开、平等、竞争、择优原则，坚持德才兼备标准，在编制范围内，严格按照规定的条件和程序录用公务人员"，将政策实施对象明确为任职 3 年以上的选聘到村的高校毕业生和优秀村党组织书记、村委会主任，其中选聘到村任职的高校毕业生录用率要达到 70％。此外，《意见》还指出，应逐步提高从优秀村干部中考录乡镇公务员的比例，同时对报考条件、招录频次、录用程序、录后管理等作出明确规定。《意见》的发布实施，为广大优秀村干部被招录为国家工作人员提供了政策支持。

在中央相关政策的指导下，福建省委又专门出台《关于进一步激励广大干部新时代新担当新作为的实施意见》，进一步明确广大基层干部选拔任用的原则性标准，全力为理想信念、政治立场、责任担当、履职能力、工作作风均表现过硬的干部提供工作舞台，实行"有多大担当就有多大舞台，没有担当就没有舞台"的干部使用制度，尤其强调对实绩突出干部的重用。坚持"战场—战果—战将"的干部锤炼机制，注重在新农村建设、美丽乡村、脱贫攻坚、疫情防控等大战大考中选拔任用业绩突出的"急先锋"、能力出众的"后生仔"以及默默耕耘的"老黄牛",以灵活的用人导向激发干部干事的激情。

针对广大基层干部晋升不畅的问题,各地细化实施条例、灵活工作方案,加大从优秀村主干招录乡镇公务员和事业编制人员的力度,努力将相关政策落到实处。其中,针对群众反映好、任期时间长、工作绩效实、业务能力强、道德品行正的老干部,在年龄和学历等方面予以优待。具有代表性的是将乐县高唐镇常口村老主任 Y. L. S.、老书记 D. W. F.、书记兼主任 G. F. L.,先后因此被招录为县住建局主任科员、县安监局局长、高唐镇文化站站长(见表 3-15)。此外,针对文化程度高、工作能力强的青年干部,排除论资排辈等因素干扰,允许对他们破格使用。据龙岩市长汀县三洲镇小溪头村书记 Z. X. Y. 介绍,长汀县针对本科以上的优秀青年村主干,推出了破格使用政策。

表 3-15　高唐镇常口村历届优秀村干部一览表

姓名	原职务	现任职务
Y. L. S.	1988 年 6 月—1989 年 5 月村主任	县住建局主任科员
D. W. F.	1993 年 6 月—1995 年 4 月村书记	县安监局局长
G. F. L.	1993 年 6 月—1996 年 5 月村主任	高唐镇文化站站长
	1995 年 5 月—2012 年 5 月村书记	

资料来源:高唐镇常口村委会提供。

2. 物质保障足,干部有劲头

保障村主干在职及离任后的报酬待遇,对于稳定基层干部队伍至关重要。为此,中央乃至地方出台一系列政策文件,从工资收入、绩效所得、额外兼职三方面确保基层干部做事"有劲头"。

近期,为鼓舞村干部的工作干劲,国家出台《关于调整提高村干部补助及离任村干部荣誉金的通知》,提出调整村干部的工资补助,村干部不再每个月拿固定工资,其工资水平与自然村内村民的人均收入联系到一起。

其中村书记的工资，要求达到当地村民人均收入的两倍，村主任的工资要求达到村书记工资的70%，其他村干部的工资要求达到村书记工资的50%。换言之，只要村干部能带领村民发展致富，其工资水平也就得到提高。这对有才能、有想法的村干部是一种极大的激励，能鼓励他们多干实事、带领百姓脱贫致富。此外，除工资上涨外，国家还为村干部增加了不少福利待遇，例如为政绩突出的村干部落实养老保险政策、提供免费体检等。

在此基础上，各省市进一步将政策区别化、具体化以及可操作化。以浙江省绍兴市上虞区为例，规定基层干部工资由上级财政全额担保，同时明确区分农村社区干部和城市社区干部之间的待遇差异，指出乡镇财政每年拨给农村社区主职干部的工资性收入是当地人均纯收入的两倍，而城市社区主职干部的收入不得低于当地城镇居民平均收入，并且这个收入要向全社会公布。差异化的工资执行标准保障了农村地区村主干的基本权益，提高了他们的办事热情。对此，上虞区道墟街道联浦村 Z.G.Q. 书记表示："去年我们当地人均收入是两万七，拨给我的工资是四五万，每天劲头足得很。"动态化的工资收益标准，为村干部履职担责提供了更为持久的动力。

此外，诸多地区通过增大工作绩效、提供长期兼职的方法来改善村干部的物质待遇。一方面，村主干的绩效收入直接与村庄建设挂钩，村庄发展越好，干部绩效越高。以浙江省绍兴市道墟街道为例，当地将清廉村社的创建与干部考评相挂钩，规定"党员干部口碑好、制度机制执行好、村社发展业绩好"的村主干在年底考核时会有2~4分的附加分值，同时还会提高25%~50%的履职金①。另一方面，部分地区明确规定村干部可以通过兼职获得收入。以福建省龙岩市长汀县为例，当地明确规定，村干部工资严格按工资及绩效分开发放，可采取兼职的方式，尽量做到每个村干部月工资在2000元以上。三洲镇小溪头村支书 Z.X.Y. 表示，"有的书记、主任兼任执法队、行政公务员那种，多兼的工资就会多点。我兼了镇里面'三

---

① 履职金：就是在基本工资的基础上，浙江在考核＋基本工资之外，规定缴纳履行职责保证金，出资比例为村主干三分之一、街道办三分之一、区里配套三分之一，通常就是村主干2000元，街道2000元，区里2000元。考核文件规定，如果村主干违反了某一条，就要扣除工资以外的多少钱。钱虽然不多，但对荣誉和面子却很重要。村主干如果为创建示范型、规范型的清廉村社做出成绩，区、镇亦会给他们奖励。

农保险'联络员，一个月 800 块。"

3. 监管覆盖全，干部有怕头

强化外部监督是扎牢干部权力运行笼子的关键所在。为此，各地逐步探索出"党内监督、群众监督、政府监督"三位一体的监督格局，强力保障干部队伍风清气正，力图使干部履职心存敬畏。

首先，以党内监督为抓手。新颁布的《中华人民共和国监察法》，明确将所有行使公权力的公职人员纳入监察范围，全面覆盖"基层群众性自治组织中从事管理的人员"。纪检监察机关在履行监督责任时，将目光延伸至基层干部队伍，聚焦其执行政治纪律和廉洁纪律的同时，强化日常监督管理，对群众口碑差的党员干部要格外注意，摸清实情、描准画像，决不让此类党员干部得到提拔重用。与此同时，如表 3-16 所示，进一步下沉党内监督体系，在基层党组织内部设立纪检委员，主抓干部监督，以法纪维护村书记在内的基层干部队伍的清正廉洁。事实上，通过强化自上而下的党内纪检监察体系并将其落地基层，能够有效扎牢监管基层干部队伍的制度笼子。

表 3-16　安仁乡部分村庄基层党组织内部监督概况

村庄	姓名	职务	分工
安仁乡石富村	L. J. F.	纪检、宣传委员	主抓监督、信访维稳、安全生产
安仁乡余坑村	Y. S. S.	支部书记、纪检	主持全面工作，主抓监督、公开

资料来源：笔者根据安仁乡政府提供的资料，整理绘制成表格。

其次，以群众监督为关键。在村民自治的背景下，更加强调群众监督的重要性，包括村民监督委员会、网络舆论监督等。2018 年 5 月，安仁乡人民政府就石富村大板桥改建工程发布公告，明确要求"在工程建设过程中，希望广大村民监督检查"。相较而言，将零散村民组织起来的村务监督小组则更为常见。身处信息化时代，村干部更面临群众无处不在的网络舆论监督。对此，安仁乡余坑村支书 Y. S. S. 深有感触："村民也不管那么多，只想着我现在想做什么事情马上（就）要（给你）打一个电话。还有些素质比较低，每次地里没水了，他都要村里面去帮他弄一下。我还得语气好，又不能跟他大声讲，到时候又到网上去说你村干部怎么样怎么样。"

表 3-17 石富村 2018 年 1 月至 2018 年 3 月村级收支公开表

(单位：元)

一、上期结存货币资金合计			54741.25
二、本期收入合计			461708.69
三、本期支出合计			483642.62
会计科目	明细科目	摘要说明	金额
在建工程	总计	一级科目合计	204913.00
应付款	总计	一级科目合计	101949.00
经营支出	总计	一级科目总计	16523.02
管理费用	村干部基本工资	付 2017 村主干报酬	94200.00
	其他人员工资	付小组长等工资	25000.00
	其他人员工资	付路灯维护工资	9600.00
	办公费用	付文书整理	236.00
	办公费用	付 1—2 月银行短信费	20.00
	办公费用	付：加粉等	843.60
	办公费用	付购置纸笔等	273.00
	水电费	付电费	1090.00
	报刊费	付党刊杂志	7692.00
	差旅费	付出差	150.00
	差旅费	付代表路费	20.00
	会务费用	付征兵开支	308.00
	会务费用	付会议误工工资	450.00
	广告宣传费	付广告费	9200.00
	总计	一级科目总计	149082.60
其他支出	总计	一级科目合计	11175.00
四、本期结存货币资金合计			32807.32

村务监督小组　审核人：X. Y. C.
制表人：Y. K. Q.

资料来源：将乐县安仁乡石富村委会提供，笔者略有改动。

最后，以政府监督为补充。在强化党内监督及群众监督的基础上，政府部门实行上下联动、齐抓共管的监督措施，对基层干部实行多维约束。以福建省长汀县移风易俗工作为例，县委县政府坚持问题导向，严肃查处党员干部"带彩打牌"等移风易俗问题，对问题严重、性质恶劣的，在追究有关人员责任的同时，坚持定期曝光、随时曝光、专题曝光相结合。县公安局多渠道开设监督举报电话，畅通举报渠道，发挥全社会广大群众的监督力量。县委宣传部、文广局等职能部门进一步加强"带彩打牌"整治工作的宣传教育，倡导文明风尚。此背景下，三洲镇小溪头村委书记Z. X. Y. 经镇委镇政府引导及监督，主动说服父母不收彩礼，而且将5万元聘金退还男方，其事迹广为传播。县委 L 书记到她家看望她，并号召全县未婚青年向其学习，Z. X. Y. 本人也被推选为省妇代会代表和市人大代表，评为全县"移风易俗先进个人"和龙岩市清风正气干部典型。

第三节　干部队伍嵌入村庄治理的策略及路径

在系统搭建基层干部队伍建设的储备、选育、培植等制度框架基础上，如何使广大基层干部更好嵌入村庄治理成为关键。为此，各地从实际出发，总结出纵向借助上级政策扶持、横向加强党建及跨村产业联合、系统依靠组织化策略，持续拓展不同类型村干部嵌入基层社会并实现乡村善治的可行路径。

一、纵向借力：大学生携技返乡，政策助力村庄发展

大学生村官是基层干部队伍的重要组成部分，作为返乡大学生的福建省龙岩市长汀县丁黄村书记 D. Q. Q.，纵向借助政策扶持，并结合自身所学，探索出"定方向、谋东风、亮名片"的旅游型村落建设路径，这为广大大学生村官群体如何融入并助力当地发展提供可资借鉴的模板。

1. 定方向：最美古村落，下好旅游"先手棋"

海拔近700米的丁黄村位于福建省长汀县西南部的古城镇，属该镇最为偏远的行政村，距镇政府20公里，距长汀县城21公里、厦蓉高速18公里，全村共有5个自然村、6个村民小组，以丁姓村民为主，总计303户、1093人。丁黄村拥有800年历史，是一个远居大山深处、只有一条丁字形主街的

古村寨。这里山高林密、空气清新、四季怡人，是个由黄泥墙、黑灰瓦、旧木料、片状石台阶依山而建的传统古村落，堪称世外桃源。但由于村庄四周都是高山和陡坡，耕地面积稀少，绝大多数家庭年收入微薄。为谋生计，很多年轻人被迫外出务工。据现任村书记 D. Q. Q. 回忆，2013 年实际留村的仅 20 余人，且以不舍得离开的老年人为主，村庄空心化、人口老龄化现象严重。

与大多数年轻人一样，D. Q. Q. 在担任村书记以前曾长期外出谋生。作为丁黄村少有的年轻党员，生于 1991 年的 D. Q. Q. 于 2012 年读完中专之后，便一直远在湖南省张家界从事旅游行业，据其介绍，在外做导游期间，因处于中上管理层，手下还有 10 多个小导游，总体来讲生活舒适。2014 年，D. Q. Q. 开始向党组织靠拢。因其在村内属于少数高学历的年轻人，很快便被组织发展入党，成为储备人才。此后，他仍然在湖南省张家界做导游，同时季节性回村种植土特产，开办农家乐。2018 年，在乡镇党委和本村书记的动员下，D. Q. Q. 带着回报乡梓的满腔热情，回到生养他的丁黄村，经换届选举，成功当选村书记，开始谋划如何结合自身专长开发家乡资源，以此让故土重现生机。

当选后，D. Q. Q. 开始深入思考本村的资源优势、发展瓶颈以及建设方向。一番网上搜索和实地走访后，他发现早在 2014 年龙岩市便已在全省率先启动了传统古村落保护工程，从龙岩市到长汀县乃至古城镇，各级政府均强烈支持传统古民居的保护及修缮工作。2015 年 10 月，丁黄村主村丁屋岭获得龙岩市授予的"最美古村落"称号，当地古民居得到系统性保护，这些政策和举措更加坚定了 D. Q. Q. 在家乡发展旅游的想法。但是，对于深居大山之中的丁屋岭而言，名气有限、交通闭塞、村财不足是摆在当前的首要难题。D. Q. Q. 意识到要想搞好乡村旅游，必须完善村级公路等基础设施，同时重视村庄的包装宣传，发展特色生态服务产业，通过向上寻求政策帮扶，为村内旅游事业注入活力与生机。

2. "谋东风"：村财不足，借力政策引资金

D. Q. Q. 所在的丁黄村集体经济贫弱，家家户户亦很贫穷，村民维持生活十分不易。以 D. Q. Q. 家为例，其父是本村杀猪佬，主要靠杀猪养活全家人，虽然家中有 7 个子女，但是经济条件仅能供 D. Q. Q. 一人念书。至

2016 年，全村建档立卡贫困户有 17 户、45 人，其中，国定标准贫困户 11 户、31 人，省定标准贫困户 6 户、14 人，另有 13 户低保家庭。贫弱的集体经济在促使人口大量外流的同时，也导致村庄的古民居等文化景观得不到及时修缮。长期以来，当地民居以木结构的房子为主，随着人口的外流，加之村庄财力有限，很多古民居无法得到修缮，持续处在破落、倒塌的过程中，有的甚至已无人居住，呈现出"无人住、无人问、无人管"的衰败状态。

如何从外部汲取资源助力丁黄村旅游事业的发展，成为摆在村书记 D. Q. Q. 面前的首要难题。该背景下，D. Q. Q. 利用本村优越的避暑环境、古民居特色以及传统客家文化资源，同时结合自己对乡村振兴相关政策及项目的了解，继续紧抓本村的乡村旅游事业。通过研读政策文件，他意识到国家在推进实施乡村振兴战略的过程中，还有很多配套性的项目资金投入村庄建设。在全面掌握相关项目申报条件及流程之后，D. Q. Q. 决定整合本村的传统客家古民居、独特的风土人情等特色资源去申报大型发展项目，力图借政策扶持凸显当地的绿色旅游特色。提到申报村庄发展项目，D. Q. Q. 这样讲道："做成个项目，普通干部需要三条命。首先，村干部要去跑乡镇、市里面各相关部门争取项目，这样来回跑就要半条命。其次，项目跑下来之后要进行施工，协调与村民之间的占地补偿问题，因为村里本来就没钱，协调起来又要耗费半条命。即便顺利完工，村民如果不满意，他又会动不动就给你打电话（威胁）或者写举报信，这样的话纪委就会下来查，村干部要证明自己没问题，又要耗掉半条命。最后，村干部还要有一条命应对村里的大事小情，另留半条命照顾家小。"

通过政策借力，在跑遍长汀县旅游部门、财政部门等一切可以申请乡村振兴项目扶持资金的政府部门后，D. Q. Q. 最终跑出了名头，借到了东风。据其介绍，这几年他成功拿下几个项目资金，包括网线下地资金 404 万、污水处理资金 200 万、古村落建设资金 300 万、路灯建设等道路亮化工程 150 万以及人居环境整治示范点 100 万。此外，他还通过申报乡村振兴示范点，成功争取到一定发展资金。经过一系列的政策扶持，当前丁黄村各自然村道路已经铺设完毕，环境整治和旧屋修缮亦成效显著，为本村持续推进乡村振兴项目以及完善绿色旅游生态产业链提供了必不可少的硬件条件。

3. "亮名片"：联系剧组，军号吹响新篇章

在政策扶持的基础上，为持续扩大丁黄村的知名度，D. Q. Q. 在得知有剧组要在闽西取景拍摄电影《古田军号》以纪念古田会议召开 90 周年这一重大历史事件时，他想到本村的客家古民居很适合剧组过来取景拍摄。他意识到，剧组来村里拍戏，在丰富村庄公共文化生活的同时，还可以为很多留守老人提供群演的工作，给他们增加一定的经济收入；更为重要的是，借助《古田军号》在全国各大影院上映的机遇，可以大大增强丁黄村的名气，直接擦亮当地的旅游名片。于是，在跟村两委成员商量并确定邀请剧组来村拍摄的想法之后，D. Q. Q. 就开始四处联络《古田军号》剧组导演及电影制片人，在花费很大心思沟通联络之后，最终剧组导演陈力将丁黄村的主村——丁屋岭确定为取景地之一。

确定剧组将在丁屋岭进行为期 4 天的拍摄后，D. Q. Q. 组织村两委成员于第一时间将这一利好消息传达给全体村民。为保障剧组顺利进村拍摄，丁黄村委会提前向外界贴出告示，宣布《古田军号》剧组进村拍摄期间，本村一概不对外开放。很快，剧组的大批成员如期来到村里，准备开展拍摄工作。受传统守旧思想的影响，部分村民认为大批剧组人员的到来会冲击本村的风水，剧组某些场景需将门牌、对联以及房檐灯笼卸掉的要求也非常不吉利，因此不愿配合。对此，D. Q. Q. 从村庄长远发展出发，动之以情，晓之以理，并从村民利益出发，为大家谋取每天 100 元/人的群演收入，同时安排专人为大家做主餐。由于 D. Q. Q. 举措得力，村民们逐渐转变思路，开始配合剧组的拍摄需求。

最后，在 D. Q. Q. 为首的村两委干部以及全体村民的大力配合下，丁屋岭的拍摄工作顺利完成。2019 年，随着电影《古田军号》的上映，一如 D. Q. Q. 当初预想的那样，丁黄村尤其是丁屋岭开始为大众所熟知，该村一度成为当红影视取景地、新晋"网红"打卡地。"很多村民成了群众演员，能直接增加收入，剧组还给丁屋岭带来了旅游影响力。"D. Q. Q. 如是说。在他的坚持和努力下，丁屋岭这个传统古村落的名声越来越大，并于 2019 年 1 月获得第七批中国历史文化名村的美誉。如今丁屋岭已成为广大游客长汀之旅的必到景点，村里以前一些无人居住的老房子也得到修缮，牛市街两边的住户陆续回村并经营小商铺，兜售自产的红菇、地瓜等农副产品。

与此同时，进村路上也能看到星星点点的客家民宿，呈现出"屋舍俨然"的盛景。

二、横向联合：村两委以党建为主轴，跨村链动产业振兴

与此同时，基层干部队伍建设实践中呈现出的个体化难题和群体化困境，即能力出众的干部个体难以形成规模优势和部分村庄面临干部群体软弱涣散等难题，必须得到有效解决。为此，福建省将乐县安仁乡以联村党建为主轴，通过成立跨村产业联盟，合理整合及配置跨村优秀干部资源，并由此形成了"安仁样板"，破解了该难题。

1. 遇阻：独木难支，干部只身兴业难

安仁乡位于福建省将乐县北部，乡域面积 115.88 平方公里，耕地 1.9 万亩，林地 11.8 万亩，下辖 11 个行政村，其中包括 2 个贫困村。现有 3497 户、14436 人，外出 7233 人，占比达 50.10%，其中外出至上海的有 6000 余人，外出至其他地区的有 1000 余人，外出人口最多的是伍宿村，大约有 2000 余人，其次是余坑村，大约有 1500 余人，紧接着是乡镇所在地——安仁村和泽坊村，共计 1300 余人，元洋村和洞前村则有 1000 余人，蜈蚣鼻村亦差不多有 1000 人，最后是半岭村和上际村，有数百人外出，整个安仁乡外出总人口加起来比相邻的万安镇多。（见表 3-18）与此同时，安仁乡党员总计 501 人，其中外出党员达 128 人，外出占比为 25.55%。

表 3-18　安仁乡 2018 年部分村庄人口外流概况

村名	外出人数
伍宿村	2000 余人
余坑村	1500 余人
安仁村	1300 余人
泽坊村	
元洋村	1000 余人
洞前村	
蜈蚣鼻村	≤1000 人

（续表）

村名	外出人数
半岭村	数百人
上际村	

资料来源：数据采集自课题组成员王美英对安仁乡组织委员 Y.Z.W. 的实地访谈，笔者据此绘制成表格。

　　人口大规模外流直接导致当地的基层治理出现"人才匮乏、组织涣散、村庄衰败"等问题（见表3-19）。以土地抛荒为例，据安仁乡伍宿村 Y 主任介绍，"山垄田多少有点抛荒，现在外出人口比较多，留在村里都是些白头发的老年人"。与之类似，洞前村四个小组共抛荒 100 余亩山垄田，半岭村共抛荒 200 余亩山垄田，最为严重的上际村甚至"村里的土地已经全部抛荒"。抛荒土地因村两委涣散，未得到有效整合。此前，安仁乡大面积落地的菊花、常干豆、茭白等种植项目，均因此而未形成产业链条、规模效应以及市场品牌，基本宣告失败。

表 3-19　将乐县安仁乡 2019 年各行政村两委概况[1]

（单位：万）

村名	基本情况	村财	村干部
安仁村	林地 11056 亩，耕地 1504 亩。村两委 5 名，支部党员 60 名，其中外出党员 12 名	13.21	J.F.（1）
伍宿村	林地 8427 亩，耕地 2470 亩。村两委 5 名，支部党员 52 名，其中外出 17 名	13.41	X.Y.W.（1）
石富村	林地 11226 亩，耕地 1462 亩。村两委 5 名，支部党员 35 名，其中外出 13 名	21.55	Y.K.Q.（1） H.B.（2）
福山村	林地 6000 亩，耕地 1260 亩。村两委 5 名，支部党员 39 名，其中外出党员 7 名	7.33	Y.S.M.（1）

[1]此处需要说明的是，（1）代表村书记、主任"一肩挑"，（2）代表下派第一书记。

（续表）

村名	基本情况	村财	村干部
洞前村	林地 35520 亩，耕地 1470 亩。村两委 5 名，支部党员 33 名，其中外出党员 8 名	11.13	Y. T. E.（1）
半岭村	林地 5600 亩，耕地 3420 亩。村两委 5 名，支部党员 25 名，其中外出党员 3 名	4.76	Z. Z. S.（1）
余坑村	林地 13200 亩，耕地 1983 亩。村两委 5 名，支部党员 31 名，其中外出党员 11 名	12.30	Z. Q. B.（1） C. X.（2）
元洋村	林地 41000 亩，耕地 1600 亩。村两委 5 名，支部党员 38 名，其中外出党员 7 名	8.97	X. R. C.（1）
泽坊村	林地 17860 亩，耕地 1324 亩。村两委 5 名，支部党员 44 名，其中外出党员 13 名	11.18	村书记：Z. R. L. 村主任：Z. C. C. S. Y. Y.（2）
上际村	林地 9210 亩，耕地 1053 亩。村两委 4 名，支部党员 28 名，其中外出党员 9 名	3.32	Y. S. W.（1）
蜈蚣鼻村	林地 19760 亩，耕地 1342 亩。村两委 5 名，支部党员 34 名，其中外出党员 7 名	6.38	村书记：L. L. G. 村主任：S. X. Q.

资料来源：将乐县安仁乡政府提供资料，笔者略有改动。

在此背景下，安仁乡政府以乡情乡愁为纽带，通过制度化动员以及政策化供给，引导外出乡贤 Z. Q. B. 等人从上海返乡，并于 2018 年通过村委会换届选举，成功当选余坑村等行政村主干。回村以后的 Z. Q. B. 在担任村干部期间，继续深耕农业，通过成立雾野公司、开办农腾等 3 个专业合作社，成为当地大户。但由于个体力量单薄，一方面在实现公司及合作社良性运转的过程中，Z. Q. B. 面临成本过高等难题；另一方面在争取项目扶持、降低自身风险以及带领村民共富等方面，又面临阻力过大等困境。具体而言，农腾专业合作社在跨村整合泽坊村闲散土地的过程中，不仅需要挨家挨户做工作，而且每亩租金高达 150 斤～300 斤谷子，耗费成本相当高，且只能达成 1 年期协议，不利于合作社的长期稳定运转。此外，为降低农业经营风险，在以个体身份谋求将乐县政府产业基金提供担保支持的过程中，亦困难重重，村干部 Z. Q. B. 的产业振兴梦面临搁浅风险。

2. 破局：搭建框架，党委联盟引资源

为破除个体行动的障碍，打破资源分散的僵局，畅通协商共建的渠道，安仁乡政府按照"合起来、捆起来、强起来"的总体思路，在坚持"村情相近、地域相邻"等原则以及"便于资源共享、便于活动开展、便于管理服务"等标准的基础上，通过成立跨村联盟党委，整合多元干部力量，构筑产业联盟体系，打造引领区域发展的坚强核心。

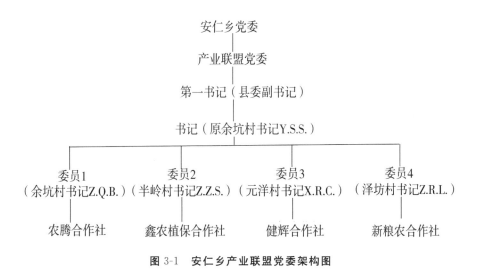

图 3-1　安仁乡产业联盟党委架构图

资料来源：笔者根据课题组成员王美英对安仁乡党委组织委员 Y. Z. W. 的深度访谈绘制而成。

成立党委联盟，整合优秀干部资源。按照"党建引领、抱团服务、共建共享"的原则，由安仁乡党委领导、余坑村党支部牵头，围绕共同目标取向，通过建立党建联盟，实现互联互动。安仁乡产业联盟党委下辖余坑、半岭、元洋、泽坊 4 个村党支部与雾野生态、博远嘉园、巨远生态、果富硒生态、康达森绿 5 家企业及农腾、鑫农植保、健辉、新粮农 4 家合作社。产业联盟党委成员共 6 人，安仁乡党委书记 Y. F. S. 担任联盟党委书记，将乐县委副书记担任第一书记，余坑村书记 Z. Q. B.、半岭村书记 Z. Z. S.、元洋村书记 X. R. C. 以及泽坊村书记 Z. R. L. 分别担任联盟党委委员，外辖若干企业代表和合作社代表，有效汇集优秀干部力量，共同推动各村实现资

源共享、优势互补、同步发展。

联合现代企业,放大干部服务功能。在有效汇集优秀干部力量的基础上,安仁乡产业联盟党委联合雾野生态、博远嘉园、巨远生态、果富硒生态、康达森绿等5家现代农业生态企业,不断优化"党支部＋公司＋农户"的产业发展模式,在为其提供滴灌、机耕路等基础设施以及争取项目、流转土地的基础上,力图借助公司的专业化管理以及市场化营销,稳定并扩大农产品销路。其中,巨远公司、雾野公司以百香果种植为主,博远公司、康达森绿等以竹鼠、鸭子和土鸡养殖为主,金源公司以清语橙种植为主。"专业的人做专业的事",联盟党委在帮忙邀请县农业人才提供技术咨询以外,并不直接参与各公司的日常经营及监督,以期最大限度释放社会资本参与乡村产业振兴的活力。下面以引进的巨远公司为例。

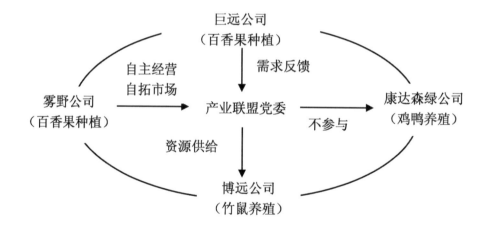

图 3-2　产业联盟党委与公司关系示意图①

资料来源:笔者根据课题组成员王美英对安仁乡党委组织委员 Y. Z. W. 的深度访谈,结合自身理解绘制而成。

---

①需要说明的是,为了兼顾现实性与抽象性,该模型中的所有公司都是同等经营主体,产业联盟党委与其中任何一家公司的关系说明,亦可应用于其他公司。如巨远公司向产业联盟党委输出需求反馈,其他所有公司亦是如此;产业联盟党委向博远公司供给资源,那么同样向其他公司供给资源。

我们这个联村党委主要目标是村财增收和村民增收，着眼于协调各村事宜，比如与农户统一签订土地流转协议，以及跟公司联系。乡里面没有参与公司的日常事务，日常管理他们自己做，我们帮他们找些农业人才，乡干部做不了（公司管理），只通过合同的形式对项目资金进行监督。以种植百香果的巨远公司为例，平时都是 C.Z.H. 自己在那边干，还找了几个亲戚帮忙，他在那边建了一个冷库。目前我们以乡里的名义帮他把粮站土地及房屋流转过来，并帮他修缮、维护，无偿给他使用。这个 C 总以前做水果经销的，认识的人很多，销路很广。[①]

获取基金担保，降低干部风险责任。受诸多因素的影响，乡村地区的产业发展尤其是涉农产业发展面临较大风险。在此过程中，担任重要引介功能的党政干部首当其冲。为最大限度降低联盟党委干部的风险及顾虑，鼓励他们撸起袖子加油干，安仁乡党委书记 Y.F.S. 反复前往将乐县与相关领导进行沟通，表示全县仅安仁乡在做产业联盟的项目，从扶持和鼓励的角度，希望由县里面的农业基金做担保，一旦这个项目出了问题，不需要村集体和相关干部承担偿还责任。在 Y.F.S. 的努力下，产业联盟下辖村财不足的村庄在获取银行贷款之余，同时得到县里产业基金的无条件担保。对此，安仁乡党委组织委员 Y.Z.W. 进行了更为细致的说明：

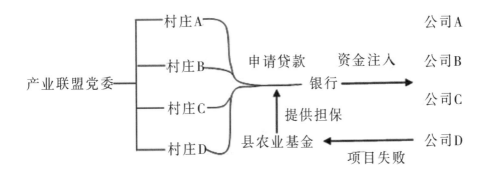

图 3-3　产业联盟中的干部及村庄风险降低保障体系

资料来源：笔者根据课题组成员王美英对安仁乡党委组织委员 Y.Z.W. 的深度访谈，结合自身理解绘制而成。

---

①课题组成员王美英访谈安仁乡组织委员 Y.Z.W.。

产业项目落地后，每个村要出 12 万，县里出 10 万，省里出 50 万。由于很多村庄的集体收入不足 12 万，必须去贷款。但是贷款对于村干部和村庄都有很大风险，因此想让县里的农业基金做担保。先前县里面为鼓励乡村产业发展，投入 2000 多万成立了这个基金，相当于政策扶持兜底，只要是经过审核的农业项目且风险不是很大的，一般都会得到担保。这个担保是无条件的，假设我们项目有了收益，也不需要给农业基金任何补偿。得到担保以后，大家做事情的时候也没那么多顾虑了。

3. 提效：因类施策，合力共建全域活

发挥头雁效应，拓展村庄发展路子。针对部分村干部人力不足、班子战斗力发挥不强的情况，联盟党委重点发挥头雁效应，大力开展"一对一"帮扶行动，组织经济实力强的村帮扶对接发展较为薄弱的村，调动能力强的村干队伍充实软弱涣散的村干队伍，真正做大"合起来、捆起来、强起来"，实现"党员共育、干部共用、文化共建、发展共商、成果共享"。例如，由半岭村党支部带动原软弱涣散的元洋村党支部，通过先发带后进、强村帮弱村的方式，为元洋村、泽坊村提供发展思路和项目拉动，积极引进果富硒生态农业发展有限公司，致力于打造百香果产业，助推实现产业联盟党委的辐射效应，有效拓宽村级党组织服务农村发展的路子。

深化党建引领，增加企业发展效益。联盟党委采取"1＋1＋N"的方式组建，即在乡党委的直接领导下，在联盟党委的具体负责下，全面推行"党建＋产业发展"的工作模式，推动区域内资源连线成面、村与村之间抱团发展，促进农产单位组团，进一步放大党政干部服务龙头企业的整体优势，同时围绕区域发展规划，建立"载体聚才、培训育才、定向储才"的联动机制，通过区域内互调干部、集中培训和联系回引等方式，强化村级党组织、企业及党员干部互联互动，引导培育具有产业特点、区域特色、符合党建工作要求的企业文化，提高产业党建工作的影响力、凝聚力。同时，通过零距离接触，引导联盟企业更好把握市场脉搏，形成抱团发展的浓厚氛围，提高生产效率，切实增加企业效益。

持续开源扩域，融合村民一体发展。产业联盟党委通过资源开发、股份经营、资产盘活等措施，整乡推进村财增收、农民增利。具体而言，在产业联盟及相关干部的协调推进下，村集体向项目区流转土地，再流转给实施项目公司，收取土地流转管理费作为村集体经济收入。产业项目落地后，乡、村两级积极向上争取相关农业资金项目，如土地平整、滴灌、农业综合开发等项目资金，以此项目资金入股，让项目村享受分红收益，标准为 100 元/亩。在此基础上，根据村财增收整乡推进工作方案，各村出资 12 万元入股清语橙项目，前四年收益逐渐增加，从第五年起，各村收益可达 6 万元/年。大河有水小河满，良性发展的村庄产业为村民的地租性收入、工资性收入提供了长远保障，以农腾专业合作社为例，有收割机技术的村民农忙时节收入达 600 元/天，一般体力的农民帮合作社打零工 180 元/天。

三、系统贯通：基层主干以组织为核，全面激活发展要素

在纵向争取政策扶持和横向贯彻党建引领的基础上，处于村级治理场域的党员干部要想进一步全面激活村庄发展要素，实现"农业强、农村美、农民富"的美好愿景，离不开组织化的链动方式，包括利用乡贤理事会、农业合作社、村两委等一系列制度和非制度化组织，充分调动干部、党员、乡贤以及普通村民参与村庄建设的积极性。

1. 乡贤理事会：干部强村的"发动机"

首先，村干部以乡贤理事会为依托，通过成立乡贤基金的方式，为村庄发展赋予经济动能。以浙江省绍兴市道墟街道称海村为例，书记 X.H.X. 通过带头捐资 200 万元，号召其余 16 位乡贤理事共同捐资 2690 万元，作为乡贤基金的启动资金。同时这些钱单独记账、定期公示，只允许存入银行赚取利息收益，不允许挪作他用，包括投资理财、借贷放贷等，每年的利息主要用于三大块，即美丽乡村建设、老年人慰问以及村民大病救助。此外，部分村干部还通过项目引资的方式，获取乡贤理事会的资金投入，并据此链动村内其他社会组织及群体的有效治理。福建省将乐县安仁乡的例子也能很好地验证这个经验。

我们会在清明节和过年大家集中回来时，召开乡贤座谈会，他们（乡贤）有什么诉求也可以跟我们说。我们这几年关爱留守老人的项目，他们就很支持，可以解决大家的后顾之忧。目前做得最好的是石富村，过年就开始募捐，外出回来的人都很积极，每年都可以募到好几万。募到的钱第

二天贴红榜公示出去，然后交给老年协会，留守老人生日送挂面、鸡蛋以及去世送花圈，都是从这里边支付。Z.X.L. 每年都会组织商会的人年底去慰问这些贫困户，我们都不用去叫，他们都会主动去。村委会提供贫困户的信息给他，他们都会主动去慰问。[①]

其次，乡贤理事会成为干部治村的重要社会组织载体。理事会成员在日常为善、纠纷调解、协商共治等方面扮演着重要角色。在日常为善方面，福建省将乐县安仁乡的乡贤理事会每年都会筹集一些钱来慰问贫困户，同时通过助力政府举办的"六个一"工程和"三三六"工程，关爱老人和留守儿童。在纠纷调解方面，浙江省绍兴市道墟街道各村的乡贤理事会着力实施"老娘舅民间志愿调解"工作机制，由热心老党员等乡贤群体运用法律知识和调解技巧，解决群众的各类矛盾诉求。在协商共治方面，绍兴市道墟街道联浦村的乡贤理事会，在村集体运行的土地流转、修路征地、环境整治、房屋拆迁等公共事务中，通过斡旋，调解干部与部分村民之间的矛盾，达到协同治理的目的。同样以道墟街道联浦村为例。

村书记 Z.G.Q. 想把曹娥江边的 400 多亩开荒地整合起来统一流转，以此增加村财收入。该项工作涉及 200 多户本村及外村村民，同时由于近一半的土地已种上庄稼，Z.G.Q. 需就此与相关村民达成补偿协议。由于村财有限，只能制定 880 元/亩且每年递增 5% 的五年期合同。对此，很多村民不满意，不愿意签协议，有的就跟村干部吵，认为开荒地应该属于自己，干部跟他怎么说都说不通。最后，在乡贤理事会的参与下，由德高望重的老党员等乡贤群体出面，上门做完最后几个"钉子户"的工作，为村庄的全面协同发展铺平道路。[②]

最后，村干部利用乡贤理事会的文化整合功能，充分激发村民自我治理效能。在文化生活方面，浙江上虞的乡贤理事会通过在称海村内设立文化大礼堂，为全体村民提供文化休闲、节日庆祝、红白喜事的活动场地，不仅调动了村民自行排演节目的积极性，还起到了反对铺张浪费、移风易俗的良好功效。在文明乡风方面，福建省将乐县安仁乡将包括乡贤理事会

---

① 课题组成员王美英访谈安仁乡组织委员 Y.Z.W.。

② 来源于课题组成员朱冬亮教授对绍兴市道墟街道联浦村书记 Z.G.Q. 的访谈。

成员在内的全体村民纳入十星十户的评选活动中（见表 3-20），每年通过党委审核、群众互评，最后从十星户里挑选出 30 多户标兵，在安仁乡召开表彰大会，给予物质奖励，同时敲锣打鼓到各村去给十星户上牌，牌子均由村干部亲自钉上去。长期的文化熏染进一步塑造了村民和村庄的良好风气，诸如在外乡贤下河救人之类的好人好事层出不穷。

表 3-20　安仁乡 2018 年"创十星评十户"评选结果

村名	户数	十星级文明户	标兵户
伍宿村	423	40	4
石富村	286	30	3
安仁村	292	30	3
福山村	214	20	3
洞前村	252	25	3
半岭村	208	20	3
余坑村	321	30	4
元洋村	266	25	3
泽坊村	292	30	3
上际村	173	20	3
蜈蚣鼻村	221	20	3
岭头林果场	76	7	1
合计	3024	297	36

资料来源：安仁乡政府供图。

2. 农业合作社：干部兴农的"法宝"

农业是广大乡村地区的支柱性产业，"农业强"是乡村全面振兴的主要目标之一。嵌入乡村治理的村干部离不开农业合作社的网络化支撑，以此整合涉农政策、资金、土地、农户等发展要素，共同助力乡村产业振兴。安仁乡余坑村担任书记的 Z. Q. B.，面对人口外流、土地抛荒的困境，第一时间决定结合自己长期从事农业的专业所长，在纵向整合乡政府政策以及横向融入跨村产业联盟的基础上，实行"1＋3"，即雾野公司及其下辖的农腾合作社、鑫农植保合作社、健辉合作社的产业发展模式，在此过程中，一定程度上实现了政策吸纳、资源整合、联民共富的初级目标。

一方面，村干部以合作社为载体，整合涉农政策及资金，助力村庄发展。在政策吸纳方面，根据相关文件规定，规模以上种植的农业大户享有多方面的政策扶持。具体而言，Z. Q. B. 的合作社在成立初期，便获得福建省政府 20 万元的项目补助、三明市政府 10 万元的项目补助以及将乐县政府给予的 3 万～5 万元项目补助。至安仁乡政府一级，则出借 10 万元给 Z. Q. B. 修建厂房。与此同时，合作社还获得信用社 4 厘左右的贴息贷款。此外，Z. Q. B. 的合作社整合土地超过 100 亩，国家每年按照 100 元/亩的标准进行补贴，而以合作社项目名义购买的农机则享受 70％的补贴额度。由于合作社规模显著，同时获批县政府的农业基金担保以及储备订单粮食收购计划（见表 3-21）。围绕合作社建立的政策扶持、风险担保及定向收购体系，在促进农业规模化、机械化、现代化运营的基础上，也为余坑村在内的村庄带来发展所需的资金及项目。

表 3-21　安仁乡 2019 年储备订单粮食收购计划表

（单位：吨）

村名	订单计划数量
伍宿村	290
石富村	130
安仁村	120
福山村	100
洞前村	90
半岭村	90

（续表）

村名	订单计划数量
元洋村	60
余坑村	90
泽坊村	80
上际村	30
蜈蚣鼻村	30
林果场	20
农腾合作社	70

资料来源：安仁乡政府提供。

另一方面，村干部以合作社为依托，打造农业特色品牌，实现联民共富。依托巨远、果富硒、大农民、雾野、博远嘉源、康达森绿等公司及新粮农、农腾等合作社，大力发展果蔬、高山茶等种植，推进标准化、规模化生产，着力打造茶果之乡；做大做强生态养禽业，依托温氏集团大力发展设施标准的养鸭大棚，依托博远嘉源生态农业发展有限公司、大南坑石蛙生态养殖家庭农场，规模化养殖土鸡、土鸭、竹鼠、石蛙等。在此过程中，发挥公司与合作社的技术与优势，为村民提供全程种植、病虫害防治技术指导和农用机械，提高农业的技术水平和防御灾害的能力。与此同时，合作社采用"订单式"管理服务办法，实行统购统销，形成种苗、种养、销售为一体的生产经营方式，减轻村民负担，增加村民收入。

3. 制度化组织：基层善治的"稳定器"

在发挥乡贤理事会社会整合功能以及农业合作社经济整合作用的基础上，村干部利用村两委、村代会、党代会以及先锋党员工作室等制度化组织及其形成的系统闭环，致力于村庄自治、德治、法治的均衡发展。

一方面，以基层党组织为载体，组建先锋党员工作室，在密切干群关系的同时丰富村民自治要素。围绕创建基层服务型党组织，整合村内党建、产业、人才等各类资源和服务载体。长汀县三洲镇小溪头村的党员干部成立"红土生态先锋党员工作室"，着力打造党员践行宗旨、联系服务群众、推动科学发展、发挥先锋模范作用的实践平台（见表3-22）。工作室下设移风易俗、政策宣传、环境整治、精准扶贫、乡村旅游、矛盾调解等6支服务队，每支服务队明确1名党员领衔，其他党员结合个人意愿和特长分别编入相应服务队。工作室安排1～2名联络员（由村党支部委员或大学生村官兼任），负责工作室与各服务队的联络协调、情况报送、材料归档等工作。同时，建立健全承诺践诺、联系群众、服务纪实、互动交流、办理反馈、群众监督等制度，确保运转有序、发挥作用。

表 3-22　长汀县三洲镇小溪头村"先锋党员工作室"的制度安排

制度名称	具体内容
承诺践诺制度	结合村党员队伍、产业资源等实际，组建政策宣传、果茶种植、帮扶济困、矛盾调解等四支服务队，每位党员结合个人意愿和特长，进驻工作室的相关服务队开展承诺践行工作，向群众发放"便民服务卡"，宣传服务告知事项。
群众联系制度	每位党员挂钩联系五户群众（含村内企业、农家乐、电商、贫困户等），每月入户走访不少于一次，了解所挂钩群众的思想、工作和生活情况，收集群众意见建议，帮助解决生产生活中遇到的困难。
服务纪实制度	由村党支部统一印刷《共产党员专业服务记录本》，党员在每次服务后实时记录服务时间、服务地点、服务对象、服务内容等，作为年终考评的重要依据。
互动交流制度	依托"三会一课"、主题党日等，各服务队负责人汇报开展服务情况、存在问题，提出下一步工作打算，开展互动交流活动，由全体党员共同探讨解决工作室在开展服务中遇到的困难和问题。
办理反馈制度	对群众提出的意见建议，党员能够帮助解决的立即予以解决，党员不能解决的，及时向村党支部汇报，跟踪落实办理情况，并向群众反馈。
群众监督制度	通过建立"微信群"、设立监督台、监督信箱和监督电话等形式，加强党员群众监督，提高党员群众满意度，党员承诺践诺情况纳入年终民主评议。

资料来源：笔者根据长汀县政府提供的相关资料绘制而成。

　　另一方面，以村两委、村代会、党代会等制度化组织为基础，构成村民自治的保障体系。绍兴市道墟街道联浦村干部在长期实践中，总结出"大事七步走，要事三层管，口碑群众评"的"联浦要诀"。其中，"大事七步走"是针对村级重大事务，需分七个步骤处理，包括村民代表联名提议、村两委讨论受理、村民会议听证、党员会议讨论、村民代表大会决定、村两委牵头实施、公开接受群众监督。（见表3-23）"要事三层管"是对"大事七步走"监督环节的进一步细化，主要通过三个层面来实现，即接受利益相关的村民党员代表、村务财务监督小组以及全体村民的监督。通过制度化、层级化的可操作手段，联浦村干部建立起一套实现村民自治良性运转的组织化体系，有效促进当地的村级民主事业发展。

表 3-23　"大事七步走"的具体流程

步骤	内容
提出议案	十分之一的村民、五分之一的村民代表联名提出议案。比如想修路，村民就提出修路方案。
确定主题	受理议案以后，村两委讨论该事情的大概框架。
听证环节	在此基础上，征求村民的意见，比如村民觉得好不好，这个事情要不要做，然后汇总意见。
讨论环节	召开党员干部、党员代表大会，讨论形成支部意见。
做出决定	最后召开村民代表大会决定。
具体实施	村两委牵头实施。
公开监督	对事情进展、所用开销、最后结果等进行公开，接受群众监督。

资料来源：笔者根据课题组对道墟街道联浦村书记 Z. G. Q. 的访谈绘制而成。

第三章／新乡贤与乡土社会重建

新乡贤是能够动员和组织村民、具有村庄治理能力并热心为当地作贡献的乡村精英和权威，具有较高的村庄治理意愿和治理能力。[①] 总体而言，新乡贤群体涵括"在土"乡贤、"离土"乡贤和"舶来"乡贤等三种类型。[②] 进一步细化，又可分为德高望重型、退休官员型、致富反哺型、高知善举型、文化能人型和道德模范型等多种类型。[③] 习近平曾说："要治理好今天的中国，需要对我国历史和传统文化有深入的了解，也需要对我国古代治国理政的探索和智慧进行积极的总结。"[④] 事实上，传统时期[⑤]，乡绅或乡贤等内生权威便在村落社会中承担着重要的治理功能。自传统时期以来，以乡贤等为代表的村落权威在合法性来源、嵌入性程度及公共性表达等方面经历了一系列嬗变，其根本目的在于提高村庄治理绩效。当前，积极发挥新乡贤的作用不仅在于促进乡村人才振兴，同时也与我国特殊的城乡二元结构密切联系。随着工业化和城镇化的快速发展，乡村社会的环境和结构发生巨大改变，劳动力的单向度流动造成了乡村人才的分化和流失，乡村

---

①龚丽兰、郑永君：《培育"新乡贤"：乡村振兴内生主体基础的构建机制》，《中国农村观察》，2019年第6期，第61页。

②高万芹：《乡村振兴进程中新乡贤的类型界定、功能实践与阻力机制》，2019年第5期，第87—95页。

③范景鹏：《乡村振兴战略中的新乡贤统战工作》，《统一战线学研究》，2018年第4期，第90页。

④牢记历史经验历史教训历史警示 为国家治理能力现代化提供有益借鉴》，《人民日报》，2014年10月14日第1版。

⑤借鉴以往研究，本文传统时期主要指明、清及民国时期。参见狄金华、钟涨宝：《从主体到规则的转向——中国传统农村的基层治理研究》，《社会学研究》，2014年第5期，第73—97页。

治理面临着不同程度的"人才空心化"[①] 和"农民去组织化"[②] 困境，呼吁培育乡村振兴内生主体——新乡贤的声音愈发强烈。

2016 年"十三五"规划纲要明确提出要积极"培育新乡贤文化"[③]，2018 年中央一号文件进一步强调，要培育富有地方特色和时代精神的新乡贤文化，"积极发挥新乡贤作用"[④]。十九大以后，国家和地方政府积极出台能人回乡政策，东部沿海地区为此纷纷搭建"乡贤回归"工程[⑤]，相继成立新乡贤组织。以浙江省为例，截至 2017 年底，浙江省明确提出"新乡贤组织"概念并开展工作的已有 16 个县（市、区）、2 个市以及众多乡镇[⑥]，各类新乡贤组织纷纷涌现。其中，浙江省绍兴市上虞区历史悠久、人文积淀深厚，自 2001 年开始，上虞区致力于挖掘乡贤文化，弘扬乡贤精神。2015 年 5 月 21 日，中宣部在浙江省绍兴市上虞区召开创新发展乡贤文化现场交流会，会上高度评价上虞创新发展乡贤文化三方面做得好，即见贤做得好、求贤做得好、传贤做得好。20 年来，上虞乡贤文化这一珍贵的人文资源，被最大限度地激活，使乡贤文化渗透到全区市民的精神生活中，成为向上向善、积极进取的文化导向。

第一节　新乡贤的现实功能与困局

乡贤或新乡贤是一种特殊类型的乡村权威。随着时代变迁，我国乡村权威的类型与角色经历多次调整变革，逐渐从传统时期的士绅文化精英群体向集体化时期的贫雇农、社队干部等政治精英群体以及包产到户后的政

---

①陈军亚：《"能人回乡"困境怎么解——基于湖北省 71 个村庄的问卷调查和深度访谈》，《人民论坛》，2019 年 11 月下，第 50 页。

②《培育"新乡贤"：乡村振兴内生主体基础的构建机制》，第 59 页。

③《中华人民共和国国民经济和社会发展第十三个五年规划纲要》，《人民日报》，2016 年 3 月 18 日第 1 版。

④《中共中央国务院关于实施乡村振兴战略的意见》，《人民日报》，2018 年 2 月 5 日第 1 版。

⑤付翠莲：《乡村振兴视域下新乡贤推进乡村软治理的路径研究》，《求实》，2019 年第 4 期，第 76—77 页。如广东清远，浙江德清、上虞等地设立乡贤理事会，绍兴设立乡贤参事会，台州成立乡贤联谊会，湖北鹤峰县邬阳乡成立乡贤道德评判团，江西省万载县创建"乡村党外民间人士工作室"，江苏省丰县梁寨镇创设"乡贤工作室"等。

⑥姜亦炜：《新乡贤组织助推乡村振兴》，《中国社会科学报》，2018 年 9 月 12 日第 6 版。

治、经济、文化等多元精英群体转变。无论是何种类型的乡村权威，都不能与有效激发乡村治理效能相脱离。新中国成立以来，变化社会中的乡村权威在"合法性、嵌入性、公共性"等方面缺陷不断显现，并直接影响到乡村振兴和乡村社会的长远发展，以新乡贤为代表的乡村权威培育及运行机制亟待更新。

一、上虞乡村权威的历史变迁

根据恩格斯的国家观，作为特殊公共权力的国家的出现本身，就是为了将激烈的社会冲突保持在一定的秩序内，这种保持秩序的力量便属于权威的范畴。乡村社会的变迁必须伴随乡村权威与秩序的重构。[①] 传统时期以来，上虞的乡村权威变迁大致经历了三个阶段。

1. 传统时期的文化权威与士绅治村

乡贤，旧时又称乡绅、士绅。[②] 数千年来，在无讼的上虞乡村社会，以乡绅（乡间的绅士）[③]、士绅（绅士）[④]、乡望（乡中有威望的人）[⑤]、乡先达（显贵的同乡前辈）[⑥]、乡先生（辞官居乡或在乡任教的老人）[⑦] 等文化权威引领的乡贤治村模式发挥了重要治理作用。

传统时期，以士绅为代表的绝大多数上虞乡贤具备功名身份，并通过该身份获取乡民认同。卜正民（Timothy Brook）认为，士绅社会是一个由获得功名的精英主宰的社会，这个精英集团享有未获取功名的精英得不到的特权。[⑧] 韦伯（Marxism Weiber）也洞察到科考功名对取得绅士身份的重要性，认为"绅士是一种与生活方式相联系的、特殊的社会荣誉的体现者"[⑨]。民国初期，蛏浦[⑩]有位在京城当官的族人王锦钟，为反哺家乡，离别

①徐勇：《乡村社会变迁与权威、秩序的建构——对两部乡村政治研究著作的评价和思考》，《中国农村观察》，2002 年第 4 期，第 78 页。

②钱念孙：《乡贤文化为什么与我们渐行渐远》，《学术界》，2016 年第 3 期，第 38 页。

③中国社会科学院语言研究所词典编辑室：《现代汉语大词典（第 7 版）》，商务印书馆，2016 年，第 1427 页。

④《现代汉语大词典（第 7 版）》，第 1190 页。

⑤辞海编辑委员会：《辞海（第六版）》，上海辞书出版社，2009 年，第 2494 页。

⑥《辞海（第六版）》，第 2494 页。

⑦《辞海（第六版）》，第 2494 页。

⑧[美] 卜正民：《为权力祈祷：佛教与晚明中国士绅社会的形成》，江苏人民出版社，2005 年，第 21 页。

⑨[德] 马克思·韦伯：《经济与社会》，商务印书馆，1997 年，第 273 页。

⑩蛏浦：地名，即今浙江上虞市西北三十二里蛏浦村。

京都官场，回乡担任合浦乡乡长，村民们都尊称他为"大老爷"，曾经的京官身份为其参与村庄治理提供了身份认同。

在此基础上，上虞士绅等乡贤群体非常注重道德声誉，并借此感召众人共同参与乡村建设。对此，瞿同祖指出，士绅具有相近的态度、兴趣和价值观（尤其是儒家伦理的价值观）[1]，这些因素构成了他们的情感支撑和行动逻辑。秉持回馈乡里观念的王锦钟，通过办学行善、救济贫民、广做善事，积聚了极大的道德声誉，同为士绅的上虞籍上海绸布店主金梅生、萧山开公人米行的锦荣老板为他的道义所感动，亦回村兴办产业，一同带动家乡发展。

此外，上虞士绅热衷于村庄公共事务，并由此产生较好的村庄治理绩效。出现在地方舞台的士绅群体，"积极主动地参与地方事务、关心地方利益。……他们修桥铺路，建立公共设施，选择参与了一些可能的'公益事业'工程"[2]，使得"他们拥有了一种公共的表现和声音"[3]。与之相应，传统时期的蛏浦诸乡贤均积极参与村庄公益事业，其中，士绅王锦钟修桥筑路、办学行善、强化治安，同时引进资本，振兴乡村经济；绍兴名医王郎川，回村开办存德堂药店，广济乡民；萧山开公人米行的锦荣老板回村把蛏浦大庙文昌阁改建成时敏小学[4]，从京都聘请大学士席德森先生回村任教，并聘用品学兼优的王寿明任校长，同时修建石板路，方便儿童上学，"蛏浦大有振兴之势头"。

可见，作为传统时期乡村治理的内生主体，士绅、乡绅等为代表的上虞乡贤具备在乡性、道义性、公共性等基本特征，在"皇权不下县"的双轨政治体制下，通过文化网络等软治理机制实现对乡村社会的有效治理，并因此而获得乡民的认可及较好的村庄治理绩效。正因为如此，王锦钟先生病逝之后，全乡村民悲恸至极，在他的办公之处塑了泥像、设了祭桌，同时在万象汇立了纪念石柱碑，供后人瞻仰。

---

①瞿同祖：《清代地方政府》，法律出版社，2011年，第276页。
②《为权力祈祷：佛教与晚明中国士绅社会的形成》，第21页。
③《为权力祈祷：佛教与晚明中国士绅社会的形成》，第21页。
④时敏小学：当时全称为绍兴县合浦乡时敏代用中心国民学校。

2. 集体化时期的政治权威与国家治村

1949 年新中国成立后，依靠党组织，国家的政权建设深入到广大农村地区。在此背景下，上虞乡村权威的来源和结构逐渐发生改变，这一时段下派至上虞县东关等地区人民公社的党政干部成为当地社会的主导性力量。党组织深入基层社会极大地改变了当地村庄的权力结构。以当时上虞县东关区漓海乡二村[①]为例，自从党支部建立之日起，它就成了二村正式权威的真正核心，村庄政治的其他构成亦成为党组织权力的外延与辐射。

在政治精英成为村庄权威唯一类型的背景下，基层党组织作为再造精英的制度化组织，承担起培养和输送干部的重要任务。据道墟街道称海村书记 X. H. X. 介绍，人民公社时期，党组织在发展村里的党员时，首先考察对方是否出身贫苦，这往往决定一个人能否顺利入党。根据其他老党员回忆，党组织对于不同成分的入党对象，规定了不同时长的转正期，其中，贫雇农预备党员的转正期一般为半年，中农预备党员的转正期通常为一年。

至此，依靠经济实力、宗族关系、功名身份晋升为村庄精英的通道几乎被全部堵塞，依靠党组织的认可与吸纳成为跻身村庄政治精英的唯一渠道。同样以称海村为例，整个大集体时期，该村近 80% 的党员是大队和生产队干部的主要来源，即便从未担任社队干部的普通党员，也能通过组织生活和政治学习等方式，享有更频繁的参政机会。

表 4-1　1952—1957 年全国农业产量概况

类别	年份	
	1952	1957
粮食产量	1.6 万吨	1.904 万吨
农林牧渔业总产值	461 亿元	537 亿元

资料来源：国家统计局农村社会经济调查司《中国农村统计年鉴》，中国统计出版社，2018 年。

---

①二村：村名，即现在的称海村。

通过党组织和国家政权建构的生产大队、生产队干部，他们内生于乡土社会，具有很强的政治动员和资源调集能力，在大集体的生产实践活动中，以实现农村土地集体化和社会主义农业发展等国家治理目标为重点，并顺利达成了集体化时期国家政权下沉和农业生产壮大的目标。（见表4-1）但是，从中凸显的基层社会自治空间被挤压的弊端亦日趋明显，乡村治理目标的全面实现受到限制。

3. 包产到户后的经济权威与能人富人治村

20世纪80年代，包产到户政策实施以后，从集体中独立出来的浙江农民实现了经济意义上的独立，上虞乡村权威构成逐渐发生改变。随着村民自治的推广，当地村民选举产生的村干部替代国家建构的政治权威，成为新的乡村治理主体。与此同时，改革开放以后，作为民营经济典型地区的上虞，很早便形成了"村村点火、户户冒烟"的民营企业发展模式（见表4-2）。截至2017年，称海村有各类个体私营企业28家，涉及纱筛、仪器、机械、化工等行业，年均工业产值达21500万元。

表 4-2　上虞区道墟街道称海村民营企业概况

企业名称	法人代表	所属行业
浙江金双宇化工有限公司	R. W. J.	化工
浙江宏鑫染化材料有限公司	Z. Z. H.	化工
上虞区洗涤剂厂	R. W. L.	化工
上虞区东海仪器设备厂	C. X. J.	仪器设备
绍兴市道墟东盛试验设备厂	R. R. D.	仪器仪表
绍兴市沪南电炉烘箱厂	C. Z. G.	电炉箱
浙江开盛化工上虞区通州实验器厂	R. G. X.	化工
上虞区道墟化验仪器设备厂	Z. X. L.	实验仪器

资料来源：笔者根据课题组对称海村的实地考察资料绘制而成。

受市场经济和社会流动的双重影响，上虞的乡土社会日趋理性化和多中心化。当地的乡村权力结构发生了从文化主导到利益主导的转型，这进一步促进了各村庄的经济分化，以乡村能人、富人为代表的经济权威日渐兴起。部分能人、富人回到上虞各村参与村委会竞选，逐步形成能人、富人治村模式。以上虞区道墟街道称海村党委为例，X.H.X.、R.W.L.、N.J.Y. 等 3 名党委成员中，前两者均为民营企业负责人，村庄治理结构中的富人占比达 2/3。（见表 4-3）

表 4-3　称海村组织架构

机构名称	成员姓名	备注
党委	X.H.X.	党总支书记、股份经济合作社主任
	R.W.L.	村党总支委员、村委主任、股份经济合作社委员
	N.J.Y.	村党总支委员、村委委员
村委	R.G.B.	村委委员
	R.J.P.	计划生育联系员
股份经济合作社	S.Y.L.	股份经济合作社社员
财监小组	R.A.G.	财监组长
	R.D.S.	财监委员
	R.B.Q.	财监委员

资料来源：笔者根据课题组对称海村的实地考察资料绘制而成。

整体而言，X.H.X.、R.W.L. 等上虞经济能人，他们很多都"生于斯地"，通过村委会换届选举，正式成为乡村社会的体制性治理主体，他们对外拥有广泛的资源动员能力。但是，就村庄内部而言，他们并非"长于斯地"，缺乏道德、声望等方面的号召力，在获得村民广泛认可以及动员村民参与村庄治理方面存在明显缺陷。加之作为自利导向的个体，绝大多数返村的民营企业家不可避免地更加关注自身利益的实现，而非村庄的公共治理效果。据 X. H. X. 讲述，很多富人出任村干部其实多少都有点自己的小算盘。部分富人在竞选村干部时会利用村民间的矛盾制造新的派性斗争，进一步分化村庄共同体，导致被动卷入村庄治理的大多数普通村民缺乏基本的政治效能感，极易导致村级民主退化和村庄治理低效。

二、新乡贤的现实功能与属性

乡村治理场域中，新乡贤具有多重功能。凭借其道德影响力，新乡贤可以促进乡风文明。与此同时，作为资源载体，新乡贤嵌入村庄治理，一定程度能够推动当地经济发展。更为关键的是，作为重要的治理主体，新乡贤嵌入基层社会，有助于优化乡村治理。

1. 促进乡风文明

《宋史·文天祥传》记载文天祥"自为童子时，见学宫所祠乡先生欧阳修、杨邦义、胡铨像，皆嗣忠，即欣然慕之，曰：没不俎豆其间，非夫也"。由此可见，乡贤具有重要的道德意涵及示范效应，可以促进乡风文明。

第一，新乡贤回归村庄治理有助于发挥优秀传统文化的道德净化功能。随着工业化和城镇化的加速发展，处于社会转型中的上虞乡村传统文化和道德伦理受到城乡巨变的冲击与解构，曾经文脉繁盛的乡村社会逐渐面临文化断层的困境。有鉴于此，浙江上虞从传统文化中寻求治理因子，尤其注重以古今乡贤为标杆，系统总结出以德治国的禹舜精神、"东山再起"的谢安精神、清廉无私的孟尝精神、与时俱进的春晖精神、"当代武训"的张杰精神[1]。这些积淀深厚、类型丰富、积极向上的精神养料，涵括了三治融合、自我革命、清廉有为、奋斗不息等民族精神与时代精神，不断滋养着上虞广大乡村地区，成为凝聚当地人心、激励人们奋发向上的重要力量，不仅为弥合当地的社会文化裂痕提供了共识基础，还为改善乡村乡俗、实现脱贫攻坚和乡村振兴增加了文化养料供给。

---

①余彩龙、叶方、杨琴：《新乡贤文化对农村小康建设的作用探究》，《思想政治工作研究》，2018 年第 9 期，第 29 页。

第二，新乡贤的成长经历作为一种榜样示范，有助于引领当地的民风建设。传统时期，乡村社会的乡贤精英们以自身的言行垂范于乡里，在乡民中形成了强大的凝聚力与向心力，进而推动当地社会的有序运转。如今，很多在外地做官、任教、经商而后返乡的新乡贤群体，凭借自身的乡土情怀和知识技能回馈乡里，成为引领当地民风建设和乡村发展不可或缺的力量。单就浙江上虞本地而言，以 R. X. X. 为代表的一大批新乡贤回到家乡投资援助乡村文化礼堂建设，助力当地乡风文明发展；以全国见义勇为先进个人 A. S. 为代表的上虞好人，带领相同志向的乡民做一些力所能及的援助救火工作，大力弘扬急公好义的上虞精神。截至目前，上虞拥有 3 名全国道德模范提名者、1 名全国"见义勇为"英雄模范、8 名"中国好人"、4 名省级道德模范、2 名省级骄傲以及 25 名"浙江好人"。

　　第三，在汲取现代文化理念与传统乡贤文化的基础上形成的新乡贤文化，推进着乡村文化的现代化。作为地域文化的重要组成部分，乡贤文化属于乡贤群体长期积淀的物质成果和精神财富，并构成当前村庄文化网络修复与重建的重要资源。事实上，城乡转型过程中的空心化村庄和原子化个体所依附的传统文化网络基础正日益崩解，而乡贤文化的重构与发展无疑缓解并弥合了这一过程，并试图将其引入现代化的发展轨道。这一尝试早在传统时期的浙东地区便已发生。相传浙东清代史学家全祖望辞官回到家乡甬上以后，带领族人深入挖掘当地乡贤事迹，为地方乡贤文化谱系的建立留下永存的标识。[①] 鉴史明今，上虞地区在充分吸收爱国、诚信、友善、敬业等社会主义先进文化理念的基础上，大力发掘当地蕴含在族谱、祠堂、碑刻、歌谣、谚语中的传统乡贤文化结晶，同时依托各类乡贤组织和文化载体，推进上虞新乡贤文化建设，力图通过积极吸纳蕴涵丰富智慧的民族精神和时代精神，一定程度上为涵育现代村落文明奠定基础。

　　2. 推动经济发展

　　作为活化的人才资源要素，返回并参与基层治理的新乡贤群体，能够依托乡情乡愁纽带，借助自身携带的各类附加资源要素，作用于当地经济发展。具体影响机制包括作为主体的新乡贤本身回乡参与村庄建设以及通

---

①苏雁：《乡贤的道德精神是可以"看见"的》，《光明日报》，2014 年 8 月 13 日第 2 版。

过新乡贤夯实乡村治理的经济基础。从实践进程来看，很多地方日渐意识到新乡贤在推动乡村经济发展方面能量巨大。例如有的新乡贤返乡以后，将长期积蓄用于投资办厂，在综合开发当地资源的同时，助力乡民就近就业，方便后者早日实现照顾家人与挣钱养家"两不误"的愿望。此外，有的新乡贤运用自己长期积累的资金、人脉、技术和渠道，为乡亲们提供产业发展、农业技术与销售渠道等，以此解决农技迭代缓慢、农产品滞销等问题，同时解决当前农村经济发展面临的部分深层次难题。

新乡贤推动乡村经济发展的两个机制，其一，新乡贤作为主体参与村庄建设并推动当地经济发展。作为内生于地方的能力精英，生于斯、长于斯的新乡贤对于村庄各类情况相对熟悉，同时凭借他们长期积累的各类资源要素，综合运用到村庄场域内的个人发展和集体发展之中，持续助力当地经济的发展壮大。以浙江上虞为例，原为某乡镇矿企老总的上虞东关街道担山村支书 Y.B.Z.，返乡参与村两委选举并成功当选村党支部书记。20多年来，Y.B.Z. 全心全意带领村民们兴办企业、开发资源、修建良田，让村民们在农业收入之余增加一份务工收入。经过长期努力，该村面貌焕然一新，担山村发展为远近闻名的省级全面小康示范村。

其二，新乡贤有助于夯实乡村治理的经济基础。事实上，回溯我国漫长的乡村历史进程，不难发现，作为传统内生权威的乡贤群体，长期保有助推当地家户、宗族乃至村庄经济发展的治理习惯。与传统时期的乡贤相比，新时代涌现的各类新乡贤群体，尽管在生成机制、身份特征、来源构成、作用发挥等方面存在差异，但二者均属于在当地拥有更多政治、经济、文化等方面权力资源并能够借助自身影响力为村庄发展带来现实利益的精英群体。他们凭借自身公共精神的传递，破除资源下乡过程中的分利秩序机制和精英俘获现象的侵蚀，以此化解集体经济空壳危机，增加村庄公共资源积累，推动乡村社会经济结构转型升级。

3. 优化基层治理

作为重要的乡村治理主体，新乡贤的回归有助于优化基层治理。首先，可以回应村庄治理中的现实需要。最早源于东汉的"乡贤"一词，泛指能为家乡做出贡献的地方精英和社会贤达。以乡贤为载体的乡贤文化，构成传统时期乡村文化的重要组成部分。进入新时代以后，乡贤回归并嵌入村庄治理，可以在纵向的乡、村之间和横向的干、群之间起到较好的衔接作用，打通横亘干群之间的治理梗阻。他们可以凭借乡村社会中形成的认同感和话语权，协助乡镇政府解决一些比较棘手的治理难题，与此同时，在干群之间充当沟通桥梁，有利于弥合双方的分歧，增进协商治理的可能，以期全面优化基层治理。

其次，可以发挥均衡城乡治理的作用。随着工业化和城市化的快速发展，乡村社会的人才、资源等发展要素呈单向度的流动趋势，失衡状态下的乡村社会呈现出原子化、空心化、内卷化的治理倾向。新乡贤的回归，可以在一定程度弥补二元体制下城乡发展失衡的创口，为均衡城乡治理、促进城乡融合创造条件。一方面，部分新乡贤群体"生于斯，长于斯"，具有明显的"在乡性"特征，他们与乡村社会有着密切的联系，与村民们分享共同的生活生产空间，且凭借能力等在村民间享有一定威望。另一方面，部分新乡贤长期在城市生活发展，他们具备更为丰富的城市生活技能和文化素养，能够将城乡有机衔接起来，更好地推进城乡一体化和乡村振兴。

最后，可以完善基层治理体系。习近平在十九届四中全会进一步强调，坚持和完善中国特色社会主义制度，推进国家治理体系和治理能力现代化。其中，基层治理是国家治理的根基。由于制度化是组织和程序获取价值观和稳定性的一种进程①，就基层自治组织而言，乡村善治的关键需靠"一核多元"的制度创新。新乡贤回归后，在党和政府的主导下，与村两委等多元主体共同参与乡村治理，在此过程中形成的制度化民主实践，有效推动和完善基层治理体系。如上虞区道墟街道称海村，通过定期邀请乡贤理事、联络员、村民代表共同召开村务议事会，将乡贤在内的多元主体纳入治理程序，有效推动村庄公共事务决策的科学化、民主化、制度化。

三、上虞新乡贤参与基层治理的困境

通过实地调查，课题组发现，上虞区新乡贤回乡面临能力转化失衡、权威认同不足、治理参与分化等三重困境。下面以道墟街道称海村的 31 名乡贤为例进行详细分析。

1. 能力转化困境

---

① [美] 塞缪尔·P. 亨廷顿：《变化社会中的政治秩序》，上海人民出版社，2008 年，第 10 页。

分析称海村 31 名新乡贤的群体特征，从其年龄划分来看[①]，以中老年人为主，主要集中在 45 岁至 59 岁和 60 岁以上两个年龄段，二者分别占比为 35.48% 和 64.52%，累计占比为 100%，没有青年群体。（见表 4-4）从其工作地或居住地来看，主要集中在上虞区道墟街道以内（见表 4-5）。在 31 个有效样本中，新乡贤在称海村工作或居住的占比为 58.06%，在道墟街道的占比为 19.35%，在上虞区及以外的占比为 19.35%。从就业行业来看，有 35.48% 的人员从事化工和电子仪器类的工作，有 12.90% 的属于在职或退休党政干部，这其中刨除村两委成员，仅不足四成的人员在村工作或居住，进一步考虑到其中九成以上人员年过 65 周岁，直接从事涉农行业者寥寥。（见表 4-6）可见，称海村新乡贤主要以本村的从事非农产业的中老年群体为主。从新乡贤在村庄内的事务类型来看，主要以捐款筹资、修建公共工程为主，较少投资化工以外的造血性产业项目。

表 4-4　2020 年上虞区道墟街道称海村新乡贤年龄分布概况

（单位：个,%）

年龄段	样本数量	占比
44 岁以下	0	0.00
45 岁至 59 岁	11	35.48
60 岁以上	20	64.52
合计	31	100.00

有效值：31。缺失值：0。
资料来源：笔者根据课题组实地访谈过程中收集到的相关信息绘制而成。

---

①根据联合国世界卫生组织提出的新年龄段划分标准，44 岁以下为青年人，45 岁至 59 岁为中年人，60 岁以上为老年人。

表 4-5　称海村新乡贤工作地或居住地分布概况

（单位：个，%）①

工作地或居住地	样本数量	占比
称海村	18	58.06
道墟街道	6	19.35
上虞区及以外	6	19.35
合计	30	96.76

有效值：31。缺失值：0。

资料来源：笔者根据课题组实地访谈过程中收集到的相关信息绘制而成。

表 4-6　称海村新乡贤从事行业概况

（单位：个，%）②

从事行业	样本数量	占比
化工	8	25.81
电子	1	3.23
仪器制造	2	6.45
涉农	12	38.70
党政干部	8	25.81
合计	31	100

有效值：31。缺失值：0。

资料来源：笔者根据课题组实地访谈过程中收集到的相关信息绘制而成。

---

①31个样本统计数据中，1人居住在上虞区道墟街道文化站，不属于道墟街道，故出现上述统计结果。

②此处需要说明的是，关于涉农人数占比的计算问题，笔者是在将工作点或居住点在称海村的总人数刨除镇村等党政干部的前提下计算而来的。

在访谈中发现，村民对新乡贤群体的评价存在较大分化。在村民们看来，称海村的新乡贤大多属于在外创业成功的老板和党政干部，具有比普通村民更高的文化素质和工作能力，但他们同时又认为，这部分新乡贤很小便脱离了农业生产和农村生活，长期专注于化工、电子、仪器等工业制造，本身并不擅长三农领域，回乡支持村庄发展主要受到政府号召和个人情怀的影响。这导致村民对当地新乡贤的能力转化存在隐忧。调查显示，称海村基本没有新乡贤从事大户种植等农业相关的发展项目。从就业带动来看，绝大多数在本村化工厂上班的村民表示，与之前相比，新乡贤们主要把钱投在翻建称海桥、增设路灯、改建农贸市场等公共事务上，并没有为村庄带来更为多元的长期就业机会。

2. 权威认同困境

对称海村干部的调查显示，刨除年龄和身体因素，全村九成以上新乡贤均有能力或意愿参与本地的乡村振兴。对此，长期接触乡贤工作的上虞区 X. J. 区长深有体会：我们还有一些乡贤在资助我们的贫困家庭，对待村里的事情，也积极参与、建言献策，反正就想做点事情，就是很纯粹。进一步考察得知，他们参与乡村振兴的主要方式是介于返乡和不返乡之间的其他方式。根据对本村新乡贤居住或工作地点的调查得知，仍有逾四成（41.94%）的乡贤群体以"不在村"的形式支援称海村的乡村振兴。与此同时，以 X. H. X. 为代表的 4 名村两委成员一致认为新乡贤参与村庄公共事务比普通村民更为积极。当前，乡贤的身影已出现在称海村经济社会发展的每个角落，成为村党总支、村委会开展各项工作、服务全村群众的好参谋和好助手。[①] 对此，绝大多数称海村民也认为新乡贤在本村公共事务中表现得很积极。

但是，进一步调查称海村新乡贤的威望认同，却出现了互相矛盾的情况。最初阶段，在土地规划、宅基地拆迁、环境整治、公共设施建设等方面，包括新乡贤在内，村里并没有人和组织能够完全将村民们的意见统一起来。在村民们看来，与村干部相比，回乡伊始的 30 余名新乡贤，尤其是 R. Y. S.、X. Y. C. 等长期身居广东的新乡贤，威望并不高，基本上与 R. W. L. 等村两委

---

①材料来自课题组的实地收集，援引自 2015 年 10 月 18 日称海村书记 X. H. X. 对全体村民及乡贤作的《道墟镇称海村乡贤参事会筹备工作报告》。

干部的威望差不多，甚至少部分村民认为新乡贤的威望更低。可见，回乡新乡贤并没有获得比村干部更高的威望。村民们认为，回归的新乡贤参与村庄建设的积极性虽然很高，但由于缺乏对本村村情的基本了解，所提的很多建议过于理想化，并不切合称海村的发展实际，很难将建议落到实地。例如，在新建红白喜事活动场所的过程中，部分新乡贤认为这是一项百利而无一害的好事，想当然地认为绝大多数村民在腾房挪地、服从安排方面会积极配合，对于可能面临的实际纠纷缺乏足够的考虑，致使该项工作推进缓慢。

之所以出现这种矛盾现象，究其原因，主要在于新乡贤的能力和威望之间缺乏有效的生产及转换机制。相比于传统时期的内生权威而言，长期脱离村庄实际生活的新乡贤，不仅自己的生活和工作与乡村社会发生脱嵌，而且其长期具备的工业社会生存技能与乡土社会习惯发生抵牾，即便参与村庄公共治理的积极性很高，也难以在短期内实现主体权威的再生产。

3. 治理参与困境

新乡贤主要通过体制化和非体制化两种渠道参与基层治理。表 4-7 的调查结果显示，回归的新乡贤进入村两委等体制化治理通道的规模极为有限，甚至很多村庄并没有将新乡贤纳入村庄民主管理与建设之中。具体而言，在称海村的 31 个有效样本中，在外拥有事业而返村担任村两委职务的新乡贤占比为 9.68%，另外 90.32% 的新乡贤则以非体制化的方式参与了本村的建设。值得一提的是，进入村委会等村民自治组织的新乡贤占比为 0。

表 4-7　称海村新乡贤担任村两委干部情况

（单位：个，%）

是否有担任村两委干部		样本	占比
是	村委	0	0
	党委	3	7.32
否		28	92.68
合计		31	100

有效样本：31。缺失值：0。

数据来源：课题组对称海村的实地访谈。

这一定程度上降低了村民对新乡贤参与本村建设的常态化印象。从村干部的评价来看，以 X. H. X. 为代表的村两委成员虽然盛赞出现在称海村角角落落的"新乡贤身影"，但同时又认为新乡贤们参与乡村建设的实际效能有待进一步发掘。从普通农户的评价来看，绝大多数人认为新乡贤对促进本村的全面振兴有作用，但作用并不明显，还存在较大发挥空间。对此，65 岁的普通村民 R. G. G. 表示，上虞的乡贤文化工作做法和经验得到了上级有关部门的广泛关注和认可，但进一步发挥乡贤作用还有很多工作要做。

我国的基层民主自治制度是当代乡贤发挥作用的体制化平台，为其能力与威望在不同场域的合理转化提供了可能的路径。事实上，无论是经济型乡贤，还是道德型乡贤，抑或是能力型乡贤，通过聚合民主或审议民主，都可以找到发挥作用的组织、机构或平台。同时，对于新乡贤而言，进入村两委等制度化平台，其能力和威望得以嵌入的机会更大。但不同于传统时期看重功名身份、道德声誉的乡绅群体，市场化催生的个人理性导向的多元乡贤，在参与村庄公共治理的过程中发生动机异化，其在地化、体制化、公共性程度都不断降低。访谈中发现，从事化工行业的新乡贤，对参与村两委等体制化平台表现出更低的意愿，如浙江开盛化工有限公司的负责人 R. G. X. 直言："管理厂里的人事都忙不过来，哪里还有那么多工夫去管村里的事情。"

第二节　系统营造新乡贤回归的外部环境

新乡贤的回归需要一定的外部环境支撑。为此，上虞区政府以文化为先手，努力营造乡贤培育氛围，同时通过组织发力，找准乡贤培育抓手，最后借助制度配套，化解外部争议矛盾，系统营造有利新乡贤回归的宏观环境，从而孕育出誉满全国的"上虞现象"。

一、文化为先：营造乡贤培育氛围

2014 年 7 月 23 日，中宣部部长强调："乡贤文化中的人文道德力量在当地一方具有重要影响，对传播滋养主流价值观定然有益。"上虞以文化涵育为先，努力营造培育乡贤的氛围，具体包括：成立机构，深耕乡贤文化资源；丰富载体，拓展乡贤文化功能；以文化人，提升乡贤文化效能。通过持续的文化涵育，为培养新乡贤、提升村庄治理效能做准备。

1. 成立机构，深耕乡贤文化资源

2001 年 1 月 6 日，本着"挖掘故乡历史，抢救文化遗产，弘扬乡贤精神，服务上虞发展"的宗旨，全国第一家以"乡贤"命名的民间社团——上虞乡贤研究会正式成立。研究会成立以来，长期致力于乡贤文化的探究、提炼和弘扬工作，推动了上虞精神文明建设和社会发展。经过历年的探索、耕耘，上虞乡贤研究会的做法得到了社会的普遍认可，被《光明日报》称作"乡贤文化的上虞现象"，被中宣部概括为"上虞经验"，上虞乡贤研究会成为浙江乃至全国的一张文化名片。

在牢记宗旨、严格章程方面，乡贤研究会将创办初心融入会徽，即围绕核心元素——古汉字"乡"，以上虞版图为背景，衬以青瓷残片和落叶，象征作为世界青瓷之源的上虞，流泻出与时俱进、叶落归根的乡贤文化。与此同时，制定了明确的章程制度，包括"一坚守"，即坚守办会宗旨；"二不准"，即不准利用乡贤研究会名义为个人谋私利和不准给政府添乱，坚持帮忙和提供正能量；"三必须"，即乡贤有事必须尽力帮忙，乡贤来虞必须热情接待以及乡贤在外必须加强联系；"四做到"，即乡贤馆做到每天有人值班，《乡贤报》做到每季度寄发，《通讯录》做到及时更新以及研究会做到每年发展创新。严格的章程制度成为乡贤研究会得以长期深耕和弘扬上虞乡贤文化的前提保障。

在整合资源、传播文化方面，乡贤研究会在充分利用新浪微博、微信公众号以及乡贤大数据平台的基础上，着重确立了挖掘历史、点式抢救、线式梳理的资源整合原则。（见表 4-8）在挖掘历史方面，多年以来，乡贤研究会共整理和撰写各类史料文章 1000 余篇，出版《上虞乡贤文化》八辑，出版个人专著《舜水长流》《上虞故事传说》等 30 余本，编印《上虞乡贤报》，与上虞区政协联手编撰了《上虞文史资料选粹》《上虞孝德文化》等书籍。在点式抢救方面，乡贤研究会主要针对历史文物进行点对点的抢救性修复。以先贤刘履墓碑为例，2009 年 3 月，研究会听闻上浦镇象田村有块明代浙东学派骨干刘履的"先贤刘履墓碑"被砌在民宅围墙内，于是立即前往该村与宅主协商，最终使这块上虞首次以"先贤"命名的古碑重见天日。在线式梳理方面，一直以来，乡贤研究会十分注重对本地宗谱的系统化抢救整理，截至目前，乡贤研究会共收藏家谱 150 余部，并编辑出版《古虞刘氏宗谱》《何氏宗谱》等，起到了凝聚乡贤、教化乡民的作用。对此，虞籍乡贤、人民体育出版社副总编辑 H. Y. 满怀感激，为乡贤研究会题词："千年不断娘家路，故乡永远在我心。"

表 4-8　上虞乡贤研究会整合传统文化资源的三种路径

活动类型	具体内容	备注
挖掘历史	《上虞乡贤文化》《舜水长流》《谢安家世》《章学诚》《上虞故事传说》	专著
	《王充的认识论》《牛山石棚》《上虞历史上的三次文化大聚会》	文章
	白马湖文化、梁祝文化	文化
	以德治国的虞舜精神、"东山再起"的谢安精神、搜江寻父的孝女精神、清廉无私的孟尝精神、刚正不阿的"四荐"精神、与时俱进的春晖精神、"当代武训"的张杰精神	精神
点式抢救	祝氏祖堂	2004 年
	乡贤陈绛墓志铭	2007 年
	先贤刘履墓碑	2009 年
	宋钱孝子墓碑	2009 年
	孝女包娥墓碑	2016 年
线式梳理	上虞夏溪丁氏宗谱	不详
	三槐李浦王氏宗谱余杭支派	P. C. L. 纂修
	汤浦吴氏宗谱	W. S. Q. 纂修
	山阴天乐周氏宗谱	Z. R. Z. 纂修
	上虞氏方王氏宗谱	不详
	上虞前江金氏家乘	不详
	上虞南贾氏宗氏宗谱	不详
	上虞长者山胡氏家谱	不详

资料来源：笔者根据访谈材料和相关文献整理绘制。

在强化组织、拓展服务方面，乡贤研究会通过构建多样态的乡贤文化研究中心，设置多中心的乡贤研究分会以及确立多层级的中小学乡贤文化教育试点单位，在全区中小学校积极开展乡贤精神主题活动，编写乡土教材活动，开设乡贤历史文化讲座等，真正激发学生知家乡、爱家乡、建家乡的热情。据不完全统计，乡贤文化教育课题实施前，整个上虞只有13.8%的学生经常参加社区活动，而目前有92.5%的学生热情投入到社区各类活动之中。[①] 与此同时，以新乡贤培育"青蓝工程"为载体，打造乡贤文化升级版，自2017年以来，上虞区乡贤研究会通过对本区考入高等院校的300余名优秀学子登记造册，不定期跟踪他们的学习、生活情况，收集他们成长、成才信息，从精神和物质层面鼓励他们走上优秀乡贤之路，不断增强他们对家乡的认同感、归属感。

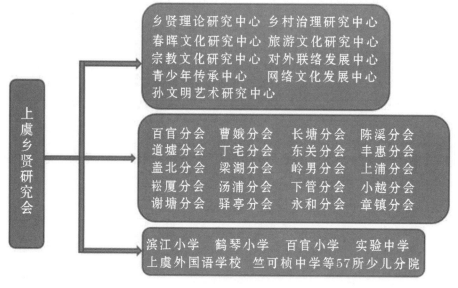

图 4-1　上虞乡贤研究会组织架构

资料来源：笔者根据调研材料绘制而成。

---

①赵畅：《乡贤精神　薪火传承——上虞市发掘和弘扬乡贤文化纪事》，《今日浙江》，2003年第9期，第42—43页。

2. 丰富载体，拓展乡贤文化功能

上虞乡贤研究会通过实施新乡贤礼敬工程，斥资修建乡贤馆、乡贤园、乡贤街、乡贤榜、乡贤广场等硬件设施，以此作为承载乡贤文化历史记忆的物质实体，并逐渐使之成为全社会学习乡贤文化、传递乡贤精神的重要场所。

第一，以文化场所为核心载体，优化乡贤文化服务功能。历届区委区政府高度重视上虞的乡贤文化场所建设。其中，由上虞经济开发区曹娥街道出资建设的乡贤文化广场和乡贤馆于 2017 年正式落成开放。同处经济开发区的德济院社区，则建成拥有 C.E.、X.J. 等 12 位著名乡贤人物铜雕的乡贤林；介绍乡贤回归、精神培育、基层治理的乡贤馆；塑有《上虞乡贤赋》《上虞乡贤之歌》等雕刻；介绍全区乡贤参与社会治理的乡贤长廊。对此，有社区居民表示，"政府直接把乡贤文化送到家门口，让我们不出小区就感受到浓浓的文化味！"内容丰富的乡贤文化广场和乡贤馆，不仅让当地居民潜移默化中受到文明乡风的熏染，更向广大青年一代传递崇德向善的正能量，包括将乡贤馆作为浙江中华文化学院现场教学基地以及开展"青蓝工程"的重要载体，真正起到弘扬乡贤精神、培育乡贤"预备役"的作用。

第二，以文化项目为重要抓手，激发乡贤的经济建设功能。乡贤研究会以及众多乡贤通过自身努力，将乡贤精神以项目实体的形式，注入经济建设的实际过程中。1999 年，乡贤 X.J. 牵线 H.M.L.，为上虞设计制作了"中国第一、亚洲第三"的舜耕石雕群像，从此为当地打开了乡贤文化旅游的窗口，也为日后大舜庙在此重建打下基础。2003 年，为打造曹娥江十八里景观带，乡贤研究会策划了以"舜会百官""东山雅聚""春晖集贤"为题材的三组大型雕塑。建成后，这三组雕塑夺得了全国城市雕塑优秀奖，十八里景观带也因此跻身国家级水利风景区。2007 年，乡贤研究会被上虞人民政府聘为大舜庙项目顾问，从提出建筑理念、挖掘文化内涵、考证人文典故等出发，乡贤研究会全程参与了大舜庙的重建，为上虞旅游局当好参谋。2012 年，乡贤研究会配合上虞园林管理中心开发龙山公园"乡贤苑"，让王充、魏伯阳、谢安等 18 位著名乡贤的雕刻成功入驻龙山公园。2014 年，乡贤 W.M.T. 出资 1 亿元建设华通体育馆。这些与日常生活密切

相关的文化旅游资源，不仅为上虞带来了社会、经济效益，也在潜移默化中向国内外游客传递着上虞乡贤精神的独特内涵。

第三，以文化研讨会为赋能对象，重塑乡贤文化的当代意涵。在传播乡贤文化的过程中，上虞乡贤研究会着重借助研讨会等文化交流平台，深入探讨地域文化中的乡贤精神。如，2003年3月30日，乡贤研究会承办了"国学大师马一浮诞辰120周年纪念大会"；同年10月，由市委市政府主办、乡贤研究会承办的"东山文化国际研讨会"隆重举行，来自海内外150余位嘉宾、学者参加了会议；2007年3月29日，乡贤研究会承办了"纪念陈养山同志诞辰100周年座谈会"；2011年11月28日，乡贤研究会举办了"纪念乡贤章学诚逝世200周年座谈会"。诸如此类，不一而足。特定空间的深入交流，不仅广泛传播了上虞乡贤文化的金字招牌，同时也使包括"东山再起"的谢安精神、清廉无私的孟尝精神等在内的传统乡贤精神逐步融入上虞的当代治理之中。

3. 以文化人，提升乡贤文化效能

上虞乡贤文化具有丰富的历史资源和社会功能，通过政府推行的"清廉村社"计划，切实使包括"虞舜清风"等在内的传统乡贤文化资源转化成培育党员干部群众等新乡贤以及优化村庄治理的内在效能。

在制定目标、严格标准方面，坚持与"五星达标、3A争创"相向而行，以"五清对标、三好引领"为载体，用三年时间创建一批"干部清正、作风清朗、事务清爽、用权清晰、民风清淳"的规范型"清廉村社"；创成一批"党员干部口碑好、制度机制执行好、村社发展业绩好"的示范型"清廉村社"。（见表4-9）2018年底前，创建的规范型"清廉村社"占村社数量30%以上，创成1个以上示范型"清廉村社"；2019年底前，创建的规范型"清廉村社"占村社数量55%以上，示范型"清廉村社"占村社数量15%以上；2020年底前，创建的规范型"清廉村社"占村社数量65%以上，示范型"清廉村社"占村社数量20%以上。在整个"清廉村社"计划实施过程中，真正将乡贤文化中的清廉因素细化、量化，为其涵育党员干部在内的新乡贤提供可操作手段。

表 4-9 道墟街道规范型"清廉社区"创建标准

工作标准	具体要点
干部清正	村社干部和基层党员模范遵纪守法,未出现违法违纪问题
	村社干部严格执行坐班值班、请销假、个人重大事项报告等制度,对党忠诚,履职尽责
	村社干部信守"四不"承诺,杜绝出现"五不能六不宜"情形,严守六条底线标准履职
作风清朗	推行"杭兰英'民情通'工作法",做到"联系不漏户、党群心贴心"
	深化"最多跑一次"改革向村社延伸,推行村干部在村级便民服务中心集中办公机制,努力做到"四不出村"
	严格落实"二十条负面清单",在道德、规矩、纪律、法律等方面画出红线,规范言行
事务清爽	深化落实支部"十二条"清单,充分发挥党支部主体作用
	严格执行村级组织标准化履职"百项清单",履职情况定期公开,接受监督
	因村(社区)制宜,村社班子和干部按要求对任期工作目标、年度工作进行清单化管理,项目化推进
用权清晰	严格落实"五议两公开"民主决策,全面推行党务村(居)务财务"三务"公开,积极探索"掌上三务"
	严格农村集体"三资"管理,规范村级工程全流程监管,开展村级合同清理规范,严格专项资金拨付、私人建房宅基地审批。注重村监委作用发挥,全面落实村级工程"旁站式"监督
	深入排查、防控村社用权存在的廉洁风险,积极配合开展"农村基层作风巡查"和扫黑除恶专项行动,坚决防止和纠正侵害群众利益的不正之风
民风清淳	围绕乡村振兴,全面开展"五星达标、3A 争创",注重党建引领,建设富裕、文明、美丽、和谐的新农村
	推进村规民约建设,开展"知家规、明家训、晒家风"活动,弘扬优良家风家规家训
	弘扬虞舜清风,开展廉洁文化挖掘整理和显性化建设,让党员干部群众在廉洁环境中受熏陶

资料来源:课题组在道墟街道实地调研收集并整理而来。

在强化原则、落实举措方面，既坚持问题导向，补齐村社清廉建设短板，建章立制完善长效管理；又注重示范引领，发挥规范型、示范型"清廉村社"的带动作用，着力树标杆、促提升，抓具体、带整体。在层层压实责任、强化督查检查、防控廉洁风险、深化专项治理的同时，更加注重弘扬虞舜清风。各村社全面挖掘、收集和整合史料文献、历史文物、民间故事中的相关廉洁文化资源，积极开展廉洁文化显性化建设，让党员干部群众在清廉环境中接受熏陶。此外，发挥村规民约作用，弘扬优良家风家规家训，用身边人、身边事教育引导群众。

在用好成果、提升效果方面，街道党工委将"清廉村社"建设考评结果与村社班子年度工作目标责任制考核挂钩，作为实施奖惩的依据。同时确立"党员干部口碑好、制度机制执行好、村社发展业绩好"的提升标准（见表4-10），尤其强调将乡贤文化融入基层党建工作，主要通过建设家训馆、清风墙、廉洁文化长廊等，弘扬虞舜清风，进而丰富村社党建宣传作品中的清廉因素。在此基础上，将虞舜清风蕴涵的清廉文化清单化，制定出村级组织标准化履职"百项清单"以及"二十条负面清单"，约束包括新乡贤在内的村庄治理主体，使其合法有效行使治权，切实增进治理效能。

表 4-10　道墟街道示范型"清廉村社"提升标准

工作标准	具体要点
党员干部口碑好	村社班子团结协作，相互支持、互相配合，群众清廉满意度测评在90分以上，三务公开栏中公开党员先锋指数、清廉满意度测评成果
	定期更新村社党组织活动图片，展现服务型组织、表率型干部、先锋型党员风采
	在村社党建宣传作品中，丰富清廉因素，图文并茂，建设家训馆、清风墙、廉洁文化长廊等，弘扬虞舜清风
制度机制执行好	严格贯彻执行支部"十二条"清单，村级组织标准化履职"百项清单"，村社班子和干部任期工作目标、年度工作计划，自觉用"二十条负面清单"约束日常行为
	坚持村规民约、"五议两公开"程序，农村集体"三资"和项目建设等规范运作、村（社）监委工作流程及作用发挥、农村基层作风巡查"四规范六必查"等有效做法
	结合本村社实际，积极探索"清廉＋"的工作方式，形成1—2项可复制可推广的清廉特色做法

（续表）

工作标准	具体要点
村社发展业绩好	成功创建"五星达标村"或"3A级景区村"，制定实施"一村一策一清单"，完成年度清单项目，村集体经济持续增收。社区服务、文教、卫生、和谐等方面工作领先、实绩显著，文明单位创建成效明显

资料来源：道墟街道提供，略有改动。

二、组织发力：找准乡贤培育抓手

现代社会是一个组织的社会，人们之间的交往互动是在组织的框架里进行的。[①] 新乡贤的培育和壮大离不开乡贤参事会等组织载体。为此，上虞区所在的绍兴市通过建立四级联动机制、完善制度配套和加强宣传培训，不断增强乡贤参事会的内生运转力量，为持续培育新乡贤找准组织抓手。

1. 四级联动，建立联动机制

以县级政府为"牵头羊"，通过建立四级联动机制，围绕制定政策、加强领导、完善机制等三方面，逐级推进乡贤参事会的筹备工作。

在政策指导、形成文本支撑方面，包括上虞区在内的市、县、乡、村等四级组织机构围绕乡贤理事会，分别制定了从指导意见到实施方案的系列文本。其中，根据浙江省委办、省府办出台的《关于创新基层社会治理的若干意见》（浙委办发〔2014〕79号）文件精神，绍兴市委办、绍兴市府办制定了《关于坚持发展"枫桥经验"推进乡村治理现代化的通知》（绍市委办〔2014〕84号）及《关于培育和发展乡贤参事会的通知》（绍市委办传〔2014〕193号），初步明确乡贤参事会的重要意义、基本原则及功能定位。在此基础上，上虞区委办、区府办先后颁布《关于培育和发展乡贤参事会的指导意见》（区委办〔2015〕11号）等文件，进一步明确各乡镇培育乡贤参事会的基本路径和实施步骤，包括成立条件、组织机构、运作模式、工作制度等。道墟镇出台了《关于培育和发展乡贤参事会的实施方案》（道党〔2015〕70号），根据该文件精神，以称海村为代表的各行政村草拟了如

[①] 周雪光：《组织社会学十讲》，社会科学文献出版社，2003年，第6页。

《道墟镇称海村乡贤参事会章程（草案）》等一系列文件，从业务范围、成员界定、选举办法、资产管理、使用原则等方面将乡贤参事会的运行落到实处。

在加强领导、强化组织保障方面，为形成培育和发展乡贤参事会的组织领导，上虞区各乡镇成立乡贤参事会建设工作指导小组，由党工委、管委会分管领导任组长，党委办公室、政治处、综治办、农办、社事局等单位负责人为成员。（见表4-11）下设办公室，办公室设在综治办，具体负责指导协调乡贤参事会建设的各项工作，办公室、政治处、农办、社事局等单位要切实履行职能，积极为乡贤参事会发挥作用提供条件和载体。（见表4-12）以道墟镇为例，中共道墟镇委员会及道墟镇人民政府为加强对乡贤参事会的组织领导，成立乡贤参事会建设工作指导小组，由镇党委副书记、政法委书记 L. M. J. 任组长，镇党委委员、人武部长 S. G. L. 和镇党委委员、副镇长 C. Y. Y. 任副组长，组织办、宣传办、政法综治办、农办、民政办、文化站等办线负责人为成员，下设办公室，办公室设在政法综治办，负责指导协调乡贤参事会建设的各项工作。具体到村庄方面，各村庄乡贤参事会接受本村党总支部的直接领导和村民委员会的业务指导。

表 4-11 乡贤参事会建设工作指导小组概况

组织名称	姓名	备注
组长	L. M. J.	党委副书记、政法委书记
副组长	S. G. L.	党委委员、人武部长
	C. Y. Y.	党委委员、副镇长
成员	组织办、宣传办、政法综治办、农办、民政办、文化站等办线负责人	—
办公室	政法综治办成员	具体负责指导协调乡贤参事会建设的各项工作

资料来源：笔者根据道党〔70〕号文件的相关表述整理而成。

表 4-12　"办线模式"下基层班子成员组成与分工

班子成员	分工职责
党委书记	主持党委全面工作
党委副书记	主持政府全面工作，分管财政所
人大主席	主持人大主席团的全面工作
党委副书记	协助书记负责党群、政协、农业农村、政法、保密、信访和社会管理创新工作，分管党政办、工青妇、老龄、关工委、科协
党委委员、纪委书记	负责纪检监察、行风效能监督、政务公开监督工作
党委委员、人武部长	负责人武、宗治视联网、应急联动、消防工作，分管征兵办、政法综治办（信访办）、司法所、新居民事务所
党委委员	协助负责农业农村、"山海"协作、美丽乡村建设、农村环境卫生、村级工程管理工作，分管农技信息中心、农经服务中心、招投标办
党委委员	协助负责城乡规划、建筑业、土地管理和交通工作，分管建设发展办、重点工程办、行政执法中队
党委委员、宣传委员	负责宣传、精神文明建设、统战、网站网络建设、信息宣传、舆情应对工作，分管宣传办、文化站、广播电视站、劳动保障和社会救助中心
党委委员、组织委员	负责组织人事、人才工作，分管组织办
人大副主席	协助人大主席负责人大主席团的日常工作，分管村级便民服务中心、民政办、残联
人大副主席	协助人大主席负责人大主席团的日常工作，分管招投标监督办

资料来源：道党〔2016〕94 号文件，在此基础上略有改动。

在完善机制、保证政策落地方面，上虞区实行了领导包点、试点先行的办法。四级联动工作顺利开展以后，2015 年 6 月上旬以前，道墟镇确定一批乡贤参事会试点村，称海村凭借自身的发展优势位列其中。试点村的组织筹备工作直接受道墟镇党委及所在村党总支部的领导，并接受镇政府和区民政局的监督管理。在道墟镇人民政府的包点指导下，称海村党总支书记 X.H.X. 全程参与了本村首届乡贤大会的筹备工作，包括草拟《称海村乡贤参事会章程（草案）》，联系有关人士征集参事会会员，协商本届参事会会长、副会长、理事和秘书长候选人选等。在此基础上，称海首届乡贤大会第一次会议取得圆满成功，乡贤参事会正式在本村成立。（见表 4-13）对此，X.H.X. 表示，筹备工作领导小组成立后，筹备工作的每一个步骤都及时向村党总支、村委会进行了汇报，同时也得到了镇党委、镇政府的大力支持、指导和帮助。

表 4-13　称海村首届乡贤大会第一次会议议程（2015 年 10 月 18 日）

主持人	会议内容
主持人	报到
X.H.X.	致欢迎词和参事会成立筹备情况报告
X.H.X.	通过参事会章程、乡贤基金管理使用办法
X.H.X.	通过参事会选举办法
X.H.X.	选举产生参事会理事、会长、副会长、秘书长、副秘书长、名誉会长
X.J.J.	授牌仪式
R.X.X.	会长表态发言
X.J.J.	上级领导讲话
X.H.X.	2016—2020 年主要实事工程情况介绍
全体	上级领导和全体与会人员建言献策

资料来源：课题组通过对称海村的实地调研收集而来。

2. 制度配套，增强引导力

为保障乡贤参事会后期工作的顺利开展，上虞区政府完善了相关的制度支撑方案，就资金保障、平台管理、奖励惩处等三个方面进行了规范性引导。

第一，落实资金制度，保障持续运转。由于乡贤参事会的长期运转需要耗费大量的人力物力，若完全依靠区政府的"输血式"投入，则难以做到持续运行。为确保各村庄乡贤参事会的"造血式"发展，上虞区政府在安排农村精神文明建设专项经费之余，积极探索个人捐资、社会筹资、利用民资等多种办法，逐步形成多元化的经费保障和持续盈利制度。在上级的指导下，道墟街道称海村乡贤参事会讨论并通过《道墟街道称海村乡贤基金管理、使用办法（草案）》，积极探索"共谋、共建、共治、共享"式的乡贤基金制度，成功激发本村乡贤的内生主体力量，为保障组织的持续运转提供资金支持。对此，X. H. X. 举例，"我们村有个乡贤，他自己当老板，他拿出 100 万来挂在他爸 R. A. G. 的名下交给乡贤基金。现在老人家很有获得感，因为每次乡贤开会，他老人家都会参与，他高兴了。对他儿子来讲，100 万元钱无所谓，但是能让老人家高兴。"2015 年称海村 31 名乡贤中，15 名乡贤共同认捐 2690 万元，为乡贤参事会的顺利启动提供资金支持。此外，严格的管理和使用制度确保了乡贤基金的持续盈利。

Z.：到目前为止，你们的收益如何呢？

X.：80 多万，都是单独记账的。

Z.：是把钱存银行吗？利息收入差不多就够了。

X.：是的，银行利息多少就收益多少。就是相当于有 2000 多万的基金，这个钱存在银行，3% 的利息，比如 200 万的 3% 就是 6 万，利息就按这个比例，这个钱村里可以灵活利用。村一级的资金，包括村里现金这一块买理财的很少。有规定不允许买，只能存银行。这个风险也小，理财的话万一本金赔了，谁都难以负责。①

第二，夯实平台制度，强化专业运营。近年来，上虞区政府日益重视对乡贤参事会的组织化管理，相继出台了《关于进一步创新社会管理推进乡村治理现代化的实施意见》《关于推进政府职能向社会组织转移的实施意见》《上虞区党政领导干部兼任社会团体等组织领导职务实施办法》等多项激励性政策措施，扶持和培育乡贤参事会的发展。同时，成立社会组织服务中心，为乡贤参事会等基层社会组织提供行政审批、孵化培育以及专业

---

①"X." 为称海村乡贤参事会秘书长 X. H. X.，"Z." 为课题组 Z. D. L. 教授。

咨询等，全面帮助其提升队伍建设、团队治理、资源运营等方面的可持续发展能力。其中，以行政审批和孵化培育为例，新成立的社会组织服务中心整合了上虞区民政局的社会组织审批、年检等业务，简化了乡贤参事会登记注册、行政审批的程序。此外，重点为欠缺独立发展能力的乡贤参事会免费提供场地设备和注册协助。制度化的平台支撑和相应的政策支持，确保了乡贤参事会的专业化运转。

Z.：乡贤参事会什么时候成立的？

X.：2016年。

Z.：当时是谁在倡导？

X.：当时绍兴市提出乡贤建设，有营业执照的，属于合法的，在民政局注册的，注册资金100万。

Z.：你们自己注册的吗？

X.：不是，上虞有社会组织服务中心，都是他们帮忙弄的。

第三，明晰奖励制度，激发内生动力。一方面，体制化赋能，提高参事会成员参与农村治理的积极性。上虞区政府通过推行优秀乡贤担任挂职村干部以及乡镇长顾问等制度，为乡贤晋升提供体制化渠道，努力使能人变红人。与此同时，注重培养选拔思想政治素质好、带头致富能力强、综合协调能力突出的乡贤，鼓励他们积极竞选村主职干部。截至2016年3月底，包括上虞在内，绍兴全市共有25名外出乡贤回村担任主职干部，1352名乡贤担任村其他干部。另一方面，道义型赋能，增强参事会成员为家乡作奉献的荣誉感。上虞区积极举办"乡贤论坛"，对作出积极贡献的参事会和乡贤给予表彰奖励。道墟街道以"命名制"的形式，对乡贤参与的各项公共事业进行记载，以让乡邻铭记乡贤为家乡建设所作的贡献。称海村则以村歌、村史、公德榜、善行义举榜、乡贤祠等形式，记载乡贤们的公德，不断激发参事会履职活力。

3. 宣传培训，提升认知力

为统一干部群众的思想认识，防止误解和偏差，赢得干部群众的广泛认同和支持，上虞区政府通过借助多类型的宣传渠道，逐步扩大乡贤参事会在国内外以及普通民众中的认知力和影响力。

一方面，政府推介，扩大内外影响。借助浙江在线、绍兴市政府网、上虞新闻等多渠道网络宣传平台，持续扩大本地乡贤参事会的对外影响。以《浙江新闻》为例，先后发布《两人一条心，让村民生活越过越好》[①]、《两位 R. X. X. 带头捐资　众乡贤齐心协力共建美丽家乡》[②] 等报道，持续宣传道墟街道称海村乡贤参事会成员的建设成果，形成了全国性的影响力。与此同时，从区到乡镇的层级化社会组织服务中心，积极发挥宣传推介功能，针对具有榜样性、示范性和带动性的乡贤参事会，会不定期开展网络风采展示和服务成果实地推介，以此大力宣传乡贤组织在基层建设中的重要作用。多中心的网络宣传平台和层级化的社会服务中心，共同扩大乡贤参事会的国内外影响，逐渐形成了浙江的文化标签。

另一方面，宣传下乡，增强民众认知。道墟街道围绕"三个讲清"，即讲清作为参事会成员的新乡贤评选工作的目的意义、类别条件以及政策支持，通过广播宣讲、会议集中动员、周三下村座谈、组织文艺节目下村等途径，不断加大宣传力度，扩大新乡贤的影响面，让广大村民知晓评选不同类别的乡贤的标准及奖励机制，切实激活基层群众参与新乡贤选拔、评价的热情。以讲清类别条件为例，政府依托"农民之声"广播电台，让广大村民知晓包括民间人才在内的新乡贤评选类别，包括文体、生产生活技术、经营管理服务等 3 个大类以及民间曲艺师、民间音乐师、民间棋艺师、民间工程师、民间建筑师、民间营销师、民间调解师等 31 个小类，鼓励具备条件的村民踊跃参评。

三、制度配套：化解外部争议矛盾

在营造新乡贤回归外部环境的过程中，整体上呈现"乡贤引进留不住、乡贤文化传不开、乡贤组织易脱轨"等难题。对此，道墟街道以制度为抓手，在宣传落地的过程中引入座谈制度、连心制度，在保持参事会等组织载体平稳运行的过程中，导入财务监管制度及组织间制衡制度，扎牢解决问题的制度笼子。

---

①《浙江在线》：《两位 R. X. X. 带头捐资　众乡贤齐心协力共建美丽家乡》，2017 年 2 月 27 日，http://cs.zjol.com.cn/system/2017/02/27/021452641.shtml，2020 年 7 月 20 日查阅。

②《浙江新闻》：《两人一条心，让村民生活越过越好——记区"十佳村书记、主任好搭档"，道墟街道称海村党总支书记 X. H. X. 和村委主任 R. W. L.》，2018 年 3 月 16 日，https://zj.zjol.com.cn/news/895381.html，2020 年 7 月 20 日查阅。

1. 改革入村，认清面临难题

在引导新乡贤回归村庄参与治理的过程中，道墟街道面临的难题涵盖乡贤、乡贤文化以及乡贤参事会等各个方面。

在乡贤培育环节，道墟街道面临引进难、留不住、干事难等系列难题。一方面，公私利益难两全，家人一致强烈反对。道墟街道的很多乡贤在外开办工厂，他们一旦回乡专职村务，则难以兼顾家庭产业，部分村财空虚的还得自掏腰包，即便有返乡意愿，也会遭到家人的强烈反对。据道墟街道联浦村 Z. G. Q. 书记介绍，联浦村原来是当地最穷的一个村，2013 年上任的时候，当时村里负债 38 万，茶叶、沙发、桌椅板凳以及村委会装修都是自己添置的，到现在没有花过村里的一分钱，村里零开支。对此深有感触的称海村书记 X. H. X. 表示："我当初来村里，是好几个人叫我来的，我一直不去。后来家人也不反对了，我才到村里来。"另一方面，内生权威薄弱，返村乡贤做事难。道墟街道很多村庄以杂姓移民为主，威望不足者很难有效治理村庄。以称海村为例，很多村民的先人是旧时代从余姚逃荒而来，其中阮姓较多、谢姓较少。之所以能当选村书记，X. H. X. 表示，姓谢的只有十多户，要有很高的威望才行。即便如此，自掏腰包的 X. H. X. 仍面临村民"吃着公家的，他哪里有那么好"的质疑和不满拆迁赔偿标准的村民"你多不多给？你不多给我就信访"的威胁。

在乡贤文化厚植环节，尤其是通过打造"虞舜清风"品牌涵养乡贤的清廉操守时，主要面临实施方案可操作性不强以及宣传方案可传性不足等难题。其中，就道墟街道层面推行的"虞舜清风"品牌而言，一方面，实施方案内容比较笼统，没有具体的可操作举措。对此，街道主任 Z. F. 感慨道，这一项工作在全区 20 个乡镇里面也经常探讨，别的乡镇现在也没有形成一个成熟的思路，到底这个工作要怎么抓、从哪一点抓，都是在边探索边走当中。另一方面，宣传方案的语言表达和故事提炼的可传性、可读性不足，难以有效嵌入村民们的日常生活，起到潜移默化的影响。全程参与品牌宣传推广的 Z. F. 表示："联浦村位于道墟，我们创建的主题就是'有道之墟，廉风浦浮'。创建之后就要做宣传册，这个毕竟是一个村的宣传册，它面向的就是普通村民，可传性、可读性这方面都要考虑到，但是又要体现出一定的档次。我们想就此概括新的联浦要诀，包括联浦要诀是什么、新的联浦要诀、联浦小故事三个层面来做这个宣传册，相应来说，活泼性、通俗性等方面都还考虑不足。"

在乡贤参事会嵌入村治环节，主要面临持续动力不足、运行容易脱轨等难题。在上级民政部门指导下成立的乡贤参事会，其持续参与村庄治理需要自筹大量的启动资金，这对于集体经济薄弱、乡贤能力不足的村庄而言，无疑是有很多困难。对此，条件相对较好的称海村的乡贤参事会秘书长 X. H. X. 与来访的 Z. D. L. 教授有段直白的对话：

Z.：你们那个乡贤基金什么时候成立的？

X.：2016 年。

Z.：当时是谁在倡导？

X.：我带头捐的，其余多数都是乡贤自己捐的，没有发动他们，因为我们村上亿资产有 10 多户、1000 万以上有 100 多户，一般老百姓不捐。很多村庄（经济）条件不行的，参事会根本筹不到做事需要的钱。

另外，筹集到资金得以正常运转的参事会，又时刻面临运行失控的难题。对此，联浦村 Z. G. Q. 书记表达了他的隐忧："光靠村干部做不好，一定要培养这种孵化器（社会组织），由它把活动和人凝聚起来。但是社会组织孵化器我们现在不敢发展它，只能在小范围发展，既想让它自我成长起来，又怕失控，一旦人多的时候就掌控不住。"确实，一些脱嵌的参事会组织导致乡贤成为"乡闲"，难以真正发挥治理作用。

2. 宣传落地，形成传导效应

针对乡贤文化宣传方案可传性不足等难题，道墟街道主要从以下几个方面着手解决。首先，宣传方式口语化。即采用人民群众喜闻乐见的形式传递宣传主题，使其在口口相传中受到感染。对此，街道 X 书记表示："文化显性化方面，包括村规民约，有五六十条，把它归纳成最简单的十条。这十条用我们绍兴话，就是用一种戏曲①的方式把这十条唱出来，然后再口口相传。村里老人多，老人唱戏曲的很多，很喜欢。所以我们用戏曲的方

①例如当地的《戒赌十字谣》：一要嬉赌，夜夜吃苦；两夫妻吵架，也为嬉赌；三餐茶饭，候来算数；四季衣衫，都落当铺；五更半夜，辛苦不顾；六亲看见，多少污数；七记心头，总要戒赌；八字算来，在交墓库；九九归一，无要嬉赌；实在难戒，牢中受苦。

式给它操作出来,唱出来,十几分钟,唱着唱着,里面两三句、三四句,他可能就记住了。"其次,宣传资源整合化。打造以清廉为核心的乡贤文化,需要将宣传手册与多种资源整合起来,产生集群式的宣传效应。除将宣传册本身模块化为"清廉村社""新联浦要诀""廉洁小故事"等三大版块之外,同时整合联浦村的文化长廊,将长廊设置成可活动更换的插板式,定期更换清廉村社相关内容,力图使整体风格生动活泼、通俗易懂,做到可读性、可学性、可传性强。最后,宣传活动制度化。道墟街道当前开展的"虞舜清风"乡贤文化培育活动,尚未覆盖到普通群众,还有很大的延展空间。鉴于此,街道主任 Z.F 认为,"开展廉政活动时,第一级就是机关内部的谈话、座谈,村一级的涉及不多。村两委会成员和普通党员是第二级,他们也想说把这个活动在群众中普及起来,让这个座谈制度、连心制度建立起来,包括上门宣传、上门访谈等活动"。

3. 内外约束,扎牢制度笼子

针对乡贤参事会的脱嵌问题,如何从制度设计的层面对其加以制衡完善显得十分重要。事实上,早在乡贤参事会成立初期,称海村便制定了明确的内部财务监管制度。(见表 4-14)《道墟街道称海村乡贤参事会章程(草案)》第六章第三十一条"资产管理、使用原则"的相关规定:"本协会的资产管理必须执行国家规定的财务管理制度,接受审计机构的监督,并将有关情况以适当方式向社会公布。"对相关情况比较熟悉的道墟街道 X.书记表示:"称海村有 2600 多万的乡贤基金,他们每年元旦都会开一次乡贤年度会议,通报一下这些乡贤资金这一年的使用情况,不是说拿着大家的钱自己在乱花,一分钱的账都要核对、通报,今年修了多少路,做了多少民生工程,全部都公开,明年怎么把这个钱花好,怎么样把这个村子里的事情做好,下面都可以看到。"此外,道墟街道各村庄还认识到组织间相互制衡对于平衡参事会运行的重要作用。其中,道墟街道联浦村 Z.G.Q. 书记认为:"社会组织孵化器我们现在不敢发展它,只能在小范围发展。在农村里还好一点儿,有力量抗衡,要厘清村两委、参事会的功能,发挥彼此的制衡作用。"

表 4-14 2016 年称海村乡贤基金收支情况

（单位：元）

明细	来源	金额
收入	R. D. M.	15000
	R. W. J.	60000
	X. Z. H.	9000
	R. G. X.	15000
	R. X. X.（闰土）	150000
	R. A. G.	30000
	R. G. T.	60000
	P. D. Z.	45000
	R. W. L.	15000
	R. X. X.（龙盛）	240000
	X. H. X.	60000
	X. Y. C.	60000
	R. B. L.	9000
	R. Y. S.	15000
	R. G. G.	15000
	利息	2200.5
合计	800200.5	

明细	来源	金额
支出	付大病户照顾款	43000
	付公章款	360
	验资证手续费	200
	验资费	1000
	付春节困难照顾款	26300
	付1—3月份老年生活费	41260
	付4月份老年生活费	13640
	付5月份老年生活费	13620
	付6月份老年生活费	13420
	付7月份老年生活费	13360
	付8月份老年生活费	13310
	付9月份老年生活费	13240
	付10月份老年生活费	13240
	重阳节购大米	59040
	付11月份老年生活费	13160
	付12月份老年生活费	13100
合计		291250

资料来源：称海村委会提供，资料略有改动。

第三节　全面搭建新乡贤嵌入村治的体制机制

发挥新乡贤参与村庄治理作用的前提在于新乡贤的培育，关键在于构建一系列体制机制，确保新乡贤能够有效嵌入村庄治理。上虞地区在乡贤培育过程中通过"制定标准、畅通渠道、成立组织"等方式，积极发掘和吸纳新乡贤；通过"在地化、体制化、公共化"等策略，构建新乡贤功能发挥机制；通过各类组织再运作，完善新乡贤参与乡村振兴的内核机制。

一、资格界定，发掘吸纳新乡贤

培育新乡贤的前提在于乡贤群体的发掘和吸纳。如何甄别新乡贤、密切村庄与乡贤的联系以及将其成功纳入村庄治理场域，是摆在上虞区政府面前的重大难题。为此，他们通过制定乡贤标准、畅通联谊渠道、成立规范组织，成功吸纳各类新乡贤群体。

1. 制定标准，界定并推选乡贤

适应变化社会中的乡村实际情况。自 2015 年起，中共中央、国务院不断拓展对新乡贤的角色定位，将其视为文化传承者、道德榜样、社会风气引领者等，其功能亦从文化建设向政治建设、社会建设领域延伸。基于此，上虞各地方行政组织也对新乡贤进行了相应的界定。从调研来看，根据《道墟街道称海村乡贤参事会章程（草案）》，能够加入参事会的乡贤被认定为"本村或姻亲关系在本村以及投资创业在本村，品行好、有声望、有影响、有能力、热心社会工作的人"。对此，村书记 X. H. X. 进一步解释道："（乡贤参事会）成员有 50 个，主要是企业家、老干部、老党员、普通的村民。只要是为村集体做事情的，有参与做事的能力、有一定水平的，譬如说特别会做村级工作的，都能够称为乡贤。"

确定标准后，各行政村按自荐与推荐相结合的方式推选乡贤。村两委在征求本人意见的前提下，经自荐和推荐产生乡贤人选，通过村民代表大会表决并报请政府复核即可。从道墟街道的实际情况看，乡贤范围覆盖了村内老党员、老干部、复退军人、经济文化能人，出生地成长地或姻亲关系在本村的"返乡走亲"机关干部、企业法人、道德模范、持证社会工作者、教育科研人员，以及在农村投资创业的外来生产经营管理人才等。总体而言，具有

乡土性和公共性的政治、经济、文化能人，正日益成为当地新乡贤的主体。

表 4-15　党和国家相关文件对新乡贤的规定

年份	名称	内容	场域	角色
2015	中共中央、国务院《关于加大改革创新力度加快农业现代化建设的若干意见》	创新乡贤文化，弘扬善行义举，以乡情乡愁为纽带吸引和凝聚各方人士支持家乡建设，传承乡村文明	文化建设	文化传承者、道德榜样、社会风气引领者
2016	中共中央、国务院《关于落实发展新理念加快农业现代化实现全面小康目标的若干意见》	深入开展文明村镇、"星级文明户""五好文明家庭"创建，培育文明乡风、优良家风、新乡贤文化		
	《"十三五"发展规划纲要》	乡贤文化是中华传统文化在乡村的一种表现形式，具有见贤思齐、崇德向善、诚信友善等特点。借助传统的"乡贤文化"形式，赋予新的时代内涵，以乡情为纽带，以优秀基层干部、道德模范、身边好人的嘉言懿行为示范引领，推进新乡贤文化建设		
2017	中共中央、国务院《关于深入推进农业供给侧结构性改革加快培育农业农村发展新动能的若干意见》	培育与社会主义核心价值观相契合、与社会主义新农村建设相适应的优良家风、文明乡风和新乡贤文化		
	中共中央、国务院《关于实施中华优秀传统文化传承发展工程的意见》	挖掘和保护乡土文化资源，建设新乡贤文化，培育和扶持乡村文化骨干，提升乡土文化内涵，形成良性乡村文化生态，让子孙后代记得住乡愁		文化传承者、道德榜样
2018	中共中央、国务院《关于实施乡村振兴战略的意见》	坚持自治为基，加强农村群众自治性组织建设，健全和创新村党组织领导的充满活力的村民自治机制。积极发挥新乡贤作用	政治建设社会建设	社会治理参与者

资料来源：黄爱教《新乡贤助推乡村振兴的政策空间、阻碍因素及对策》，《理论月刊》，2019 年第 1 期，第 82 页。

2. 畅通渠道，发掘并联谊乡贤

在界定乡贤身份及功能的基础上，上虞各地方行政组织多措并举，积极加强同各类乡贤的联系，为他们关注家乡发展创造条件。第一，搭建乡贤联谊平台，并将其制度化。以上虞乡贤研究会为例，明确规定"乡贤在外必须加强联系"。截至 2019 年，乡贤研究会先后举办"走近北京虞籍乡贤""走近南京虞籍乡贤恳谈会""走近舟山虞籍乡贤活动"等大型乡贤联谊活动 10 余次。第二，完善乡贤信息库建设并使之动态化。依托天南地北绍兴人等信息平台，形成乡贤大数据平台，并不断加以更新，同时以"民间人才"万人计划为载体，将各类民间人才星级化，并引导他们加入乡贤群体，以"五类先进模范"评选挖掘新乡贤。以道墟街道为例，2013 年至2016 年累计评选初级人才 14280 名、三星级人才 476 名、四星级人才 100名、五星级人才 11 名。第三，划定乡贤联络片区并使之便捷化。上虞各乡镇成立的乡贤联谊会，为便于成员日常交流，理事会按地域将其划分为区内组、省内组、省外组等三片区，并建立以理事、副会长为联络员的片区联络员制度，各片区根据实际情况组织召开乡贤联谊会理事会议，及时传达上级有关会议精神及通知、本会活动动态等，在此过程中，充分利用微信群等网络平台载体，以使乡贤交流便捷化。

表 4-16　上虞乡贤研究会联谊乡贤活动概况

活动类别	活动内容	备注
走出去	"走近北京虞籍乡贤"	2001 年 9 月
	拜访全国政协原副主席、全国工商联主席经叔平	2001 年 9 月
	拜访时任上海第二医科大学校长沈晓明	2003 年
	拜访陈赓大将夫人、北京市公用局机关党总支原书记傅涯	2006 年 7 月
	"走进南京虞籍乡贤活动""走进南京虞籍乡贤恳谈会"	2006 年 5 月
	拜访爱乡楷模张杰	2010 年 7 月
	拜访时任上海武警总队副总队长黄炎海	2011 年 4 月
	"走近舟山虞籍乡贤活动""舟山上虞籍乡贤座谈会"	2012 年 6 月
	拜访中国科学院院士景益鹏	2015 年 12 月

（续表）

活动类别	活动内容	备注
请进来	接待著名乡贤胡愈之侄媳、103 岁寿星李玉英回乡	2005 年 4 月
	接待上海五夫籍乡亲回乡寻根	2006 年 6 月
	接待中国工备专家周勤之回乡	2006 年 4 月
	接待"台湾乡亲寻根团"回乡寻根	2011 年 10 月
	接待中国社科院历史所学术委员会副主任、中国社科院荣誉学部委员郭松义回乡	2012 年 7 月
	接待南京市人大常委会主任胡序建回乡	2014 年 10 月

资料来源：笔者根据调研材料绘制而成。

3. 成立组织，规范化吸纳乡贤

培育服务性、公益性和互助性的农村社会组织，是党的十七届三中全会以来关于健全农村民主管理制度的重要决策。[①] 党的十九大报告再次强调："加强社区治理体系建设，推动社会治理重心向基层下移，发挥社会组织作用，实现政府治理和社会调节、居民自治良性互动。"在上虞地区，早在 2001 年 1 月便成立上虞乡贤研究会，以组织化的方式吸纳广大乡贤参与村庄治理。调研中发现，以各级地方政府为主导建立的层级化乡贤组织较为普遍。上虞地区明确规定乡镇一级成立乡贤联谊会、行政村一级成立乡贤参事会的组织架构。2014 年底，绍兴市上虞区由区政法委牵头，在道墟率先开展试点，相继成立乡贤联谊会、乡贤参事会等，并制定规范化的章程、原则，确保乡贤组织在基层治理中明确角色、厘清权责。在此基础上，当地积极探索乡贤参与治村模式，发挥各类调解会、"村情顾问团"、"老娘舅室"等组织的作用，推动基层治理现代化。对此，上虞区 X 书记表示："村庄发展有很多维度的，比如这个村，很简单就是怎么样发动群众，怎么样让群众为村里面干实事，他就给你各种名号，什么"女子巡逻队""大爷纠察队"，给一个名号，给一个红袖章，群众很开心，感觉在村里面很有地

① 刘义强：《构建以社会自治功能为导向的农村社会组织机制》，《东南学术》，2009 年第 1 期，第 79 页。

位，这样他能把自己的角色扮演好。"

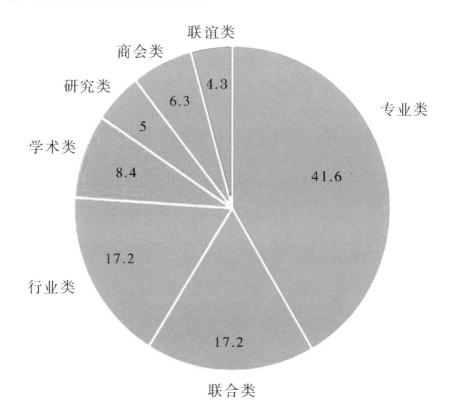

（单位：%）

图 4-2 2017 年上虞各类社会组织占比概况

资料来源：赫林、徐金刚《社会组织参与基层社会治理的实践与思考——以浙江省上虞区 378 家社会组织为例》，《理论观察》，2019 年第 4 期，第 101 页。

二、策略配套，功能优化新乡贤

发掘出来的新乡贤群体具有一定的外部建构特征，如何将其吸纳进入村庄治理场域并提升其治理意愿及能力，需要匹配一系列的体制机制。为此，上虞各行政村针对不同类型的新乡贤，综合采取"在地化、体制化、公共化"等策略，有效弥补其"不在场、缺平台、偏私性"等不足，成功建构乡贤功能发挥的机制。

1. 外出返乡，在地化赢得村民信任

联浦村位于上虞区最西面，北临曹娥江，隶属上虞区道墟街道，全村辖有 7 个自然村，耕地面积 1410 亩、水域面积 150 多亩，共计 626 户、1662 人，以水稻种植为主。2013 年以前，联浦村是道墟最穷的一个村，村集体缺乏固定收入，村两委运转困难。对此，现任书记 Z. G. Q. 描述道："我来的时候村里 38 万负债，所有的东西都要钱，包括办公的桌椅板凳的钱以及装修，全部都是我自己搞的，还有茶叶什么的，村里零开支。"

很多联浦村民在青壮年时期便外出谋生，村庄空心化现象严重。以 Z. G. Q. 为例，1981 年仅 15 岁的他便前往福建漳州谋生，1983 年又去上海摆地摊，1992 年以后回到绍兴开办羊毛厂、饮料厂、典当铺。"后来我一直在外面跑，涉及了很多行业，只要能挣钱的我都会去做。"Z. G. Q. 自述。其间，很多人劝他回村带领大家发展。事实上，产业布局在外的 Z. G. Q. 面临很多阻碍因素。"公司在绍兴，每天上午向我电话汇报，而老百姓随时都会给我打（电话），村里的事你总要去面对，（公司）平时靠儿子打理，有重大的事情我还要回去，（对公司）肯定影响嘛，为此我老婆有时候也抱怨。"

但是，Z. G. Q. 仍坚持回村并成功竞选为村书记。对此，他有自己的考虑："第一我有成就感，因为我从外面挣得钱，回来把村庄建设好，有压力但是感觉真不一样；第二作为人大代表，政府给了我很高的荣誉，这是再多钱都买不来的。"回村以后，Z. G. Q. 持续与村民开展有效互动。"我个人成立基金，自己工资之外又加进去 40 万，主要用于村级社交和突发事件，打比方谁家孩子考上一本，我赞助三千块钱。"在此过程中，村民们越发信任和支持他。以交通为例，整个上虞唯独联浦村没有通公交，小孩读书、老人上街极为不便。为此，Z. G. Q. 积极处理交通沿线的外村土地、本村自留地以及高速路等难题，其工作得到了全村老人的支持，纷纷自发去做相关交涉事宜。最终，"盼望已久的公交通车那天，老百姓非常高兴，写了面锦旗，感谢党和政府。"在地化策略增强了 Z. G. Q. 组织村民参与公共事务的能力，最终实现治理能力的提升和对村庄的再嵌入。

2. 竞选村委，体制化获得身份认同

称海村位于曹娥江畔称山脚下，史称"扇头地"，村庄人口有 2911 人、

962 户，其中 60 岁以上的老人达 802 人，占总人口的 27.5%，老龄化现象严重。整个村庄由中区、大丘畈、新村三个自然村组成，下设 13 个村民小组，是道墟的第一大行政村，坐落于道墟北面，南至称山脚下，北邻曹娥江边，东至江协村，西临联江村。村内沙地广布，早年间以种植络麻、棉花、五谷杂粮等旱作物为主，受曹娥江涨水、倒地、倒塘的影响，村民生活十分困苦，"吃的是杂粮，穿的是土布，住的大多是草房"，属于全县有名的落后村，劳动力大量外流，村庄空心化现象严重，一时陷入无人治理的困境。

经过一系列行政变革，称海村由原属的绍兴县皋埠区道墟乡，逐步调整到上虞县东关区漓海乡、漓海公社以及称海大队，直至 1983 年政社分设才设立称海村。1992 年撤乡扩镇，称海村并入道墟镇，现隶属于道墟街道。目前，全村建有党总支部 1 个，现有党员 91 人，其中预备党员 1 人。调整后的行政区划及党委设置产生了更多的村干部职位，道墟街道积极实施能人回村政策，为返村乡贤提供了体制化发展平台。2015 年基层换届选举，称海村能人 X.H.X. 在相关政策感召下返回村庄参加竞选，当选为称海村党总支书记。

体制化吸纳带来了 X.H.X. 身份由私到公的转变。对此，需要同时兼顾家庭产业和村庄发展的 X.H.X. 严格执行坐班值班制度，"我向全村老百姓承诺，礼拜三不管天晴下雨，我一定在。所以老百姓就知道，有事他们礼拜三过来"。身份合法性的增强进一步倒逼他更加积极地履行公共职能。从 2015 年开始，称海村在 X.H.X. 的带领下成立乡贤参事会、股份经济合作社，他积极组织力量投入美丽乡村、产业整合和文化建设。其中，以美丽乡村建设中的房屋拆违为例，从上级政府争取来政策支持和项目投入以后，X.H.X. 面对部分村干部"等等看看其他村"的态度，强调"我们不要等，党和政府教我们怎么做我们就怎么去做，事情已经落实了，我们必须行动起来，村里不养闲人、团队不养懒汉"。在他的带领下，最终啃下这块十几年的硬骨头。借助于体制化，X.H.X. 成功实现对称海村的再嵌入。

3. 打破族界，公共化强化治理意愿

上虞位于宁绍地区，属东南沿海一带，早于明清时期，当地宗族便加速发展，形成发达的宗族社会，族田、族谱、宗祠无不显示着宗族权威对村内个体的巨大影响。其中，定期修谱、捐献族产等成为族人不惜代价维护宗族共同体的义务所在。（见表 4-17）换言之，宗族权威的族内凝聚力较强，但对族外具有排斥性，使其仅专注于本族利益的汲取。宗族内公外私的特征仍影响着当下的村庄治理。联浦村书记 Z.G.Q. 表示，人多的村选举，原先有发皮鞋的，先发左脚穿的，当选后第二天再发右脚穿的鞋。如不当选，右脚的鞋子全部销毁掉。这就是家族式参选，当选后家族受益。

表 4-17　清代绍兴地区个人向宗族捐献祭田概况

地名	人物	捐田情况	资料来源
绍兴	高氏	捐田九亩六分为族之祭产	（绍兴）《孙氏宗谱》卷三《祭产》，民国十三年（1924 年）活字本，第 2 页。
上虞	五峰公	捐田二十亩为宗祠祭产	《上虞通明钱氏谱》卷九《时祭岁修田碑记》，民国五年（1916 年）木活字本，第 8 页。
诸暨	罗孺人	捐田二十亩为宗祠祭产	（诸暨）《暨阳长宁惠溪周氏宗谱》卷一《友于堂义塾田引》，民国六年（1917 年）木活字本，第 2 页。
嵊州	袁尚誉	远祖祀不丰捐祭田四十亩	《嵊县志》卷十七《人物志》，成文出版社 1975 年，第 1147 页。

资料来源：徐炜《清代宁绍地区宗族祭田研究》，南京师范大学硕士学位论文，2019 年 5 月，第 37—38 页。笔者略有改动。

改革创新带来观念的进步，在 R 姓占 80% 的称海村，R、X 两姓主动打破宗族界限，共同成立乡贤参事会并出资筹备乡贤基金，致力于村庄公共事业的发展。"基金的利息主要用于三块，包括美丽乡村建设、老年人问题、大病救助等，其中患者每人每年 5000 元。"此外，代表族规族训等宗族内部精神的宗谱，在跨宗族组织乡贤研究会的深度挖掘下，其狭隘的精神内核公共性意涵不断扩大，并对个体产生强大的现实感召力。以何氏宗谱的修缮为例，上虞乡贤研究会千方百计在上海图书馆找到《崧镇何氏宗谱》，并经过十年努力，完成《崧镇何氏宗谱》的续修工作。为此，外出乡贤何阳专程从北京赶来，再三表示愿为故乡做些力所能及的事情，并向上虞档案局捐赠了父亲 H. Z. L. 的工作纪念物、重要信件等遗物共计 331 件，何氏宗谱成为上虞人民传承乡贤精神、凝聚乡贤力量的共同精神载体。

以称海村为代表的上虞各乡村，经济能人叠加的宗族权威，具有较高的人际关系嵌入性，基于宗族一体化意识，具有较强的族内治理意愿。通过打破族际界限共同成立村庄组织，实现由私到公的转型以后，其目标逐渐超越管理族务获得族民认可，而更倾向于通过供给各类覆盖全村的公共服务，包括奖教敬老、改造环境、完善交通、整合产业等，以此实现跨族际的公共利益表达和公共精神传递，最终获得全体村民认可，在此过程中，宗族权威自身的治理能力得到显著提升，在提升村庄治理效能的同时也实现自身权威的再嵌入。

三、组织运作，内生嵌入新乡贤

多策略举措下，成功进入村治场域的新乡贤尚需形成内核机制，提高自身参与乡村治理的内生性、持续性及有序性。为此，上虞的新乡贤群体通过发挥组织化优势，在提高治理能力和强化治理意愿的同时，实现自身的有效嵌入及乡村的有效治理。

1. 借力社会性组织，汲取内生资源

基于经济权威培育的新乡贤，借助乡贤基金的连带性吸纳功能动员村内资源聚焦村庄建设。以称海村乡贤 R. X. X. 为带头人，他致富不忘家乡，先后捐赠超 200 万元，在其感召下，R. W. J.、R. G. T.、X. H. X. 等 16 名乡贤共认缴 2690 万元，成立称海乡贤参事社基金，将分散的资金用于文化礼堂、信义广场、村大病特困基金等村级公益项目建设，全方位带动村庄发展。

一方面，在地化后的经济权威借助乡贤基金的连带性吸纳功能以及基金成员在村庄生活中的影响力与关系网络，动员、组织和汲取村庄内生性资源。称海村原来有个露天市场，在乡贤基金的扶持及带动下，村里从建设村级市场入手，发动党员干部、村民每人做义务工近 5000 工时，短短 4 个月时间，就建成投用首批 6000㎡ 街面房。经过 8 年时间分批建设，共建成 46 间街面房，通过出租，每年为村级集体经济增收 30 余万元。

另一方面，在地化后的经济权威借助乡贤基金搭建的村级项目，为村民参与村庄建设、优化自身生活提供机会。以基金捐资修建的称海村文化大礼堂为例，每年村委会组织的大礼堂表演活动都会吸引大批本村村民，"村里有些相应的组织，要搞什么活动，提前通知一下，大家自己报名，年龄不限，愿意参加的都可以报名，已经70多岁的老太太也愿意唱。"这些活动甚至还会吸引称海村的邻村村民前来观看。此外，文化大礼堂也兼具移风易俗的重要作用，"包括二楼场地都是免费提供给村民办家宴的，里面有空调，他们自己请厨师。因为酒桌多，家里两间房放不下，公共的地方更方便。有些经济条件好的去酒店办的也有。以前有攀比现象，现在都差不多。"

称海村案例基于经济权威的在地化策略，借助乡贤基金再运作，取得以下治理绩效：一是引资建村，壮大村庄集体经济，增强内生发展动力；二是搭建平台，丰富了村民文化生活，提升村民的参与感、获得感、幸福感。

表 4-18 称海村乡贤基金参与村庄建设项目概况

工程项目	年份	投入资金
围垦海涂	—	50 万元
新建村委办公楼	1976 年	—
开掘西直河	—	—
安装村电话总机	1990 年	12 万元
建设村自来水工程	1991 年	8 万元
建设完善村级市场	1991 年	5 万元
全村主要道路安装路灯	1992 年	—
西直河南岸别墅群辅助工程	1992 年	30 万元
拓宽硬化称海大道	1994 年	70 万元
全村通有线电视	1994 年	1.5 万元

（续表）

工程项目	年份	投入资金
硬化村内水泥道路	1996 年	60 万元
创建文明村	1998 年	—
西直河南北两岸全线砌岸	1999 年	—
全村实行厕改，取消露天粪缸	1999 年	25.2 万元
西直河南岸别墅群辅助工程	2000 年	50 万元
给 60 岁以上老人发生活费	2003 年—2017 年	1295 万元
大丘畈别墅群及辅助工程	2004 年	793 万元
在大丘畈新建小学	2009 年	—
给失土村民交保险	2010 年	653.1 万元
建造村民车库 56 间	2010 年	126 万元
村 601 路、602 路公交车通车	2013 年	—
建新村委大楼	2013 年	250 万元
生活污水进网	2014 年	900 万元
建设乡村大舞台、信义广场	2014 年	200 万元
改建村文化中心	2015 年	30 万元
自来水一户一表工程	2015 年	150 万元
村内天网工程	2015 年	35 万元
翻建称海桥	2017 年	120 万元
三百亩丘旱改水工程	2017 年	500 万元
村内路灯改造	2017 年	50 万元

资料来源：称海村委会提供，笔者略有改动。

表 4-19　道墟街道称海村乡贤基金运行概况（2016—2020 年）

资金来源	投入事项	投资金额
15 名乡贤自筹乡贤基金	翻建称海桥	120 万元
	增设路灯 20 盏	40 万元
	改建农贸市场	300 万元
	新建红白喜事活动场所	200 万元
	大病户照顾款	43000 元
	付春节困难户照顾款	26300 元
	老年人生活费	161350 元
	重阳节购大米	59040 元

资料来源：笔者根据课题组对称海村书记 X. H. X. 的访谈资料整理而来。

2. 嵌入体制性组织，获取外部支持

基于经济权威培育的新乡贤，通过村两委等体制性组织的再运作机制，实现村内资源动员和村民再组织，最终发挥了村民主体性作用，实现村庄有效治理。

首先，体制化后的经济权威借助体制性组织获取外部政策资源，加快村庄建设。体制化后的经济权威可借助村委会的运行规则，有效动员、获取和承接外部资源。2016 年在联浦村书记 Z. G. Q. 的谋划下，村里启动江滩地的二次改造，通过向上争取，150 亩的江滩地改造和 188 亩的旱改水两个项目落地联浦，上级配套资金计 900 万元左右。这两个项目的实施，既为村里直接增收约 300 万元，又进一步提升了江滩地的农业基础设施水平。

其次，体制化后的经济权威借助体制性组织获取上级政府支持，确保工作举措有据可依。以"一户多宅"整治工作为例，面对"十几年没有拆下来的"硬骨头，书记 Z. G. Q. 到上面开会学习回来后，就与村两委成员集中商量："政府的文件下来了，党和政府教我们怎么做我们就怎么去做，事情已经落实了，我们就必须去做，必须行动起来。"在上级政策支持下，体制化的 Z. G. Q. 在化解数起无理上访之余，可以放心进行改革，最终做

到"只要碰到违章，不管是谁，全部必须拆"。

最后，体制化后的经济权威借助体制性组织发挥村民主体性作用。成为村书记的 Z.G.Q. 将廉政文化建设作为切口，以此带动村民搞基础设施建设。2006 年，联浦村民在实践中总结出"大事七步走，要事三层管"的"联浦要诀"，以此为依托，Z.G.Q. 积极争取上虞区纪委推出来的"虞舜清风"清廉文化建设项目，并使本村成为清廉村社试点之一。在此期间，将"绩效群众评"纳入新联浦要诀，使村民成为清廉文化建设与评价的主体，项目落地的过程中，本村落后的交通设施亦得到改善。

联浦村案例通过经济权威的体制化策略，借助村两委等体制性组织的有效运作，取得以下村庄治理成效：一是发挥村民主体作用，将村民真正纳入村庄建设进程；二是汲取外部政策资源，使项目建设真正惠及村庄发展；三是壮大村集体经济，使空转的村民自治组织重新落到实地。

3. 转化宗族性组织，聚焦村庄治理

基于宗族权威培育的新乡贤，借助由宗族成员嵌入的体制性组织，包括党委、村委、股份经济合作社、财监会等，以及宗族组织转型升级的乡贤参事会，进行相应的公共化运作，调动村民主体性，促进乡村有效治理。

表 4-20　称海村各类组织 R 氏成员概况（2016 年）

组织类型	成员名称	备注
党委	X.H.X.	党总支书记、股份经济合作社主任
	R.W.L.	村党总支委员、村委主任、股份经济合作社委员
	N.J.Y.	村党总支委员、村委委员
村委	R.G.B.	村委委员
	R.J.P.	计划生育联系员
股份经济合作社	S.Y.L.	股份经济合作社社员

（续表）

组织类型	成员名称	备注
财监小组	R. A. G.	财监组长
	R. D. S.	财监委员
	R. B. Q.	财监委员
乡贤参事会	会长：R. X. X.（闰土集团） 名誉会长：R. H. G. 常务副会长：R. X. X.（龙胜集团） 副会长：R. W. J.、R. G. T.、X. Y. C.、P. D. Z. 秘书长：X. H. X. 副秘书长：R. W. L. 理事：R. A. G.、R. Y. S.、R. G. X.、R. G. G.、 R. D. M.、R. B. L.、X. Z. H.、C. Z. G.	

资料来源：笔者根据称海村委会提供的文字材料整理绘制而成。

首先，宗族权威借助内生的宗族组织优势，动员本族村民参与村庄建设。为弘扬尊老敬老传统文化，促进助教助学，组织慈善公益活动，开展扶贫济困活动，助推农村经济社会发展，称海村 R 氏宗族于 2015 年 10 月 18 日发起成立首届"乡贤参事会"，又于次年 1 月 4 日将"乡贤参事会"注册登记成为"上虞区第一家民办非企业单位——上虞区称海乡贤参事会"，先后有 12 名 R 氏宗族成员加入，在他们的动员下，又有 X 氏、X 氏、C 氏等宗族成员相继加入。在此过程中，共认捐款额 2690 万元，以年百分之三的银行存款利率收益形成公益基金，用于补贴老人、病人以及失地村民生活之余，充分调动大家参与翻建称海桥、村内路灯改造、改建村文化中心等公共事业的活力。

其次，宗族权威借助公共化后的乡贤组织，汇聚人力物力资源助力村庄发展。在捐资捐款成立乡贤基金的基础上，乡贤组织亦积极贡献智慧，促进乡风和谐。对此，X. H. X. 表示："参事会里面，有 16 个理事捐资，其他人不捐资，但是对村里的工作负责、提供计策。村里面有一些矛盾纠纷他们帮忙去调节，比如说有些两夫妻不和，通过'老娘舅'他们调解。"称海村乡贤组织兼顾"老娘舅民间志愿调解"工作，通过设立"老娘舅工作室"，每天选派2名群众基础好、有一定威望的乡贤接待村民各类矛盾诉求。推行以来已接待群众来访千余人次，成功调解各类矛盾纠纷数百起。

最后，宗族权威通过乡贤参事会的制度约束，以明确的规章制度聚焦村庄发展。乡贤参事会章程涵括总则、业务范围、会员界定、章程的修改程序、资产管理、使用原则以及终止程序等，以协会宗旨为例，"村事民议、村事民治，协助推动群众参与基层社会治理，服务农村经济社会建设，共谋、共建、共治、共享美好幸福家园"。与此同时，宗族权威培育的新乡贤，在成立公共性的乡贤参事组织后，借助村级发展顾问制度等制度化渠道，积极参加各类村级议事会议，为村级组织服务群众"发光发热"。制度约束确保乡贤参事会以常态化的方式有序参与称海村治理，改变了以往村庄建设中"等、靠、要"的思想，有效汇聚了民意民智。

称海村通过宗族权威的公共化策略，借助乡贤参事会等组织实现再运作，取得了以下治理绩效：一是动员村民参与村庄建设，激发内生动力；二是整合各类资源要素，节约发展成本；三是参与方式制度化，推进治理有序。

第四章 / 鼓励社会各界投身乡村建设

中国作为一个农业大国，如何有效提升乡村治理效能，是实现国家治理体系和治理能力现代化的基础和关键。为此，2018年国家制定《乡村振兴战略规划（2018—2022年)》并明确指出，在坚持党建引领和政府主导的同时，还要加强乡村建设过程中的社会协同作用，积极鼓励社会各界投身乡村建设，"以乡情乡愁为纽带，引导和支持企业家、党政干部、专家学者、医生教师、规划师、建筑师、律师、技能人才等……服务乡村振兴事业"。在此基础上，各类社会人才成为参与乡村振兴的重要外部力量。事实上，该政策的实行旨在让一切有利于乡村建设的社会人才和资源要素充分涌流。但是问题的关键是，大部分作为外来主体的社会人才应当如何进入乡村，有效嵌入村庄治理并提升治理效能。

对于以上问题，福建省厦门市海沧区院前社的共同缔造模式给出了很好的解答方案。作为在外创业的院前社人，C.J.X. 在乡情乡愁的指引下，回到日益衰败的院前社，带领村民争取到"共同缔造"的发展政策。此后，他以相关政策为抓手，以育人用人为核心，以关系嵌入为护网，优化重返村庄的社会基础和外部环境。与此同时，通过搭建组织载体，完善机制牵引，实施共参共建，真正破解不同历史时期社会各界投身乡村建设所共同面临的参与主体不足、政社距离过近以及制度化不足等难题，让院前社模式的"共同缔造"经验在合作交流中得到传播分享。

第一节　社会各界投入乡村建设的历史流变与现实困境

在国家正式出台文件鼓励社会各界投身乡村振兴以前，社会各界投身乡村建设大致经过三个时期的历史演变，即民国时期知识分子为主的乡村实验、新中国成立以后知识青年为主的上山下乡以及改革开放以来大学生投身新农村建设。反思各个时期社会各界投身乡村建设的经验、教训，发现均存在参与主体不足、政社距离过近以及制度化不足等缺陷。新时代以来，社会各界投身乡村建设的状况大大改观，主要表现为主体扩展、制度完善以及载体健全。

一、社会各界投身乡村建设的历史溯源

民国时期，在国内外危机交织的背景下，中国农村衰败的程度日益加深。为此，以知识分子为主的社会群体开始自觉投身乡村改造实验，但以失败告终。新中国成立以后，在国家的政治动员下，为缓解就业危机和实现自我改造，知识青年纷纷前往广大农村地区，上山下乡参加建设，随着"文化大革命"的结束，该运动亦宣告结束。改革开放以来，在国家政策的号召下，大学毕业生群体通过考聘的方式，大量加入新农村建设队伍。

1. 民国时期：知识分子为主，投身乡村建设

20世纪二三十年代，在帝国主义侵略、封建统治掠夺以及天灾人祸打击之下，中国农村的衰败程度不断加深。随着国民革命运动的持续推进，国内各界尤其是教育机构和学术团体开始觉悟，他们认为拯救民族的唯一道路在于改造乡村，"谓中国社会大多数是乡村，必先使乡村兴盛，然后整个社会始能兴盛。……吾人只能从乡村之新生命中求中国之新生命。于是有所谓'乡村改进'之实验。"[①] 自此，"救济农村""复兴农村"成为社会的普遍呼声，以知识分子为代表的社会群体纷纷到农村去，投身乡村改造实验。

在进行乡村改造实验的早期阶段，随着五四民主思想的发展以及清末以城镇为中心的义务教育政策的失败，乡村教育最先引起人们重视。1926

---

① 卢绍稷：《中国现代教育》，商务印书馆，1934年，第16—17页。

年前后，"下乡去"成为全国教育界的行动纲领，以江苏省 5 所师范学校为代表的大专院校纷纷前往农村开办乡村小学或设立分支机构，开展乡村教育。与此同时，部分教育机构也开始将办学重点转移至农村，包括晏阳初的平教会①、黄炎培的职教社②、陶行知的教改社③等，一时乡村教育运动蔚然成风。其中，平教会的组织者以留学欧美日且西化程度较高的硕博士知识分子为主，如取得普林斯顿大学政治学硕士学位的晏阳初等。

表 5-1　中华平民教育促进会主要领导成员身份特征概况

姓名	职位	教育背景
晏阳初	干事长	耶鲁大学政治学学士、普林斯顿大学政治学硕士
陈筑先	秘书长兼公民教育部主任	留学日本和美国
瞿菊农	总务主任	哈佛大学教育学博士
谢扶雅	秘书主任	哈佛大学哲学博士
李景汉	社会调查部主任	哥伦比亚大学社会学硕士
汤茂如	学校式教育部主任	哥伦比亚大学教育学硕士
霍六丁	社会式教育委员会主任兼定县实验县第一任县长	留学美国
汪德亮	社会式教育委员会副主任	留学美国
冯锐	生计教育部主任	康奈尔大学农学博士
姚石庵	生计教育部继任主任	留学美国

①平教会：中华平民教育促进会的简称。
②职教社：中华职业教育社的简称。
③教改社：中华教育改进社的简称。

（续表）

姓名	职位	教育背景
傅葆琛	乡村教育部主任	康奈尔大学博士
陈志潜	卫生部主任	留学美国
孙伏园	平民文学部主任兼《农民报》主编	留学法国
郑锦	艺术教育部主任	留学日本
熊佛西	戏剧教育委员会主任兼民间社社长	哈佛大学博士
陈治策	戏剧教育委员会副主任	留学美国
刘拓	乡村工艺部主任	爱荷华大学博士

资料来源：文字资料引自郑大华《民国乡村建设运动》，社会科学文献出版社，2000年，第467页。表格由笔者整理资料绘制而成。

　　1927年以后，不少投身其中的知识分子逐渐意识到乡村建设不能局限于乡村教育，"乡村建设，事项虽多，要可类归为三大方面：经济一面，政治一面，教育或文化一面"①。在此基础上，投身乡村建设的主体逐渐由教育机构、学术团体扩展至教会组织、慈善机构、党政机关等，但仍以知识分子为主流。其中，学术团体包括职教社、平教会、乡建院②等，教会组织包括联合会③、青年会④等，慈善机构包括中国华洋义赈救济会等，党政机关包括行政院农村复兴委员会、经济委员会农业处、实业部中央农业实验所、江宁县政府、兰溪县政府、青岛市政府等。以上可见，除了知识分子等主流群体，投身乡村建设的还有少量旧军人、旧官僚。

----

　　①梁漱溟：《山东乡村建设研究院设立旨趣及办法概要》，《梁漱溟全集》（五），山东人民出版社，1992年，第227—229页。

　　②乡建院：山东乡村建设研究院的简称。

　　③联合会：江西基督教农村服务联合会的简称。

　　④青年会：基督教苏州青年会的简称。

表 5-2　民国时期投身乡村建设的主体类型及身份特征

机构类型	机构名称	领导者身份特征
大中专院校	燕京大学社会学系	知识分子
	金陵大学农学院	
	齐鲁大学乡村服务社	
	北平师范大学	
	北平中法大学	
	北平大学农学院	
	江苏省立教育学院	
	国立中央大学	
	百泉乡村师范学校	
	浙江省立湘湖农村师范学校	
	栖霞乡村师范学校	
	南泉乡村师范学校	
教育机构和学术团体	职教社	
	平教会	
	教改社	
	中华社会教育社	
	乡建院	知识分子、旧军人、旧官僚
民众教育馆	江苏省立南京民众教育馆	官僚
	河北省立实验乡村民众教育馆	
	山东省立民众教育馆	
	湖南省立民众教育馆	
慈善机构	中国华洋义赈救济会	
教会组织	江西基督教农村服务联合会	
	基督教苏州青年会	

（续表）

机构类型	机构名称	领导者身份特征
社会团体	武进农村改进指导委员会	—
党政机关	行政院农村复兴委员会	官僚
	经济委员会农业处	
	实业部中央农业实验所	
	江宁县政府	
	兰溪县政府	
	青岛市政府	

资料来源：部分文字资料引自《民国乡村建设运动》，第456—468页。表格由笔者整理资料绘制而成。

　　但是，由于乡村建设运动的改良性质，在对外未能争取民族独立，对内未能打倒封建势力的背景下，尤其是仅靠知识分子等外部力量的单方面推动，未能调动广大农民的参与积极性，导致运动最终失败。乡村建设运动的初衷在于复兴农村经济，结果乡村建设运动之后的各实验区，其乡村经济衰败程度进一步加深。以持续时间最长、投入资源最多、影响范围最大的定县为例，相较于1929年以前，农民的土地价格、经济借贷、生活状况等方面持续恶化。对此，梁漱溟曾在《我们的两大难处》一文中详细解释道：

　　"号称乡村运动而乡村不动"这个话，差不多是一个事实。在无锡我们开的乡村工作讨论会，乃至去年在定县的一届年会，都可以看出其间乡村农民的代表差不多没有。放宽点说：即令有，为数也太少；最多的，还是教育界的人。其他如农业家、公共卫生家，这样的技术人才倒有；政府的人也很不少，地方政府、中央政府，都有人出席；可是从乡村来的，代表农民的，真是凤毛麟角。……仿佛乡村工作讨论会和乡村没大关系，乡下人漠不关心，只是乡村以外的人瞎嚷嚷。……本来最理想的乡村运动，是乡下人动，我们帮他呐喊。退一步说，也应当是他想动，而我们领着他动。

现在完全不是这样。现在是我们动，他们不动；他们不惟不动，甚且因为我们动，反来和他们闹得很不合适，几乎让我们作不下去。此足见我们未能代表乡村的要求！……我们乡村运动天然要以农民作基础力量，而向前开展；如果我们动而乡村不动，哪有什么前途呢？不能代表乡村的要求，不能发动乡村的力量，那怎么能行呢？[①]

表 5-3　民国时期定县乡村建设运动成效概况

衡量指标	具体内容
田地价格	1928 年有井田地 120 元/亩、普通旱地 55 元/亩，1934 年分别下跌为 50 元/亩、25 元/亩
农民借债	相较 1929 年，1931 年借债户数增加 78%，借债次数增加 117%，借债数额增加 133%，1934 年借债户达到 46000 户，占全县总户数 67%
生活状况	相较 1929 年，1933 年冬乞丐增至 3000 人，而吃不起盐的约占人口总数的 20%，同年因还不起债而被没收家产的达到 2000 户之多
流离失所	1930 年以前每年在 700 人左右，1934 年前 3 个月便超过 15000 人

　　资料来源：李景汉《定县农村经济现状》，《民间》第 1 卷第 1 期；《农村高利贷的调查》，《民间》第 1 卷第 14 期；《定县人民出外谋生的调查》，《民间》第 1 卷第 7 期。表格由笔者根据资料绘制而成，内容略有改动。

2. 新中国成立后：知识青年为主，上山下乡建设乡村

　　20 世纪 50 年代中期，由于我国人口多、底子薄，日益增多的城镇高小毕业生和初中毕业生无法继续升学或就业，而广大农村地区正在开展的农业合作化运动急需大量人才，动员城镇知识青年下乡应运而生。对此，1956 年毛泽东为《在一个乡里进行合作化规划的经验》撰写的按语中指出，"一切可以到农村中去工作的这样的知识分子，应当高兴地到那里去。农村是一个广阔的天地，在那里是可以大有作为的"。1957 年，中共八届三中全会通过《一九五六年到一九六七年全国农业发展纲要修正草案》第 38 条规定，城市的中小学毕业的青年，应当积极响应国家的号召，下乡上山去参

　　[①]梁漱溟：《梁漱溟全集》（第二卷），山东人民出版社，2000 年，第 574—576 页。

加农业生产，参加社会主义农业建设的伟大事业。自此，全国开展"向荒山、荒地、荒滩进军"的活动，北京青年志愿垦荒队、上海青年垦荒队、温州市和海门镇青年志愿垦荒队等纷纷涌现。

表5-4 不同年度下放知青人数和种类

（单位：人，%）

年份	下放总人数	到农村人数	%	到知青农场和大队人数	%	到国营或军垦农场人数	%
1962—1966	1292800	870600	67.3			422200	32.7
1967—1968	1996800	1659600	83.1			337200	16.9
1969	2673800	2204400	82.4			469400	17.6
1970	1064000	749900	70.5			314100	29.5
1971	748300	502100	67.1			246200	32.9
1972	673900	502600	74.6			171300	25.4
1973	896100	806400	90.0			89700	10.0
1974	1724800	1191900	69.1	346300	20.1	186600	10.8
1975	2368600	1634500	69.0	496800	21.0	237300	10.0
1976	1880300	1228600	65.3	415100	22.1	236600	12.6
1977	1716800	1137900	66.3	419000	24.4	159900	9.3
1978	480900	260400	54.1	189200	39.3	31300	6.6
1979	247700	73200	29.6	164400	66.4	10100	4.0
1967—1979	16472000	11951500	72.6	2030800	12.3	2489700	15.1
1962—1979	17764800	12822100	72.2	2030800	11.4	2911900	16.4

资料来源：潘鸣啸《上山下乡运动再评价》，《社会学研究》，2005年第5期，第155页。

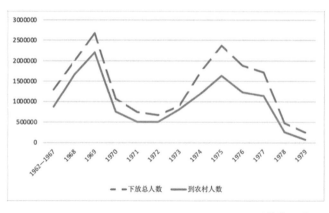

（单位：人）

图 5-1　下放人数变化趋势图

资料来源：笔者根据上表数据绘制而成。

至 20 世纪 60 年代初期，全国开始有计划地组织知青下乡投身乡村建设。1962 年，国务院农林办召开国营农、林、牧、渔场安置家居大中城市精简职工和青年学生汇报会，首次将城镇知识青年上山下乡纳入国家计划，并商讨配套政策及物资保障等问题，包括组建国务院农林办安置领导小组和各省领导小组，为下放青年学生提供车旅费、安置费、工资补贴、生活补助以及确定安置形式等。1965 年，中共中央、国务院批转中央安置领导小组《关于安置工作会议的报告》，进一步阐明知青上山下乡的重大意义在于"培养革命接班人、建设社会主义新农村、逐步缩小以至消灭'三大差别'"，同时强调知青安置应与农业发展、国防建设以及支援边疆等结合起来。与之配套，试办半农半读的劳动大学，逐步推行两种教育制度的规划呼之欲出。

表 5-5　1969 年全国各省建立健全知青上山下乡办事机构一览表

省份	机构设置	性质
北京、天津、上海、吉林、黑龙江、江苏、安徽、湖北、云南、甘肃、青海、河北	上山下乡办公室或安置工作办公室	直属革委会领导
浙江、河南、陕西、四川、宁夏、新疆	毕业生分配领导小组办公室	
湖南、福建	四个面向办公室	

（续表）

省份	机构设置	性质
广东、广西、贵州、山东、江西	生产指挥组（部）	革委会各大组
辽宁	办事组	
山西、内蒙古	政治部	

资料来源：顾洪章《中国知识青年上山下乡大事记》，人民日报出版社，2009年，第86页。在此基础上，笔者整理绘制成表格。

进入20世纪60年代中后期，由于"文化大革命"的影响，下乡知青被卷入造反、串联的浪潮，上山下乡运动一度停顿。1968年底，毛泽东号召"知识青年到农村去，接受贫下中农的再教育"，自此，知青上山下乡转为政治运动在全国重新兴起。1969年，各省直属革命委员会领导的上山下乡办事机构相继建立。1970年，中共中央转发《关于进一步做好知识青年下乡工作的报告》，要求提高知青工作的政治站位，强化先进事迹的宣传报道，推广干部带队下乡的经验以及制定城乡配合的基本方略。但是，实践过程中涌现了一系列问题，包括迫害知青案件频发、基本生活条件缺乏保障、走后门等现象层出不穷，由此激发了广大下乡知青及其家长的严重不满，不少人倒流城镇，知青支农功能被严重削弱。其中，相关问题从1973年福建省莆田县小学教师李庆霖写给毛主席的信中可以窥见一斑。

1973年4月25日，福建省莆田县小学教师李庆霖写信向毛主席反映，他的初中毕业的儿子李良模于1969年到莆田县芦荻公社水办大队插队落户，在下乡后的头11个月里，口粮、生活费都是国家发给的，后来遇到了一连串困难。首先是口粮不够吃，每年都要有半年或更多一些日子跑回家吃黑市粮；其次是孩子终年参加农业劳动，从来不见分红，也没有一分钱的劳动收入，甚至连个理发钱都挣不到，生活中的一切花费都得依靠家里支持；再次是下乡后一直是借住当地贫下中农的房子，自己没有住房。这些困难是靠他个人力量解决不了的。同时，反映在他们那里已经上山下乡的知识青年，一部分先后被招工、招生、招干走了，完成了货真价实的下乡镀金的历史过程。他还在信中说，孩子在务农实践中碰到的许多个人能力解决不了的实际困难问题，要求国家能尽快地给予应有的合理解决，让孩子能有一条自食其力的路子可走。[①]

1978 年以后，知青上山下乡投身乡村建设的运动进入重大转折阶段。其中，1978 年 3 月，邓小平指出，知青大规模上山下乡对于人地关系紧张的农村而言相当于抢饭吃，并不受农民欢迎，要求"第一步应该做到城市青年不下乡，然后再解决从农村吸收人的问题"。12 月，中共中央政治局批发《全国知识青年上山下乡工作会议纪要》和《国务院关于知识青年上山下乡若干问题的试行规定》，要求对城镇中学毕业生实行"四个全面"，即进学校、上山下乡、支援边疆、城市安排的原则，逐步缩小上山下乡范围。在此期间，知青罢工请愿要求回城的风波很快蔓延全国。1980 年国务院知青领导小组印发《关于当前知识青年上山下乡工作的几点意见》，要求从有利于解决劳动就业的原则出发，实行城乡统筹，能够做到不上山下乡的可以不上山下乡。次年，城镇知识青年上山下乡运动基本宣告结束。

这场政府动员下的知识青年大规模投身乡村建设运动并未取得良好的预期效果。就经济建设而言，在 1957—1977 年间，中国的可耕地减少了 11%，人口却增加了 47%[②]，尖锐人地矛盾下的知青成为农民负担，农村经济建设也未取得明显成效。以"文化大革命"期间为例，政府投资 46 亿元建立垦荒农场，收入 14 亿，亏损 32 亿。[③] 与此同时，国家为安置知青而支付的安家费、建房费、补贴费等财政投入不断增加。据相关统计，在 1968 年到 1979 年下乡运动期间，政府的总开支相当于同期政府预算的 1.5%。[④] 由此形成的效应便是，"国家花了 70 亿，买了四个不满意"[⑤]，即政府、农民、知青及其父母均不满意。究其原因，知青下乡作为一项政治措施，并不追求经济效益和生态效益，以政治动员为手段的运动式治理既未能充分调动知青主观能动性，又违背了农村实际发展需求，尤其是与之配套的体制机制阻碍了城乡不同要素的自由流动，客观导致该运动进一步加剧城乡实现融合发展的现实鸿沟。

---

①《中国知识青年上山下乡大事记》，第 111—112 页。

②《上山下乡运动再评价》，第 173 页。

③ 田方、林发棠：《中国人口迁移》，知识出版社，1986 年，第 76—77 页。

④《上山下乡运动再评价》，第 176 页。

⑤《上山下乡运动再评价》，第 176 页。

表 5-6　安置知青的政府支出（1962—1979）

（单位：千元）

年份	财政支出	实际支出	建房用木材供应量（m³）	建筑面积（m²）
1962—1972	2501310	1986818	—	—
1973	479500	321849	—	—
1974	844013	809960	871281	11234984
1975	900000	930309	796185	12487456
1976	1072750	870760	693002	10396633
1977	948310	821897	619273	8549887
1978	401862	491700	365675	3936152
1979	395226	345674	88377	860851
总计	7542971	6578967	3433793	47465963

资料来源：《上山下乡运动再评价》，第 176 页。

3. 改革开放后：大学毕业生为主，奔赴新农村建设

1978 年以来，随着农村人口尤其是精英群体的大量外流，村两委组织呈现出弱化、虚化、边缘化的发展趋势，乡村建设人才亦极度稀缺，甚至"连基本的农业劳动力供给都难以保障"[1]。该现象衍生了一系列三农问题，农村发展急需人才支撑。与此同时，20 世纪 90 年代大学扩招，逐年增多的大学生面临日趋严重的就业压力。为缓解大学生就业压力以及加强三农工作，中共中央办公厅和国务院办公厅于 2005 年联合出台《关于引导和鼓励高校毕业生面向基层就业的意见》，要求引导和鼓励高校毕业生面向基层就业，大力推广高校毕业生进村工作，可通过法定程序安排担任村党支部、村委会的相应职务。自此，大学生村官计划在全国范围逐步展开。

---

①朱冬亮、洪利华：《"寨头"还是"乡贤"：返乡精英村治参与反思》，《厦门大学学报（哲学社会科学版）》，2020 年第 3 期，第 49 页。

事实上，在国家正式提出这项鼓励大学生投身乡村建设的计划之前，江苏省丰县为解决三农问题，已于 1995 年开始实施"雏鹰工程"，同年招聘 13 名大学毕业生赴村任职。1999 年，浙江省和辽宁省相继实施"一村一名大学生"计划①，着力培育及选聘本土高校毕业生到村工作。此后，河南省鹤壁市、河北省邢台市、四川省广安市、云南省广南县、湖北省谷城县等，在先行试点的基础上，先后出台大学生村官选聘政策。鉴于试点成效显著，国家正式出台《关于组织开展高校毕业生到农村基层从事支教、支农、支医和扶贫工作的通知》。自此，大学生群体成为服务西部、服务基层和服务乡村的重要主体，为促进农村经济、教育、卫生、扶贫等事业的全面发展以及社会主义新农村的建设做出贡献。

表 5-7　大学生村官计划萌芽和发展阶段

时间	措施
1995 年	江苏省丰县实施"雏鹰工程"，招聘 13 名应届大学毕业生到村任职
1999 年	海南省临高、东方、定安启动选聘高校毕业生到村任职试点工作
	浙江省宁波市推行"一村一名大学生"计划，公开招考大中专毕业生到农村和社区任职
	辽宁省实施"一村一名大学生"计划，选聘高校毕业生到村工作
2000 年	广州市天河区公开招聘 52 名大学生村官
2002 年	河南鹤壁淇县试点选聘高校毕业生到村任职，招聘 52 名大学生村官
2003 年	河南省鹤壁市全面公开选聘高校毕业生到村任职
	河南省平顶山市下发《关于选拔大专以上学历优秀青年到农村任职的意见》，全市范围内引进大学生村官
	河北省邢台市在广宗、清河两个县开展大学生村官试点工作，提出每年选聘 1000 名优秀高校毕业生，力争在 2009 年实现全市范围内"一村一名大学生"计划
	新疆维吾尔自治区呼图壁县出台选聘大学生村官政策
	四川省广安市出台选聘大学生村官政策

---

①"一村一名大学生"计划：区别于教育部 2004 年 2 月组织实施的"一村一名大学生"项目，该项目是由中央广播电视大学实施的，主要面向 40 岁以下具有高中学历或同等学力的农村优秀青年，着力于将本土青年培育成农村高素质人才的的远程高等教育试验。

（续表）

时间	措施
2004 年	云南省广南县、湖北省谷城县、四川省广元市和宜宾市出台选聘高校毕业生到基层任职的政策
2005 年	中共中央办公厅、国务院办公厅出台《引导和鼓励高校毕业生面向基层就业的实施意见》
	北京市平谷、延庆实施大学生村官计划试点工作
	成都市推行"一村（社区）一名大学生"计划
2006 年	中共中央组织部等联合印发《关于组织开展高校毕业生到农村基层从事支教、支农、支医和扶贫工作的通知》
	浙江省杭州市下发《关于引导和鼓励高校毕业生到农村和社区工作的实施意见》，三年之内实现"一村（社区）一名大学生"计划
	山西省制定"省定规划、市里选聘、县付薪酬、乡镇管理、服务基层"的原则，全面启动选聘大学生村干部工作
	广东省选聘 1000 名高校毕业生担任村党支部副书记或村主任助理
	上海招募毕业大学生前往崇明等 5 个远郊区县和松江等 5 个城郊结合乡镇实施"三支一扶"工作
	吉林、辽宁、陕西、青海、甘肃、宁夏、四川、贵州、云南、安徽、江西、湖南、福建等相继开展选聘高校毕业生到村任职工作
2007 年	《中共中央、国务院关于积极发展现代农业扎实推进社会主义新农村建设的若干意见》，规定在有条件的地方，可选拔大专院校和中等职业学校毕业生到乡村任职

　　资料来源：部分文字资料来源于武胜国《大学生"村官"政策实施绩效问题研究》，吉林大学博士学位论文，2011 年 5 月，第 30—32 页。在此基础上，笔者整理绘制成表格。

　　但是，由于大学生村官政策尚处于草创阶段，相关制度不够规范完善，广大投身乡村建设的大学生群体面临"待遇标准偏低、身份处境尴尬、工作推动艰难、专业技能偏离、前途发展困惑"[①] 等问题，致使大学生村官助力乡村全面发展的政策效应偏低。为此，2008 年国家出台《关于选聘高校毕业生到村任职工作的意见（试行）》，对大学生村官的选聘程序、选聘任职、待遇保障、管理服务等作出明确规定，2009 年出台《关于建立选聘高

[①] 吕书良：《新农村视角下大学生村官及其政策考量》，《中国农村观察》，2008 年第 3 期，第55—56 页。

校毕业生到村任职工作长效机制的意见》，进一步深化大学生村官定期选聘、岗位培训、配套保障、跟踪培养、齐抓共管等制度建设。在此基础上，健全大学生村官有序流动机制，包括留村任职、招录公务员、自主创业、另行择业、学习深造等。此后，国家政策围绕体制机制创新、政策措施完善、服务体系健全等，着眼构建大学生村官长效工作机制，确保其下得去、留得住、干得好、流得动。与此同时，通过创业扶持政策的持续赋能，落地后的大学生村官得以"为农村干部队伍注入活力，改善村级治理水平，促进农村经济发展和新型农民培育"[①]。

表 5-8　大学生村官创业富民情况

（单位：人）

日期	总人数	独立创业	合作创业	领办创业	创业项目	领办或合办专业合作社	提供就业岗位
2015 年底	14699	5345	9354	2568	11343	2686	151731
2016 年底	8313	2849	5464	1661	6314	1797	92604
增减	−6386	−2496	−3890	−907	−5029	−889	−59127

资料来源：中国村社发展促进会编《2016—2017 中国大学生村官发展报告》，中国农业出版社，2017 年，第 16 页。

二、社会各界投身乡村建设困难隐伏

深入考察民国以来的各个历史时期，社会各界在投身乡村建设的过程中，均或多或少存在三个方面的问题，即真正从事乡村建设的主体有限，容易导致建设有效性匮乏；参与乡村建设的各类主体把握不好与政府之间的合理距离，容易导致参与积极性缺失；此外，参与过程中的制度化不足，容易导致建设行动的稳定性受损。

1. 有效性匮乏：真正从事乡村建设的主体有限

据拉穆利（Lamley）和杨懋春统计，20 世纪 30 年代中期，我国各地从

---

① 《新农村视角下大学生村官及其政策考量》，第 56—57 页。

事乡村建设活动的公私团体多达 691 个[①]，各类实验共计 63 处[②]，包括中华职业教育社、华洋义赈会、中华平民教育促进会、北碚峡防局、江苏省立教育学院、山东乡村建设研究院、行政院农村复兴委员会等。其中，以晏阳初、梁漱溟、高践四、江恒源、黄炎培等为代表的民间知识分子占参与群体的绝大多数，章元善、彭学沛等为代表的政府官僚次之，卢作孚为代表的实业家最少。一方面，很多团体从未关注过农村问题，真正能够埋头乡村建设的非常少，仅为了"利用乡村建设运动这个招牌，以掩人耳目"[③]；另一方面，社会各界的单向度输入，并未真正唤起作为乡建主体的广大民众参与热情，投身乡建的社会主体明显单薄。

新中国成立以后，先城市后农村的新中国户籍制度取代国民政府的户口登记办法，"这种城乡分割的户籍制度与随后的城市福利保障制度、统购统销制度、人民公社制度一同形塑和强化了中国的城乡二元社会结构"[④]，加之城市资源承载力有限，城乡之间的人口流动逐渐被严格限制。为缓解城市就业压力和支援乡村地区建设，青年团员、高小和初中毕业生、城市中小学毕业青年、干部与其子女以及城市失业工人、失业青年等被持续大规模地动员到边疆地区垦荒和参与农业合作化运动，但是由于农业技能的不足和科技知识的匮乏，加之返乡农村知识青年的竞争，除少数担任会计、技术员、教师、赤脚医生乃至干部以外，大多数投身乡村建设的城市知识青年只能从事早已过密化的初级农业生产活动。

改革开放以来，随着人口迁移政策的松动以及中小城镇、沿海地区的快速发展，大量农村人口外出务工，村庄逐渐空心化。据统计，截至 1995年，我国流动人口已达 7073 万人[⑤]，占全国总人口的 5.86%[⑥]，流动人口年

---

①Harry J，Lamley，Liang Shuming. *Rural Reconstruction and Rural Work Discussion Society*，1933—1935【J】，Chung Chi Journal，Vol. 8，No. 2，May 1969，P60.

②杨懋春：《近代中国农村社会之演变》，巨流图书公司，1984 年，第 107 页。

③陈序经：《乡村建设运动》，大东书局，1946 年，第 53—54 页。

④陆继霞、汪东升、吴丽娟：《新中国成立 70 年来人口流动政策回顾》，《中国农业大学学报（社会科学版）》，2019 年第 5 期，第 120 页。

⑤《新中国成立 70 年来人口流动政策回顾》，第 124 页。

⑥叶敬忠、王维：《改革开放四十年来的劳动力乡城流动与农村留守人口》，《农业经济问题》，2018 年第 7 期，第 14—22 页。

均增速保持在 10％以上[①]。该背景下，农村人口的单向度流动成为社会主流，乡村发展急需社会人才支撑。与此同时，随着大学扩招，大学生群体不断增加。为缓解就业压力，大中专毕业生、应届大学毕业生成为支农、支教、支医和扶贫工作的重要参与主体，其中，被选聘到农村的大学生村官一般担任村主任助理或者村委会副主任等职务。但是由于工资待遇和晋升渠道等问题，以大学生为主体的乡建群体留存率并不高，以经济较为发达的山东省为例，截至 2011 年底，威海市大学生村官的显性流失率为 40％左右，隐形流失率达到 60％左右[②]。

表 5-9　不同历史时期投身乡村建设主体一览表

阶段	参与形式	参与主体
民国时期	中华职业教育社	江恒源、黄炎培（知识分子）
	华洋义赈会	章元善（官僚）
	中华平民教育促进会	晏阳初（知识分子）
	北碚峡防局	卢作孚（实业家）
	江苏省立教育学院	高践四（知识分子）
	山东乡村建设研究院	梁漱溟（知识分子）
	行政院农村复兴委员会	彭学沛（官僚）
新中国成立以后	青年志愿垦荒队	共青团员
	下乡	高小、初中毕业生
	还乡、移民、插队	城市失业工人、失业青年等
	下乡上山	城市的中小学毕业青年
	五七干校	干部及其子女

---

① 关吉：《"中国农村劳动力流向国际研讨会"综述》，《中国农村观察》，1997 年第 1 期，第 56—59 页。
② 郑强：《破解大学生"村官"流失困境的路径探析——以威海市大学生"村官"流失问题为个案》，《中国青年研究》，2012 年第 9 期，第 65 页。

（续表）

阶段	参与形式	参与主体
改革开放以来	雏鹰工程	应届大学毕业生
	"一村一名大学生"计划	大中专毕业生
	大学生"村官"	高校毕业生

资料来源：笔者整理资料绘制而成。

2. 均衡性不足：乡村建设主体与政府距离失衡

就不同历史时期社会各界投身乡村建设的方式而言，民国时期，以知识分子为主流的乡村建设运动，包括梁漱溟倡导的"邹平模式"以及晏阳初领导的"定县模式"，均以学校教育或社会教育机关为实验中心，负责统筹地方事务，一方面，与国民政府的距离较远，得不到足够支持，另一方面，辖内村民仅为施教对象，彼此间缺乏有效互动。与之相反，国民政府主导的江宁、兰溪县政建设实验县，则完全依托村里制和保甲制，全部事务均需奉令办理，普通民众亦处于被动地位，政治效能感低下，不愿参与乃至抵触乡建活动。正因此，梁漱溟认为"大约我们和政府间的问题，我们和乡下人之间的问题，我们自己彼此间的问题，这三个问题要应付得好，而不致自毁前途"[①]，并一再强调"要守定社会运动的立场"[②]"保持与政权之间的一定比例平衡"[③]。

新中国成立以后，为解决城市知识青年就业问题和防止他们变成忘记革命精神的"修正主义者"，政府主导实施了大规模的上山下乡运动，广大城市知青被动员至"毛主席和其他中共领导人锻炼过的农村去"[④]，在发展农业生产的同时，使他们接受贫下中农再教育。该政策赋予城市知识青年投身乡村建设在意识形态层面的高度重要性，并将其视为消灭"三大差别"、步入共产主义的重要步骤，同时它与中学毕业生至少经过两至三年劳

①《乡村建设理论》，《梁漱溟全集》（二），第584页。
②《乡村建设理论》，《梁漱溟全集》（二），第584页。
③《乡村建设理论》，《梁漱溟全集》（二），第584页。
④《上山下乡运动再评价》，第160页。

动生产才能根据相关表现和政治觉悟由群众推荐上大学的"教育革命"政策相结合，成为规制城市知识青年投身乡村建设的根本原因。基于此，除少部分以外，广大初高中毕业生群体被不加区别地动员到农村地区插队，接受贫下中农再教育成为知识青年投身乡村建设的主要目的，其推动农村经济发展的主观动能被严重削弱。

改革开放以来，农村大量的劳动力开始向城市转移，这种人才长期单向度流动的现象导致农村成为人才洼地。该背景下，政府一改往昔的政治动员式治理方式，通过出台《关于建立选聘高校毕业生到村任职工作长效机制的意见》，确定以选聘的方式推动高校毕业生到村任职。其中，《意见》对大学生村官选聘的程序、条件、身份及职责进行了明确界定，即作为"村级组织特设岗位人员、系非公务员身份"的大学生村官一经选聘，需与县级组织、人力资源和社会保障部门签订聘任合同，期满则进入社会再就业。合同规定其主要职责为"宣传贯彻党的路线方针政策及上级党组织有关安排部署；组织实施社会主义新农村建设的有关任务，协助做好本村产业发展规划，领办、创办专业合作组织、经济实体和科技示范园；配合完成社会治安、计划生育、矛盾调解、社会保障、调查统计、办事代理、科技推广等工作"。主动通过选聘方式投身新农村建设的大学生村官，其积极性被一定程度调动起来。

表 5-10　不同历史时期社会各界投身乡村建设途径、方式及目的一览表

阶段	参与途径	与政府距离	工作内容及目的
民国时期	主动参与	相对较远	设立农村改进区，推广职业教育，进行农村改良实验
			义赈救灾及推广农业合作
			设立实验区，推广平民教育，启发民智，进而推动整个农村建设
			兴办实业，发展工业
			设立乡村改进会，培养民众教育和农事教育人才，推广乡村自治
			推广平民教育，启发民智，推动乡村建设
			从事农村调查工作

（续表）

阶段	参与途径	与政府距离	工作内容及目的
新中国成立以后	政治动员	过于接近	参加农业生产，接受贫下中农再教育，缓解城市就业压力，开发农村地区
改革开放以来	政府选聘	距离适中	双向选择到村任职，投身新农村建设

资料来源：笔者整理资料绘制而成。

3. 稳定性缺失：行动过程中的制度化不足

民国时期知识分子投身乡村建设的过程中，主要偏重文化、教育、道德等的作用。如"定县模式"中，晏阳初偏重知识教育，力图通过四大教育连锁的方式，培养"有文化的中国新农民"；"邹平模式"中，梁漱溟注重文化传播，着力于发扬儒家传统文化精华，旨在重塑孔颜人格式的农民；"无锡实验"中，高践四实行文化教育和农业生产并重的策略，意在将农民组织起来并实现乡村自治。这些实验多强调礼俗等非正式制度，轻视乃至忽视法律、规章等正式制度。以"邹平模式"为例，梁漱溟认为建立的村学乡学组织，"是一个伦理情谊的组织，以人生向上为目标，故天然不能用法"①，并进一步阐明："不能走法的路，就只能走礼的路。那个无凭准就是一条路，我们走到就是无凭准的路。"② 最后他以《村学乡学须知》为例，认为"村学学长立于监督地位"的规定便符合礼的精神，即"这也只是学长要立于监督地位，至于如何监督没有说，不服监督或不监督又如何亦没有说。我们的许多规定，都只是规定出一个方向"。以礼代法的策略选择，不利于知识分子主持的乡建实验长期平稳制度化运行。

新中国成立以后，在中央政府动员下，广大知识青年下乡参加农业合作社生产和加强劳动思想教育。在此过程中，中央通过一系列政策文件，对知识青年投身乡村建设的方向加以引导，包括前往公社插队、加入国营农场和移民垦荒支边等，但是相关政策的连续性出现了问题。1957 年全国

①《乡村建设理论》，《梁漱溟全集》（二），第 383 页。
②《乡村建设理论》，《梁漱溟全集》（二），第 383 页。

人大审议通过《1956年到1967年全国农业发展纲要修正草案》，知识青年下乡上山首次被纳入国家发展纲要，然而这一知青下乡务农计划在1961年国民经济发生严重困难时停下来。1965年，中共中央、国务院批转中央安置领导小组《关于安置工作的报告》，知识青年再次被动员起来，安置方向亦得到明确。次年，随着"文化大革命"的爆发，大批知青返城串联，上山下乡工作再次陷入停滞状态。1973年，国务院召开全国计划会议并印发《关于动员安置1973年城镇应届毕业生上山下乡的意见》，知识青年再次卷入上山下乡的浪潮。此后，国务院草拟《关于召开全国知识青年上山下乡工作会议的请示报告》，后因唐山大地震及毛泽东逝世，报告随之推迟，解决知青问题的政策方案也遭到搁浅。政策连续性不足以及由此导致的制度化建设缺失，严重削弱了知青上山下乡过程中的实践效能。

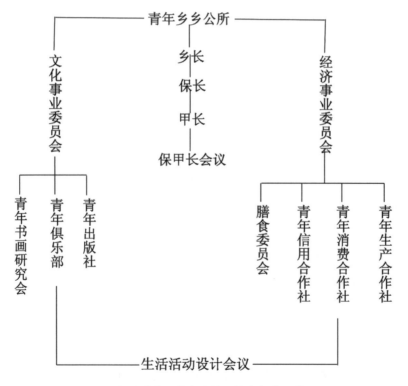

图 5-2　无锡实验中以教育为核心的青年学园学生组织

资料来源：《民国乡村建设运动》，第332页。

改革开放后，政府在以选聘方式推动大学生村官参与新农村建设的过程中，其出台的相关政策均处于探索阶段，尚存在保障水平低以及政策连续性、稳定性不足等缺陷。以大学生村官的工资待遇和流动政策为例，就全国范围而言，仅北京在内的部分经济发达地区，大学生村官工资待遇较高，其他绝大多数地区待遇较低，六成以上大学生村官、四成以上普通村民认为待遇过低。与此同时，针对期满后的流动问题，虽然各地以文件形式明确规定了大学生村官在工资、食宿、户口、优录、报考及留任等方面的优待措施，但这些政策在实际执行过程中被不断打折，如续聘期限只有一年或研究生入学考试加分、考研优录只限于地方高校等。对此，北京市平谷区'村官'办公室工作人员表示，"续签是一个过渡性政策，'村官'只能续签一年，不可能无限期续聘，以村里的实力，他们确实也养不起大学生村官"[1]。政策稳定性较低以及相应的制度建设缺陷，阻碍了大学生更好地投身新时期乡村建设。

表 5-11　大学生村官工资水平满意度

（单位：%）

满意度	很低	有些低	一般	有些高	很高
大学生村官	9.69	52.04	37.76	0.51	0.00
农户	6.25	39.68	46.88	7.19	0.00

资料来源：《新农村视角下大学生村官及其政策考量》，第 55 页。

三、社会各界投身乡村建设的新时代探索

进入新时代，随着更广泛的社会人才和团体组织在乡村振兴中涌现，投身乡村建设的社会主体大大拓展。为此，政府持续出台系列政策文件，为人才下乡构筑了完善的制度环境。新型农业社会化服务组织日益增多，为社会各界投身乡村振兴提供了完备的组织载体。

---

[1] 电脑报：《徘徊在农村信息化道路上的大学生村官》，2009 年 11 月 5 日，https://it.sohu.com/20091105/n267984221.shtml，查阅于 2020 年 7 月 20 日。

1. 主体扩展：更广泛的社会人才和团体涌现

2012 年以前，从事农村三支一扶工作的主体由高校毕业生扩展至城市教师、文研机构、医师等群体。至 2012 年，大学生支农功能进一步拓展，他们被选拔到乡镇从事农技推广或下乡创业。2013 年，下乡创业群体由高校毕业生扩展至中高等学校毕业生、退役军人、返乡农民工，以高校毕业生为代表的社会群体被引导至合作社工作。与此同时，企业和社会组织等法人通过资金、人才、技术支持等方式，在农村兴办各类事业和基础设施。2014 年，社会各界更侧重以组织化的方式投身乡村建设，包括企业、社会组织、农业合作社等在内的法人团体，其支农功能被进一步凸显，尤其是合作社，成为承接各类财政项目资金投入的直接载体。2015 年，以乡情乡愁为纽带吸引和凝聚的新乡贤群体，逐步成为新时代乡村建设的又一重要主体，包括新乡贤、驻村干部在内的更广泛的社会力量，开始参与到农村建设尤其是扶贫开发中来。

至 2016 年，在广泛动员科技特派员等外部力量积极参与扶贫开发的同时，乡村社会逐步推进以农村青年、返乡农民工、农技推广人员、农村大中专毕业生和退役军人等为主的职业农民队伍建设和以农村贫困家庭子女、未升学初高中毕业生等新生代农民工为主的职业技能提升计划，力图在获得外部扶持的同时，增强村庄内生发展动力。2017 年，经过乡村规划、住宅设计等专业课程培训的高校毕业生，成为"美丽乡村"建设的"工匠"，此外，高校毕业生连同企业主、农业科技人员、留学归国人员等各类人才，成为下乡创业创新以及优化农业从业者结构的重要主体，他们在实践过程中被培养为适应现代农业发展需要的新农民，并将先进的科学技术、经营方式和生产模式引入农村。

2018 年以来，更广泛的社会人才和团体组织在乡村振兴中涌现。随着农村带头人队伍整体优化提升行动的实施，农民工、高校毕业生、企事业单位优秀党员干部加入下村任职和新型职业农民培育的队伍中。以乡土情感为纽带，企业家、干部、专家、医生、教师以及民主党派、工商联、无党派人士通过发展产业、回村任职、志愿服务、行医办学等，投身乡村振兴事业。2019 年，高校毕业生、农民工、退役军人、机关事业单位优秀党员仍然是村党组织书记的重要来源之一，他们在致力于精准扶贫和壮大集体经济的同时，联合更广泛社会力量共同致力于"美丽乡村"建设。此外，外出农民工、高校毕业生、退役军人、城市各类人才返乡下乡，通过创新创业，亦成为推动乡村发展的重要力量。2020年，在推动各类人才下乡和培养更多知农爱农、扎根乡村人才的基础上，农广校、农科所和涉农院校、龙头企业等法人团体被整合到新型职业农民的培育中来，城市科研人员、工程师、规划师、建筑师、教师、医生等在内的社会群体，亦被有组织地动员到下乡服务中。

表 5-12　新时代以来社会各界投身乡村建设的主体扩展概况

（单位：年）

年份	文件名称	主体类型
2012	关于加快推进农业科技创新持续增强农产品供给保障能力的若干意见	大学生、科技特派员、农村青年及农民工返乡创业群体
2013	中共中央国务院关于加快发展现代农业进一步增强农村发展活力的若干意见	中高等学校毕业生、退役军人、返乡农民工；各类企业和社会组织
2014	关于全面深化农村改革加快推进农业现代化的若干意见	新型职业农民、新型农业经营主体领办人；企业、社会组织、合作社
2015	关于加大改革创新力度加快农业现代化建设的若干意见	社会组织、驻村干部、新乡贤
2016	中共中央国务院关于落实发展新理念加快农业现代化实现全面小康目标的若干意见	大中专毕业生、科技特派员、农村青年、返乡农民工、农技推广人员、退役军人、职业农民
2017	中共中央国务院关于深入推进农业供给侧结构性改革　加快培育农业农村发展新动能的若干意见	高校毕业生、企业主、农业科技人员、留学归国人员、现代青年农林场主、农业职业经理人
2018	中共中央国务院关于实施乡村振兴战略的意见	高校毕业生、农民工、机关企事业单位优秀党员干部；企业家、专家学者、医生教师、规划师、建筑师、律师、技能人才以及党政干部等公职人员；工会、共青团、妇联、科协、残联等群团组织；民主党派、工商联、无党派人士

（续表）

年份	文件名称	主体类型
2019	关于坚持农业农村优先发展做好"三农"工作的若干意见	高校毕业生、农民工、退役军人、机关事业单位优秀党员以及城市各类人才
2020	关于抓好"三农"领域重点工作确保如期实现全面小康的意见	大学生、退役军人、企业家；城市科研人员、工程师、规划师、建筑师、教师、医生；农业广播学校、农业科研院所、涉农院校、农业龙头企业

资料来源：笔者根据 2012—2020 历年中央一号文件绘制而成。

2. 制度完善：人才下乡的政策环境全面提升

2012 年，中组部印发《关于进一步加强大学生村官工作的意见》，通过明确目标规划、规范岗位管理、改进选聘工作、加强教育关爱、注重实际使用、强化管理考核、健全保障机制、积极扶持创业、鼓励留村任职、完善招考制度、加大选拔力度、拓宽发展渠道以及加强组织领导，完善对大学生村官等下乡人才的体制机制支持。以此为契机，2013 年，政府通过创新农业生产经营体制，构建农业社会化服务新机制，改革农村集体产权制度以及推进城乡公共资源均衡配置，积极为社会人才下乡营造良好的宏观制度环境。2014 年，政府主要侧重差异化、过渡性的制度安排，从拓宽来源渠道、强化服务保障、严格考录程序等方面，细化对大学生村官等下乡人才的服务管理。2015 年，在继续加强农村社会化服务、构建新型农业经营体系、推进农村集体产权和土地制度改革以及推进城乡基本公共服务均等化等宏观制度建设的基础上，政府逐渐将人才制度稳定化，强调下乡人才选聘过程中的标准严格、规模适度、方式改进及组织规范。

2016 年，政府通过均衡公共资源的城乡配置交换以及提高城乡基本公共服务均等化水平，进一步完善人才下乡的城乡制度环境，此外，还出台《国务院关于印发"十三五"脱贫攻坚规划的通知》，明确规范下乡人才的选聘程序、教育培训、政策激励、晋升渠道以及政策扶持，还为鼓励相应群体就业创业作了财税、信贷、土地等方面的一系列制度安排。2017 年，人才下乡的宏观制度环境得到明显改善，国家出台《关于加快构建政策体系培育新型农业经营主体的意见》，要求"建立健全有利于城乡要素合理配置的体制机制，坚决破除妨碍城乡要素自由流动和平等交换的体制机制壁垒，促进各类要素更多向乡村流动，在乡村形成人才、土地、资金、产业、信息汇聚的良性循环，为乡村振兴注入新动能"。城市人才入乡的激励机制进一步凸显，人才下乡创业的财政、金融、社会保障等激励政策得到广泛推行，城乡人才合作交流机制以及允许农村集体经济组织探索人才加入机制逐步形成，真正使乡村能吸引人才、留住人才。

2018年，涵括下乡人才在内的乡村人才振兴制度供给，在宏观和微观层面得到全面提升。在宏观层面上，政府坚持以完善产权制度和要素市场化配置为重点，不断激活以人才为主体的要素市场，着力增强人才下乡工作的系统性、整体性、协同性；在微观层面上，创新乡村人才培育引进使用机制、人才引进资源开发机制，特别值得一提的是"建立城乡、区域、校地之间人才培养合作与交流机制，全面建立城市医生教师、科技文化人员等定期服务乡村机制"。2019年中央一号文件从培育懂农业、爱农村、爱农民的"三农"工作队伍的要求出发，实施县域人才统筹使用制度和乡村人才定向委托培养制度，建立包括下乡人才在内的"三农"干部队伍配备、培养、管理、使用及激励机制。与此同时，《中共中央　国务院关于建立健全城乡融合发展体制机制和政策体系的意见》要求进一步完善城市人才入乡激励机制，通过"制定财政、金融、社会保障等激励政策，吸引各类人才返乡入乡创业"，尤其探索下乡人才融入乡村振兴的长效机制。延续之前的人才培养机制，2020年中央一号文件通过畅通人才下乡渠道、整合教育培训体系、落实县域统筹使用制度，持续推动各类人才下乡。

表 5-13　新时代涉及人才下乡制度安排的政策一览表

时间	政策名称
2012 年	关于进一步加强大学生村官工作的意见
2013 年	中共中央　国务院关于加快发展现代农业进一步增强农村发展活力的若干意见

（续表）

时间	政策名称
2014 年	关于做好艰苦边远地区基层公务员考试录用工作的意见
2015 年	关于做好 2015 年大学生村官选聘工作的通知
2016 年	关于落实发展新理念加快农业现代化　实现全面小康目标的若干意见
	国务院关于印发"十三五"脱贫攻坚规划的通知
2017 年	关于加快构建政策体系培育新型农业经营主体的意见
	关于进一步引导和鼓励高校毕业生到基层工作的意见
2018 年	关于打赢脱贫攻坚战三年行动的指导意见
	乡村振兴战略规划（2018－2022 年）
	中组部办公厅、农业农村部办公厅关于下达 2018 年农村实用人才带头人和大学生村官示范培训计划的通知
2019 年	中组部办公厅、农业农村部办公厅关于下达 2019 年农村实用人才带头人和大学生村官示范培训计划的通知
	中共中央　国务院关于建立健全城乡融合发展体制机制和政策体系的意见
2020 年	中共中央　国务院关于抓好"三农"领域重点工作确保如期实现全面小康的意见

资料来源：笔者整理资料绘制而成。

3. 载体健全：新型农业社会化服务组织增多

2012 年，围绕农产品供给，政府提出培育新型农业社会化服务组织，扶持供销社、专业合作社、技术协会、涉农企业等，以此为下乡人才广泛参与农业产业链的各个环节提供组织载体。2013 年，围绕农业农村现代化，政府大力支持发展新型农民合作组织，包括专业合作社和股份合作社，强调对农民合作社的资金投入、立法保护、政策优惠等，同时将合作社作为承接国家补助项目的重要载体，通过强化农业公益性服务体系以及培育农业经营性服务组织，支持农民合作社、技术协会和服务公司、涉农龙头企业等，为下乡人才从事农业生产经营提供成本低、覆盖全、便利化的服务。2014 年，围绕全面深化农村改革，政府提出加快发展现代种业和农业机械化的新要求，为此建立以企业为主体的农业育种体系和以农机合作社等为补充的农业社会化服务体系，在此基础上引导发展农民专业合作社联合社，支持农民合作社发展农产品加工流通，为下乡人才获取多元的社会化服务以及推行订单式、托管式的合作型经济模式创造条件，以此密切下乡人才同合作社、普通农户的利益联结。

2015 年，政府提倡加快构建新型农业经营体系，鼓励发展适度规模的家庭农场，引导成立农民专业合作社，尤其强调合作社和龙头企业中的农民土地经营权入股以及农村公共服务的组织化承担，以此提高下乡人才及普通村民的整体组织化程度。2016 年，为适应新型农业经营主体和服务主体发展需要，在继续加强专业大户、家庭农场、农民合作社、涉农龙头企业等新型农业经营主体培育的基础上，充分发挥适度规模经营的引领功能，加快形成培育新型农业经营主体的政策体系，以此拉动下乡人才嵌入现代农业经营组织的要素性投入。与此同时，加强农村基层党组织建设，不断强化下乡人才嵌入乡村治理体系过程中的党组织引领功能，为实现选好用好管好各类下乡人才的目标提供组织化保障。2017 年，以提倡规模化种养为导向，政府大力吸引涉农企业和科研院所前往农村地区建设产业园，在此过程中，鼓励普通农户和下乡人才通过要素入股、订单合作、入园创业等多种方式实现共建共享。此外，高等院校、职业技校、企业等组织载体，将日益增多的下乡人才培育成更适应农业农村现代化发展需要的新型职业农民。

2018 年，在推动小农户和现代农业发展有机衔接的背景下，政府持续加强新型农业经营主体以及各类专业化服务组织的培育工作，通过采取有针对性的措施，尤其是发展多类型的联合与合作，助力下乡人才提高小农户组织化程度。强化农村基层党组织的领导核心地位，在创新组织活动设置及方式的同时，着力凸显党组织作为坚强战斗堡垒，对于下乡人才持续推动软弱涣散村庄实现振兴的支撑性作用。此外，发挥共青团、工会、妇联、科协、残联等群团组织的优势，加强对下乡人才的管理服务，使之成为乡村振兴的建设性力量。2019 年，在大力发展各类组织载体的基础上，按照"按需设置、按职履责、有人办事、有章理事"的原则，逐步厘清村级各类组织的功能定位，为村庄场域中的下乡人才善置与村民委员会、基层党组织等各类组织的关系提供前置性条件，并以此增强下乡人才自我管理、自我教育、自我服务的能力。

第二节　搭建系统改革体系，确保人才落地

新时代以来，涌现了一批社会各界投身乡村建设的典型，福建省厦门市海沧区青礁村院前社便是其中之一。面对日益衰败的村庄，C.J.X. 怀着带领儿时小伙伴共同发展的心愿，放弃优越的城市生活和家庭产业，回到院前社争取共同缔造政策。在此基础上，坚持以人为本的发展理念，通过造人育人用人，善置各类人才资源，提升院前社人才使用效能。此外，以关系嵌入为抓手，妥善处理合作社与政府、村委会、村民等之间的关系，为持续带领社会各界致力于共同缔造新院前社奠定社会基础。

一、政策引导："共同缔造，我们的机会来了"

2014 年以前，青礁村院前社作为拆迁村，基础设施薄弱，环境污染恶劣，村民外流严重。自从厦门市启动"美丽厦门共同缔造"项目，C.J.X. 认为这是共同缔造新院前社的绝佳时机，在乡情乡愁的指引下，毅然放弃城市生活，回村带领大家一起发展。

1. 问题倒逼：拆迁村环境污染严重

青礁村院前社位于福建省厦门市海沧区，地处厦门和漳州交界处，被马青路和角嵩路环抱，位于国家 4A 级景区慈济东宫对面，是闽南民间第一大信俗保生慈济文化的主要发祥地，也是"开台王"颜思齐的故乡。全村人口达 5000 余人，其中，院前社常住人口仅 756 人，流动人口多达 200 余人，80％的村民四代以上种菜为生[①]，当地被称作"厦门的菜篮子"。2014年以前，自从青礁村被海沧区政府列为拆迁村落，政府便不再投资修建村级公路、污水处理等公共设施，导致村内垃圾遍地、污水横流。大多数有能力的青壮年村民外出务工谋生，少部分留村年轻人则整日游手好闲，靠

①据院前济生缘合作社理事长 C.J.X. 介绍，院前社的农地面积约为 20 公顷。

领取拆迁安置费度日[①]，不愿意打工挣钱，平日里老人们亦孤单无依，得不到家人的及时照顾。

每年农历八月十五是青礁村的传统节日，出门在外的村民都要回村祭祖[②]。祭祀过程中，本村乡贤发起一项号召，即全体村民每年定期集资修缮古厝[③]。但是，由于修缮过程中每年均需捐资乡贤返村监管资金使用及工程进度等，非常耗费人力物力，同时，该项目中的捐钱资助行为极易引发村民间的攀比行为，不利于持续激发全体村民参与村庄建设的热情，对此，C.J.X.表示："捐钱资助慢慢变成互相攀比，有的人出3万，有的人出2000，那就会使捐钱少的人不想捐，觉得没面子，捐钱多的人互相攀比严重，引发不良社会风气，甚至可能导致邻里矛盾。"[④] 有鉴于此，以C.J.X.为代表的多数村民便提议围绕老人赡养启动发展项目，力图通过该项目实现年轻人回流、村民再就业、老年人得到赡养等多重目标。

青礁村民在等待拆迁的过程中，一方面毫无心思整理自家房前屋后杂乱无章的鸡舍、鸭舍、猪舍及旱厕等，另一方面还要接受政府停止修建排污设施导致村中央水塘污水化带来的后果[⑤]，加之水塘旁边还建有恶臭难当的养鸽厂，因此村民们最不愿意往那边去，更无心思参与村庄建设。狭促且脏乱的青礁村内，完全找不到合适的地方供村民们休闲娱乐，这进一步加剧了老年人的身心健康问题。为改变脏乱差的生活环境，青礁村委会参观了曾做过"美丽厦门共同缔造"[⑥] 项目的村庄，随队参观的C.J.X.受到很大震动："当时去那边参观，我非常惊讶，就觉得人家整得那么干净漂亮，如果这个政策能引入到我们村该多好。"于是，返村之后C.J.X.便随村两委成员一同前往海沧街道申请"共同缔造"项目，结果因村庄被列入拆迁村落而遭到婉拒。

[①]据C.J.X.介绍，由于青礁村属于拆迁村，征地时每个人都能拿到一笔安置款，征地款是按地发钱，其中有一部分是安置费，不管征到谁家的地，村里每个人都可以分到一笔安置费，每亩地的安置费由全村人平分。这样一来，村里的年轻人都有潜在收入，因此也助长了他们好吃懒做的风气。

[②]祭祖：属于青礁村的传统习俗，每年农历八月十五举行祭祖仪式。

[③]古厝：福建当地方言，指老房子。

[④]资料来源于课题组成员王美英在2018年11月19日对院前济生缘专业合作社理事长C.J.X.的实地访谈，以下关于C.J.X.的说话内容同。

[⑤]由于农村没有污水处理，污水都往池塘里排，导致村中央水塘最大的功能变成汇集全村的雨水和污水。

[⑥]美丽厦门共同缔造：以下简称共同缔造。

2. 政策回引：共同缔造中的机会供给

事实上，早在院前社提出申请之前，厦门市于 2013 年 7 月便启动了"美丽厦门·共同缔造"项目的顶层设计、试点规划和舆论宣传等系列筹备工作，为广泛动员城市居民、农村村民以及外来人口在内的社会各界参与"共同缔造"活动做准备。其中，厦门市委、市政府以创新社区治理为导向，分别选取外来人口集中小区、农村社区等不同类型社区进行试点，并打造了若干共建共享的创新典型。在此过程中，以"美丽厦门共同缔造"为主题，针对全市各类人群累计发放 140.5 万份宣传资料，组织召开了 2575 场意见征求会，征求到 45.5 万份意见反馈表，同时进村入户征求群众意见达 14.5 万人次，收集意见建议达 12.1 万条。[①] 这为社会各界充分知晓"美丽厦门共同缔造"活动并参与其中营造了良好的社会氛围，奠定了广泛的群众基础。

2014 年，厦门市政府提出《"美丽厦门"战略规划》，便强调"共同缔造"对于建设"美丽厦门"的方法论意义，即以社区[②]为基础，通过发挥群众的主动性、积极性和创造性，共同缔造美丽厦门。这为社会各界投身美丽厦门建设提供了政策依据。在此基础上，海沧区政府率先出台《海沧区开展"美丽厦门共同缔造"试点工作实施方案》，并对社会各界参与"共同缔造"的体制机制作出详细安排。在此期间，海沧区从农村社区占多数的社会实际出发，始终贯彻城乡协同以及各界协同的发展理念，一方面推行政府引导下的社会各界共同参与模式，推动基础设施和公共服务向农村延伸，致力于将包括农民在内的社会各界有效纳入"美丽厦门"的建设过程中；另一方面，力推城乡公共服务均等化导向下的公共服务向农村覆盖，缩小城乡基建、社保医保、就业保障、教育等方面的差距，为社会各界投身美丽乡村建设提供硬件支撑。

此后，厦门市出台关于《推进社区治理能力现代化建议案》，要求着力突出社会力量的协同作用，尤其提倡以"参与式""微治理""兼合式""闭

---

①数据来源于厦门市人民政府：《美丽厦门 共同缔造 实现城市发展共谋共建共管共评共享》，2020 年 7 月 24 日，mohurd. gov. cn/dfxx/201712/t20171214_234364. html，查阅于 2020 年 8 月 10 日。

②此处的社区也包括农村社区。

合式"等制度化方式推动社会力量广泛参与基层治理。这一过程逐步孕育了社会各界参与乡村建设的公共精神。与此同时，厦门市委、市政府印发《关于实施乡村振兴战略的实施意见》，在继续鼓励高校毕业生、企业家、农技人员、留学归国人员等各类人才回乡下乡创业创新的基础上，逐步汇聚全社会的力量，不断强化乡村振兴的人才支撑。具体而言，即建立城乡之间的人才培育流动机制，通过落实各项政策扶持，推动企业家、党政干部、医生学者、技能人才等各类人才回乡下乡创业创新。前述政策的实施，进一步坚定了社会各界人才投身"美丽厦门共同缔造"的信心。

3. 人才回流：因惦记儿时伙伴而返乡

鉴于良好的宏观政策环境，面对海沧街道的婉拒，村两委和 C. J. X. 并没有放弃，继续向海沧区政府争取相关项目。区政府被院前社村民高涨的热情和积极的态度所打动，于是决定让他们回去试一试，并允诺院前社如能在半个月以内组织村民将房前屋后的鸡舍、鸭舍、猪舍、旱厕等拆掉，便将其列入"共同缔造"的项目中来。听到这个消息之后，久被垃圾困扰的村民们在无人动员的情况下，仅花费一天的时间便完成了清理任务，累计清理面积达 1 万余平方米，清理垃圾达 500 吨。对此，包括 C. J. X. 在内的所有人都感到异常震惊："当时给我们的时间是半个月，而我们仅用一天的时间就完成拆除，当时所有的人都震惊，连我自己都认定，这个就是我们发动村民走出自己的小家，共建我们大家的一个场面。"在此基础上，C. J. X. 下定决心放弃个人事业，返村参与美丽院前社建设。

在此之前，作为青礁村院前社土生土长的村民，出生于 1978 年的 C. J. X. 因家庭经济困难，初二便辍学外出闯荡社会，其间个人事业取得了较大发展，用他自己的话来概括就是"个人事业发展还可以，在社会中处于中等水平，生活也挺安逸的"。但是，他无时无刻不记挂着村庄的发展，尤其是伴他一起成长的儿时伙伴。这些小伙伴远没他这么幸运，他们整日在村里面游手好闲，对于未来也没有很好的规划。于是他一直在寻找合适的机会，可以带领小伙伴和村民们一同发展。直至院前社全体村民勠力同心，以"走出小家，共建大家"的公共精神和果敢迅捷的实际行动争取"共同缔造"的项目，C. J. X. 觉得回村带领大家共同发展的时机成熟了，"那个时候我就觉得机会到了，就是'美丽厦门共同缔造'。刚开始争取到政策，我们就串联村中固有人力资源，这在每个村都有，村主任、书记、队长、老人会、村民、乡贤，把这些人力资源给串联起来，多方参与。"

但是，事情远没这么简单，打算回村带领村民实施共同缔造项目的 C.J.X. 遭到了家人的强烈反对。据其介绍，他们全家稳定的收入来源及安逸的城市生活主要依靠早些年在村里投资修建的加工厂，一旦启动"共同缔造"项目，院前社便会开始大力整治人居环境以及发展乡村旅游，他必须将不符合整体要求的加工厂拆掉，考虑产业转型，这意味着一切都将从零开始。面对家人的反对和质疑，C.J.X. 考虑更多的是村里年轻人的长远发展问题，"当时家人非常反对我拆除这个加工厂，但是给我信心的是，我们这些小年轻[①]，可以做出一件很大的事情来"。于是他不顾家人的反对，毅然决然拆掉加工厂，并将其改造为青年创业服务中心。事实上，C.J.X. 的付出并没有白费，他在一年之内实现了成功转型，村里游手好闲的问题青年亦纷纷义务投工投劳，加入改善村庄环境的工作中，长辈们对他们的看法也有所改观，慢慢地接纳了这群他们曾经看起来"非常担心、非常讨厌的一类群体"。

表 5-14　2014 年 3 月—12 月院前社共同缔造活动中的人力资源投入概况

活动类型	具体内容
投工投劳	达 1000 多人次
清理面积	共计 56 户、62 处场所，面积约 1 万平方米
清理垃圾	约 500 吨

资料来源：笔者根据对 C.J.X. 的访谈资料整理绘制而成。

二、造人为核："我们变了，院前社就变了"

针对真正投身乡村建设的主体不足的问题，回到院前社的 C.J.X.，始终秉持以人为本的发展理念，坚持"先造人，再造物"的发展思路，通过

---

① 小年轻：当地方言，指年轻人。

传授历史文化知识，不断塑造身边青年的公共精神。在此基础上，注重把人放在对的位置，持续优化人才使用效能。

1. 以人为本："先造人，再造物"

回到院前社以后，C. J. X. 始终坚持"先造人，再造物"的发展理念，强调院前社发展中人才培育和人力参与的重要性，并总结出人才转变是乡村变化之根本的实践经验。对此，C. J. X. 深有感触："我们用了一年左右的时间。村里之所以有今天，就是因为这些创始人发生了改变。所以当时腾讯帮我们拍宣传片的时候，我们不由自主地喊出了'我们变了，村庄就变了'的口号！"在此之前，C. J. X. 的十几个小伙伴个个身上画龙刺凤，整日在村里四处游荡。自从将大家组织起来并成立院前济生缘合作社，"小年轻"们身上发生了很大变化。这群拥有不同经历、来自不同行业的年轻人走到一起，同时以经济务实、生态环保为导向，共同致力于创造美丽院前社和美好人生。

自合作社成立以来，C. J. X. 和他的小伙伴们亦始终贯彻"只要人，不分红"的原则，他说："我们不养懒惰的人，如果你没想法又不肯就业，那我们没有理由带上你，除非改变你自己，我才能带上你。"从最早 C. J. X. 和十几个小伙伴合伙创立院前济生缘合作社，到后面仅剩下他自己，再到村民们慢慢加入进来，其中最为严重的问题就是，大家的依赖性太强，都想着只要投入资金，便可以坐等分红。对此，C. J. X. 明确表示合作社不缺钱而缺人，更需要大家的积极参与。事实上，济生缘这个平台谁都可以拥有，本村人和外地人只要有好的项目且愿意合作付出，便可以加入进来并按照合作社的方式加以打造。这样做的好处就在于，加入进来的每个人都会积极对待所打造的东西，而且还会主动维护合作社。在此基础上，合作社再创造一些公益，诸如扶持年轻人创业、关心老人等，便能形成"人人参与，共建共享"的良性循环。

在人口老龄化、村庄空心化日益加重的当下，C. J. X. 始终坚持以人为本的原则，通过情感牵引和政策支持，将外出创业人员、村内无业青年、在外就业人员以及返乡大学生等引导回来，吸纳进济生缘合作社，共同致力于村庄发展。对此，长期致力于日本社区活化①研究的 S. W. J. F. 无不羡慕地对 C. J. X. 表示："日本农村老龄化非常严重，我们旗下一个创业团队平均年龄 65 岁，你们厉害就在于会把年轻人叫回来，只用 3 年时间就走过了我们漫长的 30 年。"事实上，C. J. X. 所重视的这四类人较为广泛地分布于全国各个乡村地区，这些在外创业就业的本村人，凭借对家乡的情怀，通过各种方式关心家乡建设，包括以投资入股的方式支持合作社的发展，他们和返乡的年轻人一道构成了村庄建设最宝贵的资源。

2. 育人为先：小年轻的大局观强了

C. J. X. 十分推崇历史文化对于培育青年群体公共精神的重要作用。平时大家凑到一起的时候，为了培养小年轻们的荣誉感和责任感，C. J. X. 经常会以颜氏家训作为切入点，在追溯颜氏祖先来源、迁徙路线以及代际传承的过程中，与大家一同学习先辈的斐然成绩。整个海沧区的 50 余位进士中，过半数来自青礁村，这种历史荣光瞬间激发了青年人的自豪感。在此基础上，大家一同总结出重视人才的历史经验，并增强了促进村庄发展的责任意识。用 C. J. X. 的话来说就是："你说多牛的一个村庄，不说能做到出那么多的'进士'，咱最少不要给这些人丢脸吧。"此外，大家相处的过程中，常常挂在 C. J. X. 嘴边的一句话便是《颜氏家训》里的"兄弟相顾，当如形之与影，声之与响"。久而久之，大家都对这份情谊多了一份珍惜，彼此间亦更加团结，共同致力于村庄事业的发展。

C. J. X. 这种以文化人的培育方式，对青年人的文化素养以及大局观起到潜移默化的熏陶作用。起初讲述颜氏家训时，很多年轻人都不甚感兴趣，但是即便这样，C. J. X. 还是坚持下去。他始终认为，文化的熏染作用不在一朝一夕，而是潜移默化且持久发酵的，"不管他们听不听我就聊，他们反正听听嘛。但是有一次刚好那边没人，我就看到小年轻自己在翻看颜氏家训，其实这就有点潜移默化改变了"。有的年轻人听完之后也开始回家主动阅读相关书籍，结果却遭到家人的嘲笑和不理解。为此，C. J. X. 联想到青年人之间也会相互说闲话的情况，结合王阳明"公平如老天爷亦得不到所有人赞美"的道理，勉励大家抛开闲言碎语的干扰，以此树立干事创业的大局观。

---

①社区活化：相当于中国的乡村振兴。

此外，C. J. X. 还注重从生活实践的角度出发，培育青年人协商共事的精神。在合作社成立初期，加入合作社的一些年轻人依旧游手好闲，习惯了每天睡懒觉，完全没有时间观念。通常情况下，合作社通知下午两点半开会，他们少则迟到半个小时，多则迟到两三个小时，前面的人都走了，后面的人才到，大家很难坐到一起完完整整开次会，导致合作社运行效率极其低下。为此，C. J. X.，创办了自己的食堂，并建立了共餐共议制度，方便大家一起工作、共食、共议。不但在相互配合洗菜做饭的过程中加深了彼此的感情，而且在吃饭期间，大家就可以聊聊下午乃至明天做什么，"吃饭都很准时，一般 12 点钟都到了，不守时的问题马上就解决了，大家边吃边讨论，同时每个人负责的点不一样，彼此互相支援，就把问题给合理解决了"。

3. 用人唯实："把人放在对的位置"

刚开始，合作社规模较小，参与的人数也较少，大部分事务均由牵头人 C. J. X. 独自完成即可。随着项目的扩大，各类事务逐渐增多，他感到分身乏术，于是决定改变之前不放心其他年轻人做事的心态，在给予大家信任的同时，根据每个人的能力和特长，共同分担合作社的全部事务。调整之后的用人方式带给 C. J. X. 巨大惊喜，他完全打消了之前的顾虑，发现每个人身上都蕴藏了巨大的潜力，事实上每个人的能力比他想象中的大得多，分配的很多事情也都能出色完成，而且执行起来理念先进、创意超前。对此，C. J. X. 向笔者所在的课题组感慨，说以前总觉得自己最厉害，然而在和年轻人共事的过程中，发现自己关于乡村建设和识人用人的很多观点存在错误，最后总结出"乡村有人，才有发展动力，且一定要合理配置人力资源"的道理。

为了说明把对的人放在对的位置的重要性，C. J. X. 详细列举了村党支部书记、商业对接员等的案例。其中，村里的党支部吴书记，作为一名 80 后大学生兼退役军人，他为人老实憨厚，做事认真踏实，深得院前社村民信任。加入合作社初期，C. J. X. 认为他素质高且见过世面，便安排他负责合作社的商业对接。过了一段时间，发现他不像生意人那么灵活，性格亦十分腼腆，对接过程中不善于表达自己的观点，更不好意思向别人推广各类商品和服务。因而 C. J. X. 结合他严谨细心、做事有条不紊的特点，将他调去整理资料。结果合作社大量分散、零乱、琐碎的资料被他按不同任务类型汇总、分析、评选，管理得井井有条。此后合作社的全部资料都由他负责整理，可见把人放对位置才能发挥最大的效应。

此外，据 C.J.X. 介绍，合作社有一位能力很强的讲解员，不仅敢想敢说，讲解起来也生动活泼，颇受大家欢迎，但其最大问题就在于每次遇到熟人讲不出话，这无疑是很大的硬伤。C.J.X. 后来发现他对商业的敏感度比较高，安排事情也很有计划性，于是便换他去做商业对接以及与政府对接等。事实证明 C.J.X. 重新配置人才资源的决策非常正确。有一次，合作社需要在三天之内安排十一场讲解，密度大且规格高，由他负责讲解场次之间的协调。一天，民政部门下午三点过来参观，而团委下午一点钟到，按照先分享再参观的流程，结果拖到两点多才开始参观。C.J.X. 生怕团委与随后民政部门的参观发生冲突，心都快吊到嗓子眼了。最后在该讲解员的灵活安排下，民政部门一到这边，团委刚好退场，衔接得非常顺利。

三、关系嵌入："大家支持，合作社才活了"

针对下乡人才与各类主体距离失衡的问题，C.J.X. 以关系嵌入为核心，通过妥善处理老人与年轻人之间的关系、合作社与政府及政策之间的关系、合作社内部之间以及与村委会的关系，真正获得各类主体的大力支持，为持续带领社会各界致力于共同缔造新院前社奠定社会基础。

1. 老少为要，链动村内人力资源

正如费孝通在《乡土中国》里谈及的长老统治，"在乡土社会中，有这样一种权力。……它是发生于社会继替的过程，是教化性的权力，或是爸爸式的"。实地调研中亦发现，老人在乡村治理中扮演着重要的角色，他们是村庄治理结构的中心环节，获取他们支持往往是项目启动的关键。据 C.J.X. 介绍，在院前社都是老队长、老会长、老书记等德高望重的老人说了算。在回乡创业的初期，C.J.X. 带领大家争取到"共同缔造"的政策，他们这群年轻人便考虑能否通过谈判的方式，让老人把项目实施运营的权力交出来，在合作社只持股不干预，以便全力践行有创意的想法。"因为我怕老人们不支持，所以我们以谈判的方式进行，年轻人坐在这边，老人坐在那一边。"事实证明 C.J.X. 的担忧是多余的，当老人看到他们的下一代愿意回到村里，都非常开心，当即举手表示愿意做他们的坚强后盾。

取得老人的支持以后，C. J. X. 又开始协调与村里部分年轻人的关系。原先村里游手好闲的年轻人每天都要睡到下午，晚上开始打牌喝酒，反正家里将来有拆迁款，自己既不愿意打工，家人又不放心他们做生意，基本都变成了啃老族，一直被老人们看不顺眼，二者的关系十分紧张。当时C. J. X. 找到他们，告诉大家院前社想做环境提升，寻求一条共同发展的道路。他们当即表示愿意加入，还解释之所以一直混日子，主要是找不到方向和可发挥作用的平台组织。老人们看到年轻人的变化，于是更加支持年轻人的发展。在此基础上，C. J. X. 作为带头人，将村书记、村主任、大学生、普通村民以及在外乡贤等人力资源串联起来，搭建一个共同发展的平台，由合作社带头人、年轻人、老人、基层干部等构成完整的治理链条。其中，合作社带头人负责引导管理，基层干部负责上传下达，年轻人是参与主体，老人则负责监督巡查，共同助力院前社发展。

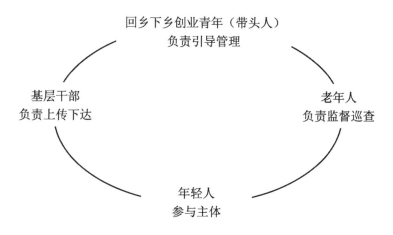

图 5-3　院前社各类主体参与的治理链条

资料来源：笔者整理资料绘制而成。

C. J. X. 还充分利用地方传统，完善以老人为核心的村庄人际关系网络，为其带领院前社持续向前发展奠定良好的社会基础。院前社有举办百老宴的传统，但是由于无人牵头和缺乏资金支持，长期处于名存实亡的状态。鉴于此，C. J. X. 决定重拾这一传统，将合作社的一部分盈利用于每年定期举办百老宴。该活动不仅提高了老人在村里的威望，而且让他们收获了幸福感、获得感及价值归属。通常，长期盈利以后才会考虑做公益活动，而 C. J. X. 始终坚持产业与公益同步进行，他认为这样既符合大家做事的理想与初心，又能得到村里老人源源不断的支持。据 C. J. X. 介绍，合作社刚开始的时候非常困难，尤其 2015 年最为艰难，完全拿不出任何资金，老人们纷纷提议可以停办。即便如此，C. J. X. 仍然动员每个乡贤捐资 2000 元共同筹办了百老宴，就这样百老宴持续举办下来。该过程中，长辈们对年轻人的态度不断改观，从担心他们的成长到大力支持他们做自己的事业，为院前社的发展营造了和谐的社会氛围。

2. 政策为纲，保持政社合理距离

如何处理好合作社与政府之间的关系，成为 C. J. X. 长期思考的问题。为此，他以政策为中介，通过总结出慎思政策、回引政策以及落实政策等三种不同的行动策略，以期在保持与政府合理距离的同时，充分利用政策红利，激发合作社的发展活力。

首先，谨慎思考，领会政策。通常情况下，合作社内部进行讨论的时候，很多成员都会要求主动去争取政府经费、补助和项目，甚至到了相当狂热的程度。对此，C. J. X. 时刻保持清醒的头脑，他认为合作社不应该过度依赖政府，否则合作社便会陷入缺乏主动性的境地。此外，合作社汲取政府资源过多也会给普通村民造成公器私用、中饱私囊的感觉，"村里面的人也会觉得，我们是不是从政府拿了很多钱财，其实完全没有这回事"。在此基础上，持审慎态度的 C. J. X. 会结合合作社的发展需求，有选择性地申请政府资金、政策和项目，这样既能最大限度地利用政策势能，又能充分保障合作社自主发展活力。

其次，在实践中回引政策。与申请政策再加以落实的一般思路不同，C. J. X. 认为在与政府保持适当距离的同时，还要比政府先行一步，直接对标中央政策文件，率先将文件中提倡的创新举措落到实处，如此便能在政策获取中抢占先机。以中央提倡的耕读文化为例，在地方政府开始逐级宣传并着手打造以前，C. J. X. 并没有去申请相关政策，而是结合院前社的生活生产实际，主动打造出符合政策要求且具有本地特色的耕读文化景观，这与落实政府要求而被动打造的应景之作相比，可圈可点之处甚多。这样一来，地方政府不仅不用承担项目打造失败的风险，而且其政策号召得到了圆满落实。在此背景下，他们也更愿意将相应的资金、项目等政策资源引入 C.J.X. 所在的合作社。对此，C.J.X. 说："我们没有申请政策，但政府会主动来找我们，因为按照他们提倡的方式做的成果已经出来了，这对政府来讲就是零风险，他们把补助给我就很放心。"

最后，在申请中落实政策。如前所述，在保持审慎态度和提倡先行一步的同时，对于真正符合合作社发展需求的政策红利，C.J.X. 不会因为碍于情面而消极对待，其间他也经历了一系列的思想转变。起初，C.J.X. 认为中央政策通过选择试点、逐级推广的方式很难落到自己的身上，"我们基层看待这个政策，觉得没那么幸运能落到自己身上，基本都是政府指定一个试验点，打造一个示范点，以政府包干的形式"。随后在与中央党校教授的交流中 C.J.X. 得到启发，认为主动申请政策就是在落实中央号召。此后，他更加积极主动地结合院前社发展需求申请相关政策，"思维转变了，你看到的就不只是一个政策了，你看到的会非常多，就像我们最早如果会自下而上地去争取，共同缔造政策就会落到我们村"。

3. 内外兼修，善置社内外的关系

在处理内部人际关系时，C.J.X. 通常起到中间调解人的作用，以保持合作社的稳定运行。一旦合作社内部存在较大的分歧，C.J.X. 会避免一开始就把所有持不同意见的人聚集到一起直接举手表决，因为这样只会让分歧在争吵中固化乃至扩大。与之相反，他会动员几个志同道合的朋友，分别小范围地先聊，将持对垒意见的人群通过协商的方式逐步扩大至相对均衡的规模。"他帮忙做谁的工作，你去做谁的工作，这样慢慢协调 10 至 15 个，直到意见不同的两边人数差不多了，那到时候再碰在一起。"在此基础上，继续采取有针对性的化解策略，包括与乡贤的谈话以理想为主，让他觉得能为大家做点事，与年轻人谈话则以树立榜样、激励斗志为主，让他们觉得能跟乡贤一起做事很荣幸，必须珍惜这个机会。如此一来，作为中间人的 C.J.X. 逐渐将持不同意见的群体整合到一起，共同致力于合作社的发展。

在与村两委打交道的过程中，由于村委会大楼设置在马路的另一边，与合作社隔路相望，除了在合作社挂职的网格党支部书记，村两委成员基本没有加入合作社，二者之间名义上属于领导与被领导的关系，在实际运

行中则处于相互独立的状态。此后，随着海沧街道越过青礁村委会直接对接院前济生缘合作社的次数增多，村委会与合作社的关系日趋冷淡。为此，海沧街道多次提醒C.J.X.，认为合作社与村两委存在缺少沟通、严重脱节的现象。事实上，C.J.X.早已意识到该问题的原因所在，即上级政府为了简单省事，每次发出的通告都直达院前合作社，再让合作社将相关通知转达村委会。长此以往，本应作为政府上传下达机构的村委会便产生功能失位的不满情绪。

对此，C.J.X.始终保留着自己的看法，他认为应当重新矫正合作社与村委会之间的关系，因为村委会是处于上级政府的行政监管之下的，后者可以通过压力型体制将行政命令有效施加于前者，而合作社则与村两委相互配合，共同致力于村庄发展壮大。鉴于此，海沧街道开始更正程序性的错误，不管多么紧急的事情，都会按照"海沧街道—青礁村委会—院前合作社"的顺序逐级传达，以此重新构造合作社与村两委之间的和谐关系。对于该变化，C.J.X.看得明白："比如明天省政协或市领导通过村委会来到院前合作社，这样实行起来，相当于我们是在替村委会干事，其实（合作社）做的事情还是一样，但是更好做，相当于一次事情做了（上级政府、村委会）两个人情。"在此基础上，村委会也更愿意为合作社补位，减少其运行成本。

第三节　社会各界共同缔造美丽院前

在强调人才培育和关系嵌入的基础上，为更好地吸引社会各界致力于共同缔造美丽院前，C.J.X.以组织为抓手，搭建"共同缔造"载体；以机制为牵引，增强"共同缔造"动力；以共同参与为灵魂，让社会各界在"共同缔造"中真正实现共建共享。

一、以组织为抓手，搭建"共同缔造"载体

从"共同缔造"政策的争取到践行，C.J.X.不断拓展组织载体，包括成立院前合作社、设置常务理事会以及打造劳模工作室，乡贤群体、大学教师团体以及村内外青年群体被充分动员起来，纷纷加入共同缔造新院前的活动之中。

1. 成立院前合作社，社会各界齐支援

在强化各类人才培育和完善村内人际关系网络的基础上，针对院前资源匮乏的情况，C. J. X. 最早的想法是先发动村里人自己干，然后搭建合作平台，引入各类项目、人才和资源。为此，在合作社成立初期，利用全村人回家祭祖的机会，C. J. X. 通过分享自己主动放弃百万年薪和家庭产业、回到村里为大家谋发展的心路历程，大力动员在外做生意的六至七名乡贤，最后每人平均捐资 4 万元作为合作社的启动资金。此后，在乡贤们的带动下，村里一部分年轻人也受到感染，争取家人支持，纷纷向合作社投入发展资金，合作社通过两轮融资一共获得 80 万元的启动资金。获得足够的资金支持以后，由于发展产业缺乏相应的技术支持，C. J. X. 便又通过合作社邀请到更为专业的人士前来现场指导。

以合作社为发展平台并致力于共同缔造美丽院前的过程中，C. J. X. 还获得了来自大学教师团体的智囊支持。其中，关于如何正确处理合作社与政府的关系，尤其是妥善对待政府出台的一系列政策，来自中央党校的教授兼好友 X. Z. B. 给出了很好的解答，即争取政策就相当于主动落实中央政策，该思路极大地开阔了 C. J. X. 的视野。此外，来自台湾地区的一名大学老师为 C. J. X. 的"共同缔造"事业提供了纲领性以及专业性的指导。C. J. X. 在与其分享院前"共同缔造"案例的过程中，该老师一边利用所学的专业知识为其总结发展经验，同时针对发展中的问题，提出"先找人、再找物，最后寻求发展"的思路，这为 C. J. X. 始终重视"共同缔造"中对"小年轻"、"妇吴"[①]、"小吴生"[②] 等的培育奠定了思想基础。

此外，在宣传推广"共同缔造"经验的过程中，院前也得到了社会各界的大力支持。为了成功输出院前模式，同时吸引更多的人参与到院前建设中来，如何向不同群体讲好院前故事成为关键。对此，初中文化程度的 C. J. X. 一开始并不能很好地胜任这份工作，其难点在于无法平衡宣传的灵活性、专业性与普适性之间的关系。在此过程中，C. J. X. 逐渐结交到不同类型的朋友，包括农业农村部的总农艺师以及搞摄影微拍的技术人员等。

---

①妇吴：当地方言，指妇女。

②小吴生：当地方言，指小孩子。

其中，针对住建部"概念性的东西天天在听，反而没听过这种土方式"的风格，总农艺师建议 C.J.X. 在汇报的时候，只需要把院前的实践经验讲出来，既不需要专业名词，也不需要丰富内容，将总结留给专家们即可，结果取得了意想不到的宣传效果。"我那天分享，个人觉得不错，出来的时候，那个部长就告诉我，你这个我得想办法帮你引介到中央去。"

2. 设置常务理事会，族内矛盾搁一边

作为吸引社会各界投入乡村建设的重要组织载体，院前合作社的发展经过了一系列的探索过程，包括联合村民自行打造、引入外部合作、做成产业或平台经济、邀请专业人士指导、走出去搭建平台以及打造符合政府需要的产品或服务等。在该思路的指导下，C.J.X. 从最早独自打造院前合作社，到接下来与乡贤、青年人合作打造，再到引入别人参与打造，一直是摸着石头过河，然后学习别人的成功经验。在此过程中，他事先并没有预设的方案。以合作社发展农家餐饮为例，最开始的时候，对于用何种方式发展餐饮、打造何种特色的餐饮以及如何将大家组织起来运营餐饮，C.J.X. 的脑子里均没有清晰的蓝图。他边做边学，到后来加入的人越来越多，逐渐达到数百人以上。没办法独自做下去的时候，便开始寻找合作，大家共同缔造，包括把这个机会给某个村，然后那边按照院前的经验和要求去做，院前也不会干预别人的正常经营，如此一来，大家变成"共参、共建、共享"的命运共同体。

随着合作社的发展壮大，需要处理的事务也日益增多，C.J.X. 管理起来颇感力不从心，且他认为长期由一个人来管理合作社，不仅容易形成单线思维，还会遭人非议，甚至有时候社内意见不统一的时候，极易引发人际关系矛盾，影响合作社的长期稳定运行。为了合作社发展得更快更好，C.J.X. 倡议社内建立一套科学民主的管理机制，于是大家讨论成立了常务理事会，由社内五名权力最大的股东组成，形成一个三角形的运行架构，其他股东对合作社运营或社内成员存在任何意见或建议，均可以与这几名常务理事汇报、讨论、商讨乃至决策。其中，作为合作社理事长的 C.J.X. 并不加入常务理事会，也不接触任何社内资金，合作社的建设以及商业对接等均交给两个常务理事去管理，这样的机构设置可以避免一些不必要的争执，以免影响合作社的稳定运行能力和资源汲取能力。

对于常务理事会的重要作用，C.J.X. 有切身体会。他认为，全国很多村庄都存在宗族势力，以青礁村为例，村内 90％以上姓 Y，院前仅一家 C 姓，"凭什么姓 C 的在那边指手画脚"，这就面临人际关系的协调问题。加入合作社的村民与企业的员工有着本质上的区别，员工做得不行可以辞退，而参与进来的村民要么是有资金的，要么是有项目的，要么是有宗族关系，一旦辞退他们，便很难处理其背后的关系，这一点每次都让 C.J.X. 感到为难。他作为个体并不好协调处理这些复杂敏感的管理问题，而五人组成的常务理事会作为常设公共机构，能够有效避免私人矛盾，当合作社内部意见不合的时候，五个人集体讨论如何谋求"最大公约数"，这样往往可以保证决策的民主性。此后该模式越来越成熟，所有人都学会通过常务理事会来处理问题，大大化解了各类矛盾纠纷，增强了社内成员的凝聚力和向心力。

3. 打造劳模工作室，青年共建新院前

凝聚各类人才助力院前合作社发展壮大的同时，C.J.X. 为了培养年轻人的主体意识，充分调动大家的积极性，通过搭建以参与式体验为核心的劳模工作室，并辅之以一整套工作制度，不断夯实各类人才投身院前建设的组织基础。无规矩不成方圆，C.J.X. 主持创办的劳模工作室十分注重制度建设，包括在工作室的统一领导下，自觉服从本单位工会和区总工会的指导帮带；干好本职工作，积极发挥典型示范引领带动作用；组织技术攻关，每季度进行 1～2 次创新课题研讨，每半年至少进行 1 次学习培训，每年有一定的创新学术论文或创新实践成果；互相协作，以诚相待，遵守法律和规章制度，自觉维护团队荣誉；严格遵守工会经费使用规定，工作室活动经费应用于创新创造活动等。严格且明晰的制度安排，为各类人才以劳模工作室为载体嵌入乡村治理奠定基础。

在此基础上，一大批村内外青年群体被工作室的类型化职责所牵引。C.J.X. 劳模创新工作室的基本职责包括以下几个方面。首先，把政治建设摆在首位，认真学习贯彻党的十九大精神和习近平新时代中国特色社会主义思想，执行党的路线方针政策。其次，坚持"一村一品"的创新思路，立足特色，抢抓机遇，内引外联，大胆创新，持续探索"机制活、产业优、百姓富、生态美、台味浓"的"闽台生态文化村"建设新路子。第三，坚持发展城市生态农业，制定创新计划，确立创新研究课题，经常组织学习

培训，注重学习先进典型做法，提出合理化意见建议，及时总结提升，全面推广创新成果，打造"院前模式"。第四，结合工作实际，发挥专业技术特长，积极组织和参加文明、综治、劳动等志愿服务活动。规范化的职责安排为各类社会群体发挥劳模精神并促进院前缔造提供保障。

此后，C.J.X. 以项目划分为依据，结合各人之所长，引导各界人才依托劳模工作室，充分发挥自身潜能。其中，H.L.Z.、Y.Y.N.、L.R.M. 等人思路活跃，他们结合本地特色，不断提出新的发展思路，持续探索"闽台生态文化村"建设新路子。Y.M.Z.、Y.Y.P.、W.Y. 等人则擅长内部管理，他们经常组织学习培训，以提升院前村民的综合素质。Y.Z.M.、L.S.G.、Y.S.P. 等人创业经验丰富，他们以完善产业业态为导向，坚持发展城市生态农业及乡村旅游配套产业。Y.L.Q.、H.M.L.、X.L.R.、Y.Z.J. 等人既红且专，他们以党建为抓手，充分发挥基层党员的宣传带头作用，在强化工作室成员思想政治建设的同时，提高院前模式的知名度。L.L.S.、C.Y.N.、Y.Y.Z. 等人热心公益，他们通过发挥专业特长，积极参加文明、综治、尊老爱幼等志愿服务活动。自此，劳模创新工作室成为社会各界人士参与院前建设的绝佳舞台。

表 5-15　C.J.X. 劳模创新工作室具体项目分工

工作室成员	工作项目
C.J.X.、H.L.Z.、Y.Y.N.、L.R.M.	坚持"一村一品"创新思路，立足特色，结合实际，不断提出新想法、新思路，持续探索"闽台生态文化村"建设新路子，并着力于"院前模式"的输出。
Y.M.Z.、Y.Y.P.、W.Y.、F.M.F.	加强内部管理，经常组织学习培训，提升职工综合素质，全面推进创新成果落地。
Y.Z.M.、L.S.G.、Y.S.P.、W.Y.X.	坚持发展城市生态农业和与乡村旅游及发展相配套的产业，完善业态形式。
Y.L.Q.、H.M.L.、X.L.R.、Y.Z.J.	加强党支部建设，发挥党支部及党员的带头作用，坚持将思想政治建设摆在首位。同时，加强宣传，提高知名度。
L.L.S.、C.Y.N.、Y.Y.Z.、W.X.L.	发挥专业技术特长，积极组织和参加文明、综治、和谐劳动、尊老爱幼等志愿服务活动。

资料来源：院前济生缘合作社理事长 C.J.X. 提供。

二、以机制为牵引，增强“共同缔造”动力

在完善组织载体的基础上，C.J.X. 以机制为牵引，通过发挥党建引领机制，凝聚院前人心力量；通过强化制度约束机制，促进邻里守望相助；通过实施内在驱动机制，激发村民参与热情，以此筑牢院前作为命运共同体的长效发展机制。

1. 发挥党建引领机制，凝聚院前人心力量

在产业发展方面，团区委书记 H.X.J. 深入走访院前社，帮助院前社的青年骨干对接 YBC 创业导师、台湾休闲农业专家等专业力量，坚持“理念先行”，使他们重塑经营理念，明确经营方向，掌握经营方法，最终成立了院前济生缘合作社。随着经营规模的扩大，合作社面临资金困难，H.X.J. 得知后，想方设法向团市委争取资源，并同海沧农商行积极对接，帮助合作社取得首期 100 万元的农村青年创业发展贴息贷款。与此同时，邀请海沧农商行派驻金融服务指导员帮助合作社解决资金流转难题，在院前专门增设便民服务站、便民取款点等，为村民和游客提供便利。在 H.X.J. 的带动下，团区委还在院前设立“两岸义工联盟”工作驿站，将“两岸阳光故事家族”融入济生缘合作社，不断拓宽合作社经营外延、丰富经营项目、塑造经营品牌。

在党建引领方面，区委组织部党支部充分发挥“海沧组工先锋岗”的党建品牌优势，组织党员干部深入青礁村居一线。其中，区委组织部部长L.Y.H. 多次现场指导院前网格党建工作，梳理总结院前党建工作经验特色，打造提升院前党建工作品牌，并为院前设计制作了党建宣传画册以及宣传栏，配套建设了 LED 电教广场，专门打造了党建专题游览观光线路。此外，还设立党员激励帮扶资金，依托党员活动室收集并解决基层党员困难问题。与此同时，实行支部下沉，将党支部建到院前等自然村，以便在组织建设、产业发展、群众服务等方面加以帮扶，其中，在济生缘合作社建立团支部，在妇女中成立互助会，更好地服务村民群众。共同缔造过程中，党员带头让地让物、投工投劳，建成了“党员示范路”“党小组责任区”等。在党员带动下，村民们亦主动行动起来共建美好家园。

在凝聚人心方面，在区委三届五次全会作出全面推进“美丽厦门共同缔造”工作的重大决策后，海沧街道立即成立“共同缔造”领导小组，任

命街道办事处副主任 H. Z. L. 为缔造办主任。他坚持每天在院前开现场会，与设计公司、施工单位、监理公司进行对接，并与院前社的党员们一起挨家挨户发动群众，使得院前社在短短的几个月内就发生了翻天覆地的变化。在职党员进社区活动中，区委统战系统的党员不仅多次到院前提升改造现场进行帮助和指导，还经常邀请党外各界领导和专家，包括全国政协原副主席、致公党成员 L. H. C.，中山大学教授 L. X.，致公党市委兼职副主委、厦门大学教授 L. M. H. 等前往院前指导工作。此外，民革市委兼职副主委 M. M. J. 还带领市农业局等专家调研组专程来院前指导工作。在区委统战部的协调推动下，2015 年院前举办了"海峡两岸同宗同名村交流大会"，这些均为社会各界助力缔造新院前起到了凝心聚力的作用。

2. 强化制度约束机制，促进邻里守望相助

以"共同缔造"为核心，为加强院前村民自我教育、自我管理、自我服务的能力，营造良好的共建共享氛围，C. J. X. 以制度化的形式联合全体村民共同制定了院前村民公约，以此作为协调全体村民参与村庄建设的纲领性文件。具体包括热爱生活，积极支持和参加院前公益活动，尊重自我及关心他人，乐于分享生活。同时，鼓励村民们热爱劳动，诚实经商，开明守信，勤劳致富，爱护村集体公共财物。此外，提倡文明、绿色、健康、环保、节能的生活方式，村民们需经常运动，均衡饮食。提倡家庭和睦团结，在处理好父母、子女、夫妻关系的同时，要善置婆媳、姑嫂、妯娌、兄弟关系，做到互相关心体贴，提倡邻里间团结互助，共同营造互相尊重、互相支持、互相帮助的文明共同体。制度化的村民公约在宏观层面上为打造院前行动共同体奠定了规则基础。

进一步以生活环境改善为导向，C. J. X. 结合院前实际，制定绿化养护长效机制，充分调动广大村民参与村庄建设的积极性。其中，对于门前绿化实行责任制，即每家对各自门前绿化花草树木负有养护和管理责任，需及时浇水、施肥、修剪树木花草；对于公共绿地实行认养制，即由认养者承担公共绿地的养护责任。此外，任何单位和个人不得损坏村庄花草树木和绿化设施，包括在草地停放车辆、设置广告牌、堆放物品、放养牲畜等。街道缔造办、村缔造办、城建集团专业人员以及本社村民代表将定期对各户门前绿化进行评比，评比指标包括家庭成员参与度、门前整洁情况、养护面积、绿化管护、美观程度等。尤其提倡小朋友参与绿化管护，对小朋友参与养护的家庭，将单独对其进行表彰，参与绿化获得的积分还可兑换课外书或其他小礼物。包括小朋友在内的绿化养护长效机制，通过物质鼓励和精神鼓励双重方式，为吸引更多的群体加入院前建设奠定了机制基础。

此外，围绕生活垃圾管理，C.J.X. 与村民们一同制定了小袋鼠行动管理制度，即动员村民和商户不乱丢乱扔垃圾，不随地吐痰，不从门店向外扫垃圾，不从车辆向外抛垃圾等，将垃圾规范投放至垃圾收集容器，自觉维护村庄环境卫生整洁。具体而言，每家每户需配备垃圾收集容器，并在容器上署名，尤其提倡村民自行配备，费用不足部分用"以奖代补"的方式补足差额。本社村民有义务和责任将自家生活垃圾规范放置在自家垃圾收集容器内，而非公共场所的垃圾收容器，以便节约公共环保人力资源。此外，在公共场所产生的垃圾应规范投放到该场所的垃圾收集容器，或带回家投放到家门口的垃圾收容器内。分时段进行垃圾回收期间，如果村民外出，可将自家的垃圾收容器放置在门前指定地点，由环保工人清理。最后，鼓励村民以拍照的形式监督乱扔垃圾的不文明行为，并提供给缔造办，取得实物证据后将统一公布名单。村民们在环境保护的过程中逐渐形成参与共同缔造的自觉意识，为构建院前共同体奠定了制度基础。

3. 实施内在驱动机制，激发村民参与热情

习近平总书记在中共中央政治局第二十二次集体学习时强调，农村要发展，根本上要依靠亿万农民。对此，C.J.X. 深有体会，他以曾经指导的一个合作社为例，该合作社的大股东财大气粗，认为自己出钱就能解决一切问题，平时与村民交往时态度不是很友好。究其原因，他并未将村民作为主体纳入合作社的发展蓝图中，认为他们可有可无，因而产生轻视心理。结果，他经过三年的艰苦推进，合作社项目仍未能取得村民支持。对此，C.J.X. 向他提供了诚恳的指导意见：

村民才是你的保护神，你要带着村民发展，哪怕他的需求不大，只要小孩和他自己能在这边创业或者就业，就已经很满足了。你应该把你的商业划出一块来共同缔造，大家一起参与，与村民成立合作社，共同推进合作社。即便你要发展院前这种乡村旅游大产业，也还需要这些村民，比如以后景区卫生维护，都要合作社来帮忙推进，需要打破传统思维，改变对

村民的态度,才能共同发展。

在 C.J.X. 的启发下,该老板豁然开朗,明白了"共同缔造"不是政策,而是一种机制与方法。以前那种进入村庄直接征地付钱的办法已难以施行,"共同缔造"的机制就在于找到村民一起来干,彼此形成"共建、共享、共进退"的命运共同体。于是,他回去以后便将村民纳入长期规划之中,向大家解释村庄地理位置优越,如何依托距离市中心不远的便利交通条件、村旁的三千亩湿地公园以及水资源保护区,打造包括村民在内的产业发展机制。村民们也看到了希望,不仅可以住进新房子,还能拿到拆迁款,未来还能依托合作社就业或创业,一个多月后,村民们便同意拆迁,合作社的项目也得以顺利推进。

事实上,村民参与基层治理是实现乡村治理现代化的必要条件。随着经济的发展、社会的转型以及政府职能的转变,农村治理面临的问题与所处的环境日益复杂,解决好农村治理问题已远超出某一个行为主体的能力与职能范围,须引入并整合各方力量,形成多元治理态势,而村民是多元治理主体中最重要的主体。[①] 农村治理与村民参与是整体与部分的有机融合,是点与面的立体化对接,是多元主体共同作用的结果。为此,院前网格党支部、乡贤理事会等从关系村民共同利益的事情做起,把"决策共谋、发展共建、建设共管、效果共评、成果共享"真正落到实处,从而激发了村民的热情。在此基础上,院前网格党支部领导并成立了济生缘果蔬专业合作社,同时引导村民以资金、土地及其他要素形式加入合作社,或就单个项目与合作社进行合作,从而形成产业发展长效机制。

三、以共同参与为灵魂,社会各界共建共享

除了组织载体和制度牵引以外,C.J.X. 更加看重院前建设中的参与属性。他通过打造平台经济,为社会各界共同参与院前合作社建设提供发展机会。如通过打造"城市菜地"项目,吸引各类资源要素下乡,真正实现市场驱动下的村庄产业共建。此外,他还提倡"体验吸引游客"的发展思路,使得院前模式在参与互动中得到广泛传播。

---

① 赵晓娜、郭宝亮:《村民参与农村有效治理的逻辑》,《内蒙古农业大学学报(社会科学版)》2018年第1期,第9—13页。

1. 平台经济：筑巢引凤，共参合作建设

按照 C.J.X. 的发展思路，院前打造的是平台经济，与以前那种入股以后坐等分红的半封闭发展模式相比，平台经济对外部资金、人员及项目具有更强的发展需求和现实吸引。事实上，从最早十几个人发起成立院前合作社，到村民们慢慢加入，直至全村都加入进来，其中最为突出的问题就是依赖性太强，大家都只想出资不想出力，严重禁锢了合作社的发展活力。随着发展规模的扩大，C.J.X. 认为旧的方式难以为继，亟须升级合作社的运行模式，即将入股式转变为合作式，这样一来，合作社为院前筑巢引凤夯实了平台基础，用 C.J.X. 的话概括就是"这个平台谁都可以拥有"。不管是本村人还是外地人，只要有好的想法或项目，并按照指定的方式打造，合作社都可以为其提供发展平台，勤快肯干但不想创业的，合作社亦可为其提供就业机会。合作社唯一排斥的是既没想法又不肯干的人，"不管你是哪里人，如果你没有想法又不肯就业，那你就是一个懒惰的人，我们没有理由带上你"。

发展模式的创新，为院前源源不断地引入外部人才、资金、技术、项目提供了根本性的渠道。从最初合作社旗下只有"城市菜地"和民宿项目，到吸引台湾青年加入发展凤梨酥项目，院前发展得越来越顺利。随着合作模式的更新，每个加入其中的参与者均与院前形成了紧密的利益共同体，大家都会以主人翁的姿态来积极对待合作社所打造的东西，并持续助力院前的长期持续发展。在此基础上，院前合作社还会创造一些公益，"像年轻人的创意我们就去辅导，老人的事情都是由合作社去做"。此外，为积累村庄原始发展资金，C.J.X. 始终坚持不分红的原则，对此很多人颇有微词。在他看来，每个人发展的机会都是平等的，任何人都可以来合作社就业，合作社需要的是干事创业的人而非坐等分红的股金，"你没办法满足大家的欲望，今年分了 5 万块，他明年指望 50 万、后年 500 万都敢想。但他只要参与到这个里面，他知道这钱是怎么来的，就会跟我一起努力，我第一步改变的就是人"。

正是在该思路的指导下，C.J.X. 认为在合作社尚能盈利的时候，就要抓紧利用资金积累快速发展，持续打造出能够供年轻人回乡创业的平台空间，"合作社提供发展机会，这叫作筑巢引凤。我们最早投入才 80 万，现在

产值最少几百万、上千万，那你也可以来合作社这边一样地创业"。与此同时，结合前文的叙述亦可看出，院前的"共同缔造"事业主要由合作社牵头，不断盘活村内的抛荒地、旧房子、老手艺、老人以及游手好闲的年轻人等各类资源，激发村民内生动力，充分带动村庄发展。内外并举的发展模式为合作社赢得了广泛的社会认可，先后获得福建省农民合作社优秀示范社、省级休闲农业示范点等荣誉称号。在打造"院前模式"并吸引社会各界投身其中的过程中，C. J. X. 颇有心得，他认为农村不是商业区，"走了一拨人，还有一拨人"，院前只有以合作社为基础，打造更加兼容并蓄的平台经济，并以服务和体验为核心，才能真正让大家愿意坐下来聊聊天，了解院前的故事并融入当地的发展。

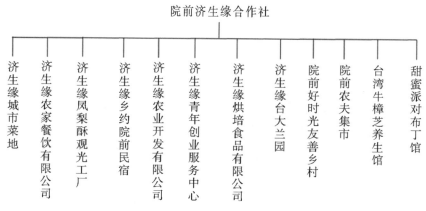

图 5-4　院前济生缘合作社组织架构

资料来源：院前济生缘合作社理事长 C. J. X. 提供。

2. 城市菜地：市场推动，共建村庄产业

随着城市化的节奏加快，乡村凭借远离尘嚣、环境优美、安宁和睦的天然优势，一定程度上能够满足现代人重返自然、体验劳动的需求，这种简单慢节奏的生活对城市居民具有较强的吸引力。该背景下，根据"一村一品"的发展理念，结合青礁村四代种菜的产业特色，依托交通便利、古民居集群等特点，借助院前合作社的平台优势，三名大学毕业生怀揣"对脚下的土地投入感情有多深，路就能走多远"的深厚感情回乡创业，通过

与院前合作社形成战略合作关系，成立了济生缘果蔬专业合作社。面对老一辈"年轻人不会种菜"的取笑，他们又开创了"济生缘城市菜地"项目，致力于带领全体村民共同富裕。该项目完全采取"互联网＋"的市场化方式运营特色蔬菜种植及配送。据 C.J.X. 介绍，"城市菜地"项目基本按照 $20m^2$/块的大小出租，每块菜地租金为 200 元/月，租户以附近的城里人为主，他们可以在租地上按照自己的需求选种育种，做一个快乐休闲的"小地主"。

租户可以根据时间闲暇程度及个人喜好选择不同的项目运行方式，其中，时间充裕的可以选择亲自照看、自主耕作；时间相对紧张的或不愿花费太多精力种地的，可选择半托管模式，由村民帮忙打理，并将新鲜蔬菜定期送货上门。在此过程中，广大院前村民的参与积极性被充分激发，目前全村 750 位村民中，大多数都在从事果蔬种植，其中 9 名种菜经验丰富的"田秀才"被聘为"城市菜地"项目的种菜指导员和技术员，包括一期项目和二期项目负责人，他们负责菜地的日常管理，并为会员提供种菜技术指导。更令人感动的是，已退休的青礁村原党支部书记 L.Z.S. 听闻合作社的年轻人开发二期城市菜地，主动将二期菜地里属于他的 3 亩地无偿提供给合作社使用一年，就是为了让游手好闲或外出打工的年轻人回乡创业、记住乡愁，在他的带动下，其他持有土地的村民也纷纷将土地出租给合作社，支持他们的事业。

依托大学生创办的"城市菜地"项目，C.J.X. 又提出"学习式旅游"的崭新发展理念，力图让每一个来到院前的小朋友都能真正体验耕读文化的乐趣，包括认菜比赛、种菜体验、了解蔬菜功效、挖地瓜、烤地瓜、磨豆浆、捉泥鳅等。截至目前，院前吸引的周末亲子游以及接待的校外实践学生已超过 40 万人。该过程中，C.J.X. 真正体会到"只要方向对了，市场都会推着我们走"。此后不久，凭借丰富的蔬菜资源和不断扩大的市场需求，他又带领村民成立济生缘农家餐饮有限公司，开办各类餐厅以及"乡约院前民宿体验馆"，为游客提供方便完备的服务。自此，"城市菜地"项目的"共同缔造"成效已充分显现，院前已开发的 50 亩城市菜地，累计吸收 300 多名会员，接待游客近 5000 人，将村民原先每亩每年 3 万元的种菜收入提升至每亩每年 8 万元。

3. 体验旅游：双向互动，共享缔造经验

品尝到"城市菜地"的体验经济带来的甜头，院前开始坚持"信任吸引合作伙伴，体验吸引游客"的发展思路，着力使游客在参与互动中获得休闲娱乐和增进各类知识。在该思路的指导下，C. J. X. 坚持倡导通过参与式休闲文旅来为院前注入更多的资源要素和发展活力，"它打造的不是景点，而是一个没有围墙的自然课堂"。来到这里的游客都可以在互动参与中体验自然课程和耕读文化的乐趣，除了学习陶艺 DIY（自己用手做）、如何种菜、捉泥鳅以外，还能观看闽南特色活动木偶戏，游客不仅能欣赏木偶表演，还能亲自体验如何制作木偶。与此同时，通过搭建老有所为的实践通道，让村里的老人走出来，教小朋友制作传统美食，为闽南文化的传承注入新鲜血液。在这个过程中，老人们作为老师将传统手艺教给年轻一代，他们不仅排解了孤独，也找到了存在感，进一步激发了他们融入院前治理的积极性。

区别于浅层次的观光式参与，院前凭借相对固定的党建交流路线，让更多的党支部走入村里。在参观交流的过程中，他们不仅增进了对院前发展历史和缔造模式的理解，还根据不同的需求，把各类服务带给了村内相应的群体。其中，有的带着医疗专家来为村里的老人义诊，有的为院前的年轻人免费开展创业培训，还有的带着慰问品来看望村里的贫困家庭。此外，借厦门市委党校处级干部在院前进修学院参加培训会的机会，院前党组织与干部们互相交流，不断提升院前的党建水平。海沧区统战部、厦航飞机维修工程部等单位前往院前开展"两学一做"支部活动，为院前发展整合到更多的社会资源。截至目前，前来院前参观交流并提供深度服务的党支部多达 200 余个。他们在参观交流的过程中，不但提升了院前的党建水平，还为村庄的发展提供了各类服务，起到了重要的补位作用。

在观光式参与、服务式参与之外，院前还开辟了分享式参与的互动模式。以青创书院为载体，通过分享院前的发展历程及创业经验，吸引全国各地的青年前来分享创业经验，其中台湾青年在此过程中与院前达成合作协议，二者共同创办了济生缘凤梨酥观光工厂。借鉴院前青创书院的分享模式，厦门市政府积极联系云创智谷、海沧三创基地等台湾青年聚集的青创平台，通过建立青年工作小组等形式，丰富台湾青年的工作生活，力图

在分享交流中增强青创平台对台湾青年的吸引力和凝聚力。其中云创智谷已吸引入驻台湾团队 40 余个，台湾青年近百人，海峡两岸无人机暨智能机器人孵化基地吸引台湾团队近 10 个，台湾青年 10 余名。此外，院前分享式参与的互动模式还产生了世界性影响，多达 40 余个"一带一路"沿线国家的创业青年来到这里，了解院前的创业模式。参与互动式发展模式已嵌入院前共同缔造的过程中，并成为两岸融合的重要经验。

结论及余论

纵览全国各地的乡村人才振兴实践模式，现均呈现重视人才培育、侧重人才嵌入乡村发展以及贯穿始终的多元治理等特征。在此基础上，总结出各类乡村人才振兴模式的共同价值意涵，包括协同型的人才振兴路径、内生型的人才培育模式以及综合型的人才实践样本，进一步揭示乡村人才振兴实践的路径密码，均衡行政与自治关系、找准不同组织抓手、完善各类制度保障成为"密钥"所在。

第一节　全国乡村人才振兴实践的总体特征

全国各地的乡村人才振兴实践总体上呈现围绕人才培育的核心攻坚、人才嵌入带动的乡村发展以及贯穿始终的基层多元治理等特征。

一、围绕人才培育的核心攻坚

乡村人才振兴，人才培育是关键。围绕人才培育展开的核心攻坚，主要包括以早期探索为先手，系统培育为核心以及监督管理为保障，推动人才返乡下乡，提升乡村人才素养并规范人才队伍运行。

1. 以早期探索为先手，推动人才返乡下乡

无论是改革开放的伟大历史实践，还是集体经济股份权能改革，抑或是宅基地改革、土地"三权分置"改革，它们之所以能够在避免引发社会激烈震荡的同时，取得相对稳定的实践绩效，究其原因，主要在于改革主导者——中央和各级地方政府所采取的渐进式改革方案，即摸着石头过河，借助先行试点、逐步推广的方式，在实践过程中探索与推进同时进行，如

此既能够及时地总结实践过程中的经验教训，又能够有效地将经验教训反馈到下一步的改革方案或行动之中。事实上，乡村人才振兴也是农村改革的重要组成部分，但是由于当前社会主要矛盾的发展变化以及城乡之间基于工业化和城镇化而发生的巨大变迁，我国的乡村人才振兴实践不得不在汲取新中国成立初期、集体化时期以及改革开放以来有限历史经验的基础上，重新开始新的探索。

在各类人才振兴的具体实践中，早期探索起到了至为关键的先手作用，为后期的人才培育提供了先决条件。在新型职业农民培育方面，在经历传统农民、新型农民以及新型职业农民的发展演变过程之后，传统农民兼业增强逐步向新型职业农民变迁。在此基础上，为有效应对当前农业生产经营者队伍中的人力大量流失、队伍结构失衡以及劳力素质堪忧等系列问题，中央开始了一系列的早期探索，包括发布中央一号文件，持续加大对"三农"的财政投入力度，逐步完善乡村各项基础设施建设，在全社会营造学农爱农氛围。与此同时，持续开展农民技术人员、"百万中专生计划"等农村实用人才培训，为正式开展新型职业农民培育积累宝贵经验。此外，党中央和国务院通过出台系列政策文本，为提高新型职业农民的战略定位做足铺垫。

在干部队伍建设方面，当前的基层干部队伍面临人口外流、结构老化以及激励不足等多重问题。为有效化解该难题，在早期阶段，全国各地先后开展干部队伍建设的非制度化探索。具体包括，通过外部动员的方式，吸引外出乡贤、能人、大学生返乡任职，同时借助党组织的力量，将乡村能人优先发展入党，先行对其加强培育。此外，借助村民自治的力量，加强对其约束管理。以上举措为后期正式开展基层干部储备、选育以及管理工作奠定基础。不仅如此，吸引社会各界投身乡村建设的过程中，国家在政策层面亦开展了一系列的新时代探索。包括全面提升人才下乡的政策环境，鼓励更广泛社会人才和团体涌现，以及丰富新型农业社会化等服务组织，为人才下乡提供服务供给。综上可见，各类人才实践过程中所开展的早期探索，为后期的正式人才培育工作起到了经验积累和条件改善的作用。

2. 以系统培育为核心，提升乡村人才素养

注重人才培育是全国各地人才振兴实践过程中凸显的又一重要特征。

2014 年，习近平主持召开中央财经领导小组第七次会议时强调，要重点在用好、吸引、培养人才上下功夫。自古以来，我国就非常注重人才培养工作。其中，东汉时期的教育家王充始终强调人才培养工作中的实用性导向，"入山见木，长短无所不知；入野见草，大小无所不知。然而不能伐木以作室屋，采草以和方药，此知草木所不能用也"（据《论衡·超奇》）。马克思认为，生产力包括劳动者、劳动资料和劳动对象等三要素，同时强调"为了占有和使用生产资料，我们需要有技术素养的人才"[①]。列宁对马克思的人才培养观有所发展，他认为在对人才实行理论与实践相结合的培养模式的同时，还应完善选拔和监督等人才培养链条，即"全部工作的关键在于挑选人才和检查执行情况"[②]。

延续马列主义的人才培养思想，新中国成立以后，毛泽东主席十分重视人才培养工作中的实践属性和实用属性。毛泽东十分推崇"从实践中来，到实践中去，再从实践中来，再回到实践中去"的人才生产机制。正是在该思想的指导下，他提出"一切可以到农村中去工作的这样的知识分子，应当高兴地到那里去。农村是一个广阔的天地，在那里是可以大有作为的"。建设时期兴起以知识青年为主体的社会各界投身乡村建设运动，改革开放后涌现以大学生为主体的社会各界积极加入新农村建设行列等现象，成功破解了人才培养体系碎片化、培养形式实用性不强等难题。进入新时代以后，在广泛学习世界各国的乡村人才振兴经验后，发现他们在实践中多以农民教育为核心，着重建立覆盖全面的农民教育体系，以及出台相关的农民教育法案和政策支持。系统性的农民培育思想为我国基层干部队伍建设、新型职业农民以及新乡贤培育工作积累了经验，为进一步彰显我国乡村人才振兴工作中的人才培育特色奠定基础。

展开来讲，首先，在新型职业农民培育方面，通过自上而下、自下而上以及双向结合的精准遴选机制，让合适的人进入新型职业农民培训环节。在此基础上，通过配优配齐师资力量，提升培训工作的创新性、针对性和灵活性，加强新型职业农民培育工作的系统性和实用性。其次，在干

---

①《马克思恩格斯全集（第 38 卷）》，人民出版社，1972 年，第 187 页。
②《列宁全集（第 43 卷）》，人民出版社，1987 年，第 110 页。

部队伍建设方面，在有序、稳定、精准选出得力基层干部的前提下，配套以强化干部"精神之钙"的思想政治培训、提升干部成事本领的业务能力培训和密切干群联系的分类岗前培训，全面提升干部队伍服务基层群众的综合素质，并引领村庄持续向前发展。最后，在新乡贤培育方面，在成立机构、丰富载体和以文化人的基础上，各级政府通过制定身份标准，界定并推选新乡贤，同时搭建乡贤联谊平台，完善乡贤信息库建设以及划定乡贤联络片区，发掘并联谊新乡贤，最后依托各类正式和非正式组织，规范并吸纳新乡贤。综上可见，在马克思主义人才培养理念的指导下，全国不同发展时期以及同一时期的不同地区，针对不同类型的乡村人才，均采取了以实用化为导向、以系统性为方针的人才培养模式，并取得了显著效果。

3. 以监督管理为保障，规范人才队伍运行

以往的人才培养实践中，往往呈现出"重培育、轻管理"的倾向，极易衍生精神懈怠、能力不足、脱离群众、消极腐败等系列问题，最终致使干部队伍的人才培养工作前功尽弃。2010 年，中共中央、国务院发布《国家中长期人才发展规划纲要（2010—2020 年）》[①]，围绕人才工作管理机制的改善，提出完善党管人才的领导体制、改进人才管理方式以及加强人才工作法制建设等三项措施。针对如何完善党管人才的领导体制，相关文件强调"制定完善党管人才工作领导机构，建立科学的决策机制、协调机制和督促落实机制，……动员和组织全社会力量，形成人才工作整体合力"。针对如何改进人才管理方式，相关文件提出"围绕用好用活人才，完善政府宏观管理、市场有效配置、单位自主用人、人才自主择业的人才管理体制"。针对人才管理工作的法制化建设，相关文件要求"推进人才管理工作科学化、制度化、规范化，形成有利于人才发展的法制环境"。以上规定为持续发挥人才管理中的党建引领作用、制度保障作用以及法制兜底作用奠定了坚实基础。

全国各地在系统性的新型职业农民培育过程中，不断强化相关管理工作，逐步破解"不会管、管不到、管不好"等实践难题。首先，以党建为

[①] 为行文方便，本段范围内，《国家中长期人才发展规划纲要（2010—2020 年）》简称为"相关文件"。

引领，推进组织吸纳和绩效管理。针对如何发挥乡村人才管理工作中的牵头抓总职能，各级党委深入田间地头和教学一线，围绕基层群众关心的热、难点问题，通过开办党课等方式，强化以新型职业农民为代表的乡村人才队伍的党性教育。坚持党管人才的基本原则，通过将优秀的新型职业农民发展入党，增强党内规章制度和国家法律法规对相关人才的双重约束。其次，以登记为前提，完善资格审查及等级评定。在加强党管人才工作的基础上，针对如何优化人才管理方式，各地采取了系列制度化的工作机制。具体而言，各地通过建立注册登记制度、资格审查制度以及等级评定制度，对登记在册者实行信息化和公开化管理，方便其寻找就业岗位和接受社会监督。最后，以考核为抓手，强化日常监督和退出机制。为回应人才管理工作中的资源配置效率低下等问题，各地以绩效考核为抓手，加强日常监督机制，同时通过发挥市场在人才资源配置中的基础性作用，不断优化新型职业农民的培育、配置和使用。

好干部的"金刚不坏之身"不是天生的，而是严管厚爱出来的，既需要干部加强自我修养和约束，也需要组织加强管束和关爱。① 基于此，在强化基层干部队伍管理的过程中，通过实施常态化的值班制度以及干群日常联系制度，真正让村干部的言行举止始终处于群众监督之下，并转化为干部"带好头"的内在动力，化被动监管为自我约束。此外，在强化非正式制度化建设之余，辅之以纪律法规等正式化制度建设，尤其注重发挥《中华人民共和国监察法》对包括村两委成员在内的基层干部队伍的监管威慑作用，并在此基础上搭建"党内监督、政府监督、群众监督"三位一体的监督管理体系。同样，新乡贤的培育过程中，部分地区通过制定村级乡贤参事会章程，在严格遵守国家相关规定的前提下，加强对乡贤参事会的财务审计监督，并定期向全体村民进行账目公开，以此构建"村委会、乡贤参事会、村民"三位一体的监督制衡体系。由上可见，在深入推进乡村人才培育工作的过程中，全国各地坚持党管人才的基本原则，同时注重发挥正式和非正式制度的约束作用，并着眼于构建"政党—政府—群众"或"正式组织—非正式组织—群众"三位一体的监督体系。

---

① 杨超：《好干部是严管厚爱出来的》，《人民日报》，2018 年 11 月 27 日第 7 版。

二、人才嵌入带动的乡村发展

人才振兴的靶向在于推动乡村发展。全国各地在乡村人才振兴实践过程中，主要通过增强利益联结、强化人才引领、打造政经合力，提升村民参与热情，加速农业转型升级和建设现代新型农村。

1. 增强利益联结，提升村民参与热情

历史经验表明，自民国伊始的社会各界投身乡村建设运动，其成效不大乃至失败的常见原因主要是未能有效激活村民参与热情，由此导致梁漱溟所言的"号称乡村运动而乡村不动"现象。对此，国内相关研究表明，村民之间利益相关性程度越大，彼此认同感越强，参与率就越高，自治就越有效。① 换言之，利益构成村民行动的逻辑起点，松散的利益结构容易导致村民的部分集体行动失效。著名史学家司马迁在《史记·货殖列传》中早有表述，"天下熙熙，皆为利来，天下攘攘，皆为利往"。事实上，西方学者亦对此早有洞察，亚里士多德在《政治学》开篇即言，"一切社会团体的建立，其目的总是为了完成某些善业"②。善业即人们间的共同利益。霍布斯持同样观点，他认为人们让渡部分自然权利组成国家，主要为了由国家调节和保护个体利益。③ 卢梭的表述则更为直接，"他只是为了自己的利益，才会转让自己的自由"④。有鉴于东西方学者的共识，同时为了规避因松散利益结构所导致的"乡下人漠不关心"现象，全国各地的人才振兴实践均从不同侧面加强村庄社区产权场域⑤内不同主体的利益联结。

其中，在新型职业农民培育过程中，以四川省崇州市为代表的全国各地通过成立林地股份合作社，搭建起包含新型林业职业经理人、全体社员在内的利益联结机制。以往基于土地流转而组建的合作社，通常属于集体所有或私人所有，普通村民在其中通常以不稳定的地租收益和部分的工资性收入作为主要经济来源，收入有限且难以保障，参与热情被极大抑制。

---

① 邓大才：《利益相关：村民自治有效实现形式的产权基础》，《华中师范大学学报（人文社会科学版）》，2014年第4期，第9—16页。

② [古希腊] 亚里士多德：《政治学》，吴寿彭译，商务印书馆，1965年，第3页。

③ [英] 霍布斯：《利维坦》，黎思复、黎廷弼译，商务印书馆，1985年，第131—132页。

④ [法] 卢梭：《社会契约论》，何兆武译，商务印书馆，1980年，第6页。

⑤ 朱冬亮：《村庄社区产权实践与重构：关于集体林权纠纷的一个分析框架》，《中国社会科学》，2013年第11期，第85页。

鉴于此，崇州市在新型职业农民培育过程中，探索形成的以林地股份合作社为载体的林业共营制，实行除本按比例分红、保底二次分红以及"股份＋佣金"分红，让包括村民在内的不同主体共享合作社发展成果，成功激活乡村人才振兴实践场域中的多元主体参与热情。在基层干部队伍建设过程中，返乡或下乡任职的各类人才通过构建村庄利益共同体，化解普通村民的抵触情绪并激活他们的参与热情。由于传统观念的桎梏以及利益观念的限制，福建省长汀县丁黄村书记 D. Q. Q. 在将《古田军号》剧组引介入村的过程中，遭到抱有"外人来之不吉"等守旧观念的村民群体的反对。为此，他通过增加村内老人、无业青年的群演收入，打造旅游名村下的村庄利益共同体，持续激活村内不同主体参与热情。

事实上，通过打造紧密型利益共同体来破解村民参与不足的实践特征已贯穿乡村人才振兴的方方面面。同样以基层干部队伍建设为例，为了激活软弱涣散村庄的村民参与热情，整合相应的干部群体资源，以福建省将乐县安仁乡为代表的乡村地区通过成立跨村产业联盟，打造优势互补和资源共享的跨村利益共同体。跨村产业联盟通过盘活资产、开发资源以及实施股份经营，推进村财增收和村民增利，持续激活村民参与热情。此外，在培育新乡贤的过程中，借助在地化策略获得身份认同的浙江省绍兴市上虞区称海村经济权威，通过修建村级小学、村内道路、文化大礼堂、公交线路等，为全体村民提供教育、文化、出行等多重便利，在使他们增强获得感、幸福感的同时，进一步提升其参与感，为持续发挥新乡贤的治理效能奠定群众基础。最后，在社会各界投身乡村建设的过程中，福建省厦门市海沧区院前社以合作社为组织载体，通过打造开放式平台经济，为社会各界共同缔造美丽院前社提供契机，在此过程中使发展成果惠及包括院前社村民在内的不同社会群体，进一步吸引村民投身院前社建设。

2. 强化人才引领，加速农业转型升级

2017 年，习近平总书记在参加全国"两会"四川代表团审议时要求，就地培养更多爱农业、懂技术、善经营的新型职业农民。事实上，劳动力作为重要的生产要素，通过培养高素质的新型职业农民队伍，能够逐步实现农民富裕和农业增收，最终"让农业成为有奔头的产业，让农民成为体面的职业"。当前我国的新型职业农民队伍尚面临农业劳动力大量非农转

化、农业劳动力队伍性别和年龄等结构性失衡、农业劳动力素质堪忧等多重问题，严重阻碍了新型职业农民队伍建设，削弱了以新型职业农民为代表的乡村人才在现代农业转型升级中的引领作用。为此，四川省崇州市以培育新型林业职业经理人为重点，通过财政支农、工程探路和战略先导，为新型职业农民的培育营造良好的社会氛围。在此基础上，通过完善顶层设计、探索试点先行及加强人才回引，为强化新型职业农民培育奠定基础。

此后，经过培育筑基和管理兜底的新型林业职业经理人，在新成立的林地股份合作社中持续发挥人才引领作用，直接推动现代都市林业的转型升级，实现林农共同富裕。2008 年颁布《中共中央国务院关于全面推进集体林权制度改革的意见》时，当地林业发展面临转型升级的紧迫处境，林业落后的同时，还面临林业比较收益下降所引发的林农流失及林地闲置等现象。为此，当地政府以新型林业职业经理人为核心，通过构建"新型林业职业经理人、林地股份合作社、林业综合服务"等三位一体的林业共营制，着力发挥新型林业职业经理人在其中的林地经营才能和服务管理才能，为破解传统林业的尴尬处境、推动现代都市林业持续快速发展以及实现多元主体合力共赢创造了宝贵的经验。事实证明，持续发挥新型职业农民等乡村人才的引领作用，能够有效加速传统农业的转型升级，实现多元主体的共同富裕。

基层干部队伍建设对于现代农业的发展亦起到重要作用。在村级自治场域内，传统时期的基层干部作为当地精英群体，对农业发展起着至关重要的作用，包括组织人力兴修水利、修缮道路、集体抢收等。但是随着工业化和城镇化的快速发展，当前基层干部队伍面临结构失衡、激励不足和组织涣散等问题，其带领广大农民发展农业的战斗力被大大削弱。在此背景下，福建省将乐县安仁乡以跨村党建联盟为抓手，不断整合相关村庄软弱涣散的基层干部资源，并以干部队伍建设为核心，通过成立农业合作社、农业公司等涉农载体，在完成纵向政策吸纳和横向村级资源整合的基础上，引领规模以上种植大户和流转承包地经营权的散户在规模化、机械化的农业运营中获取不低于以前的经营性收入和工资性收入，最终实现农业品牌亮化、产业转型升级以及村民共富的初级目标。

3. 打造政经合力，建设现代新型农村

社会各界投身乡村建设的过程中，往往面临政府距离过近，乡村人才丧失发展活力，而政府距离过远，乡村人才又缺乏发展动力的两难处境。如何更好地协调乡村人才与政府之间的关系，成为助力现代新型农村建设的关键所在。在此基础上，结合市场在资源配置中起决定作用的当下，如何进一步均衡政府和市场的关系并着力打造政经合力，成为激活乡村人才有效嵌入当前村庄治理的重要思考点。为此，在新型职业农民培育的过程中，各级地方政府充分利用中央出台的财政支农政策，包括农产品价格体系及分税制改革、全面取消农业税、加大各项务农补贴以及加强农业基础设施建设、实施城乡公共服务均等化等，为新型职业农民培育营造良好的宏观政策环境。在此基础上，遵照各级党委政府的目标规划、方针原则、制度建设以及经费投入，在试点中结合市场化的林业共营制改革，共同助力新型林业职业经理人参与现代新型农村建设。

基层干部队伍在嵌入村庄治理的过程中，尤其注重结合当地政策发挥自身专业特长，包括福建省长汀县丁黄村返乡书记 D. Q. Q.，外出创业期间以导游为主，返村以后便结合当地政府推行的美丽乡村政策以及本村传统客家古民居资源丰富的实际情况，力图通过电影拍摄的契机扩大本村旅游知名度，最终借助市场化的力量打造闻名远近的乡村绿色旅游产业。实践证明，基层干部 D. Q. Q. 政经结合的发展思路是对的。在该思路的指引下，他为村落争取到大量的基建配套资金，将一个日渐衰败的高山古村落发展为宽带全覆盖、污水处理完善、路灯遍布的现代宜居村庄。福建省将乐县安仁乡的基层干部也走出了一条政经结合的村庄发展道路。当地基层干部利用产业党建联盟的发展政策，结合本地实际引入百香果种植、家禽养殖、清语橙种植等项目，成功打造涉农公司、村庄及农户一体发展的循环经济体系。

在嵌入乡村治理的过程中，新乡贤群体根据在地化政策，成为村两委成员，为进一步了解和吸纳纵向层面的政府政策作铺垫。如浙江省新乡贤多为外出创业多年的经商人员，他们充分利用政府政策和市场化力量，积极募集乡贤资金并成立乡贤基金会，在政策和资金的双重支持下，以 X. H. X. 为代表的新乡贤大力动员全体村民，致力于建造首批 6000 平方米

街面房和村级市场、称海村文化大礼堂、信义广场等村级公共设施。政经合一的发展思路让称海村得以更好地聚合国家政策和乡贤资源，为持续建设美丽新称海奠定坚实基础。又如福建省厦门市海沧区青礁村，在吸引社会各界投身院前社建设的过程中，返乡能人 C.J.X. 率先争取到"美丽厦门共同缔造"政策，并以此为契机，积极打造开放式平台经济，借助市场化的力量，先后引入"城市菜地""农家餐饮有限公司""凤梨酥观光工厂""院前民宿""青年创业服务中心"等发展项目及各类人才，有效激活了美丽新院前社的建设。

三、贯穿始终的基层多元治理

基层社会场域中的人才振兴实践，整体呈现出多元治理的发展面向。各地通过加强党组织能力建设、基层自治能力建设以及多元力量建设，围绕人才振兴形成以基层党组织为核心、多元参与共治的基层社会治理体系。

1. 加强党组织能力建设

2019 年，习近平总书记在党的十九届四中全会第二次全体会议上指出，必须坚持党政军民学、东西南北中，党是领导一切的，坚决维护党中央权威，健全总揽全局、协调各方的党的领导制度体系，把党的领导落实到国家治理各领域各方面各环节。基层治理是国家治理的根基。具体到基层治理层面的乡村人才振兴问题，党的领导在其中处于关键位置。中共中央、国务院早在 2010 年颁布的《国家中长期人才发展规划纲要（2010—2020年）》中便明确指出，要持续贯彻党管人才的领导体制。在过去的一段时间内，由于对党管人才工作的忽视，出现了一系列问题，包括缺乏领导核心、难以形成组织合力、培育管理体系碎片化等。为此，新时代以来，全国各地在乡村人才振兴实践的过程中，始终贯彻党管人才的基本原则，发挥党建引领、党员先锋以及基层党组织对基层干部、新型职业农民、新乡贤等乡村人才资源的培育、深耕、管理和引导。

具体而言，在新型职业农民培育的过程中，广大党员干部深入教学一线开展实地培训，通过向广大农民学员传达农业优惠政策，组织常态化的党性教育学习，提升新型职业农民专业技能和思想道德修养，并将新型职业农民队伍中的优秀成员培养入党，在对其加强党性教育和技能培训的同时，通过党内法规和规章制度进一步约束其行为、纯洁其思想，更好地引领其成为"爱农业、懂技术、善经营"的新型职业农民。此外，乡村人才振兴工作中的党建引领作用并不限于此，在基层干部队伍建设的早期探索阶段，福建省将乐县安仁乡由于乡村精英外流严重，当地创新出"跨区域党建"的工作机制，即在本乡流动人口较为集中的上海成立党支部，以此加强对流动党员的管理及与外出乡贤的日常联络。从中可以发现，党建引领嵌入在乡人才培育体系和外出人才联络体系，有利于持续吸引外出人才回归家乡及加强对相关人才的后续管理。

以基层党员干部为主体的乡村人才群体，随着人口持续外流、村集体经济贫弱以及物质激励的不足，整体呈现出软弱涣散的发展趋势，严重制约了乡村人才培育工作乃至整个乡村治理场域中党建引领作用的发挥。为此，福建省将乐县安仁乡在实践过程中探索出产业党建联盟的发展模式，即联合本乡镇数个相邻的软弱涣散村庄，成立联村党委，整合彼此的党员干部资源、自然禀赋资源以及外部政策资源，最终实现人才共用、产业共建、成果共享的发展效果。此外，人才工作中的党建引领作用还体现在"管政策、管服务"等方面，在新型职业农民嵌入村庄发展的过程中，向其提供科技服务、管理服务、专业化服务、品牌运营服务、金融服务。在社会各界投身院前社建设的过程中，基层党组织和党员群体通过筹措贴息贷款、对接创业导师、梳理当地特色、逐户发动群众，总揽大局并全面支持下乡返乡人才建设美丽院前，即是明证。

2. 加强基层自治能力建设

乡村人才振兴牵涉面广，敏感性强，极易导致返乡下乡人才"主体悬浮""难以入场"的尴尬处境，必须辅以基层治理做保障。为此，党的十九大报告指出，加强农村基层基础工作，健全自治、法治、德治相结合的乡村治理体系，并在此基础上，"培养造就一支懂农业、爱农村、爱农民的'三农'工作队伍"。可见，返乡下乡人才嵌入乡村社会发展，离不开特定治理方式的加持。

全国各地在乡村人才振兴的实践过程中，通过调动村庄场域内多元主体的自治意识，广泛建立各类正式和非正式组织，推选出一批情怀深挚、了解农村、能力较强、威望较高的乡村人才担任主事人，重新聚合村庄自治功能，发挥治理效能。在新型职业农民培育的过程中，受过高等教育的四川省崇州市道明镇斜阳村外出大学生 X.J.，在父亲 X.Z.C. 的影响下重返家乡，并被村民们集体聘为新成立的林地股份合作社的新型林业职业经理人。合作社按照现代企业制度制定出一套独立于政府行政体系、完全自治的运行方案，包括成立代表全体社员进行决策的理事会，负责"栽种什么"，受聘的林业职业经理人 X.J. 则负责"怎样栽种"，包括提出生产意见、成本核算、产品指标等。部分社员组建成相对独立的监事会，负责监督理事会的经营决策和林业职业经理人的生产管理，三者共同形成相互独立、互相制约的科学运行机制。这种相互制衡的运行机制，不仅最大限度调动了新型林业职业经理人、普通社员的自治动能，而且能够有效规避现代市场的运营风险，实现现有条件下的产出效益最大化。

在新乡贤培育的过程中，返乡任职的称海村乡贤 X.H.X. 通过发动大家成立乡贤基金会、乡贤参事会等，广泛建立覆盖全体村民的股份经济合作社、财务监督小组等正式和非正式组织。由村民推选出有责任心和能力强的乡贤群体，出任乡贤参事会的会长、秘书长和理事，让村民自治找到新的组织载体并焕发出新的活力。此外，以情感为引领的归雁效应，能够更为充分地激发返乡下乡人才的自治潜能。鉴于此，通过建立乡贤信息库、村级微信群、商会实体组织等，搭建乡情联络平台，为成功吸引大批外出乡贤能人重拾乡情乡愁并返乡下乡干事创业奠定基础。在社会各界投身院前社建设的过程中，返乡创业的 C.J.X. 为了获取更多自治动能，主动选择不加入村两委，在充分发掘院前社历史习惯和村风民俗的基础上，制定出符合本村发展实际的村民公约、绿化养护办法以及"小袋鼠"行动管理规章，让"美丽院前共同缔造"过程中产生的矛盾纠纷都能够通过这些自治习惯得到内部消解，从而最大限度减少村庄治理成本。

3. 加强多元力量投身乡村建设

在坚持党建引领和完善基层自治的基础上，随着社会经济的持续发展，"铁板一块"的乡村社会群体开始出现不同程度的利益分化。在该背景下，乡村治理场域中不同社会主体之间的诉求逐渐趋向不一致。众所周知，治理追求条件的创造，以保证社会秩序和集体行动。^① 如何克服因利益分化而导致集体行动能力消解的弊端，成为摆在包括下乡返乡人才等不同乡村治理主体面前的共同难题。对此，俞可平指出，相对于传统统治观念，现代治理理念更强调"政治国家与公民社会的合作、政府与非政府的合作、公共机构与私人机构的合作"^②。2014年《政府工作报告》明确指出："推进社会治理创新。注重运用法治方式，实行多元主体共同治理。"^③ 十九届四中全会更详细阐明了多元共治的主体结构特征，强调完善党委领导、政府负责、民主协商、社会协同、公众参与、法治保障、科技支撑的社会治理体系，建设人人有责、人人尽责、人人享有的社会治理共同体。

综上可见，返乡下乡人才嵌入乡村治理的过程中，关键在于构建多元共治新格局，努力让多元主体成为基层治理的参与者、受益者和评判者。结合以上分析，以四川省崇州市新型职业农民培育为例，在发展都市现代农业的过程中，以新型林业职业经理人为核心，以全体社员为主体，辅之以林业科研院所等科技服务平台，林业有害生物移动监测终端、精准农技科普等智慧林业管理服务平台，林业服务超市、四川空中农人科技有限公司等林业专业化服务平台，林产品质量安全监管网格化管理体系、乡镇标准化检测室、村级标准化检测室，优势特色农产品基地、"土而奇"公共电商平台、"三编创客中心"、"龙门山山货集市"等林业品牌运营服务平台，以及"农贷通"融资综合服务平台、成都农交所崇州市农村产权交易有限公司等农村金融融资服务平台，各类不同主体分别负责林地股份合作社的管理、运营及综合服务供给，成功搭建融合多元主体的林业共营制，并实现共建共营共享共赢。

此外，在基层干部队伍建设的过程中，以返乡任职大学生为代表的村干部群体，在发展本村的过程中，纵向引入政府政策，横向发动村民群体，并借助剧组等社会力量，多元力量共同致力于旅游型村落的发展壮大；以返乡能人为代表的基层干部群体，通过跨村联合党员干部、村民群体、涉

---

①［英］格里·斯托克、华夏风：《作为理论的治理：五个论点》，《国际社会科学杂志（中文版）》，1999年第1期，第23—31页。

②俞可平：《治理与善治》，社会科学文献出版社，2000年，第6页。

③中共中央文献研究室编：《十八大以来重要文献选编（上）》，中央文献出版社，2014年，第850页。

农企业家、新型农业经营主体，持续整合党政资源、村级资源及社会资源，多元主体在合作共治中将曾经的"空壳村"不断发展壮大。在新乡贤培育过程中，返村乡贤与党委成员、村委成员、股份经济合作社成员、财监小组成员等乡贤组成的参事会成员以及广大村民群体，将不同利益主体聚合在村庄道路建设、文化礼堂修建、村级市场筹建等村庄公共事业上，持续发挥多元主体的差异化能力，共同致力于村庄的发展壮大。

第二节　各类乡村人才振兴模式的价值意涵

乡村人才振兴实践过程中所呈现的不同人才振兴模式蕴含着丰富的价值意涵，包括探索出协同型的人才振兴路径、创造出内生型的人才培育模式以及打造出"四位一体"的人才实践样本。

一、创造出协同型的人才振兴路径

注重系统性、整体性、协同性是助力乡村人才实践的内在要求，也是推动乡村人才振兴的重要方法论，属于乡村振兴战略的重要内涵之一。全国各地的人才振兴实践，探索出了协同型的人才振兴路径，包括以结果为导向，强化目标协同；以程序为保障，强化过程协同；以普惠为标尺，强化效果协同的模式。

1. 以结果为导向，强化目标协同

无论是全方位的乡村振兴战略，还是作为基础的人才振兴计划，其最初的政策目标都是为了实现"农业强、农村美、农民富"。从全国的政策实践进程来看，各地均站在"全国一盘棋"的高度，协调新型职业农民、基层干部队伍、新乡贤以及社会各界不同类型人才的培育目标，并将其聚焦至乡村产业、人才、文化、生态、组织等全面振兴上来。所谓政策协同，是指两个以上组织利用现有决策规则或创造新规则，共同应对相似任务环境的过程。[①] 引申至此，笔者将其理解为两个或以上地区利用现有政策规

---

①Mulford C L，Rogers D L. *Definitions and Models*. Ames：Iowa State University Press，1982。此处需要说明的是，笔者这里使用的是"政策协同"的引申义，即两个或以上地区利用现有政策规则，共同实现不同类型人才振兴目标的过程。

则，共同实现不同类型人才振兴目标的过程。1965 年伊戈尔·安索夫在《公司战略》（corporation strategy）中首次提出"协同"概念。按照苏延莉（2010）的解释，协同是指两个及以上不同资源或个体协同一致地完成某个目标的过程或能力。[1] 根据内容的差异，可将人才振兴相关的政策协同划分为信息协同、组织协同、人员协同、任务协同和目标协同等。具体到本书主题，"目标协同"是指在人才振兴过程中，对组织振兴、生态振兴和文化振兴等子目标进行协同管理[2]，以达到乡村全面振兴的目标。

表 6-1 按照内容对协同进行分类

协同分类	定义
信息协同	系统内部的信息共享和交流
组织协同	组织系统内部各个职能部门之间的协同
人员协同	通过不同专业人员的协同工作来完成个人不能完成的工作
任务协同	多任务情况下，系统如何调配内部资源来达到任务之间的协同
目标协同	对项目各目标进行协同管理，达到协同优化目标

资料来源：《基于协同理论的工程项目多目标优化研究》，第 16 页。

在新型职业农民培育的过程中，政策顶层设计中的相关人才目标不止于培养"有文化、懂技术、会经营"的新型职业农民，经过精准遴选、系统培育、政策扶持以及管理兜底的新型职业农民在自我养成的过程中，也在逐步探索如何更好地嵌入现代农业经营体系，为实现包括自身在内的全体村民富裕、传统农业转型升级和乡村全面振兴积蓄力量。事实上，通过四川省崇州市的新型林业职业经理人案例，我们可以更为直观地发现，他们的新型林业职业经理人培育通过林业共营制真正实现了"林业强、农村

---

[1]苏延莉：《基于协同理论的工程项目多目标优化研究》，西安建筑科技大学硕士学位论文，2010 年，第 16 页。

[2]笔者认为，乡村振兴的"产业、人才、文化、生态、组织"等五个子目标亦可以简化为"农业强、农村美、农民富"，下文不再赘述。

美、农民富"三位一体的政策设定目标。基层干部队伍建设过程中，宏观政策目标也不止于"努力造就一支忠诚干净担当的高素质干部队伍"，在拓宽选用视野、严格规章制度以及坚持严管厚爱的基础上，随着干部素养的全面上升，基层干部队伍自身的结构性缺陷得到弥合，相应的人才培养目标也随之扩展至基层干部队伍能否有效嵌入村庄治理和带领全体村民实现共同富裕。

与之类似，在新乡贤培育的过程中，2016年"十三五"规划纲要将最初的政策目标设定为"培育新乡贤文化"。该背景下，全国各地以乡贤文化培育为重点，通过成立各类机构，深耕乡贤文化资源，丰富文化载体，拓展乡贤文化功能，着力以文化人，提升乡贤文化效能。在此基础上，新乡贤培育的外部社会氛围得到全面改善。随着实践成效的逐步溢出，2018年中央一号文件将新乡贤培育的政策目标设定为"积极发挥新乡贤作用"，包括促进乡风文明、推动经济发展和优化基层治理。此外，在吸引社会各界投身院前社建设的过程中，最初的政策目标设定为院前社环境改造。以C.J.X.为代表的社会人才在共同缔造美丽院前的过程中，逐步实现了"乡村美"的奋斗目标，这为村内老人锻炼身体以及弥合老年人、年轻人关系起到推动作用。并且，他们为了院前社的全面可持续发展，逐渐同步厦门市制定的"美丽厦门共同缔造"政策，力图实现院前社生态振兴、各类人才振兴、闽台保生慈济文化振兴以及济生缘开放式经济平台组织振兴。

2. 以程序为保障，强化过程协同

在推进各类乡村人才振兴实践的过程中，需要厘清人才培养的阶段性重点并探索出基于人才培养规律的程序性保障，否则只会导致人才培养结构混乱、目标倒置以及根基不牢，重蹈以往人才培养失活的覆辙，并由此动摇乡村全面振兴的人才基础。为此，全国各地在实践进程中，大致协调了乡村人才振兴过程中的统一性程序规则，包括完善政策设计、加强人才回引、开展早期探索、先行试点推广以及充实人才储备、加强人才选育、严格后续管理，尤其注重人才嵌入村庄场域并发挥治理实效的程序性补充。由于全国各地的人口状况、发展程度、资源禀赋、社会文化等存在显著差异，加之新型职业农民、新乡贤、基层干部队伍以及各类社会人才在培育环节、结构特征以及效用发挥等方面存在一定差异，因之在强化程序协同的同时，各地还制定了更具针对性、灵活性和差异化的人才培养方案。

就宏观层面的协同性程序规则而言，新型职业农民培育主要涉及"财政支农、工程探路、战略先导"等早期探索阶段，"顶层设计、试点先行、人才回引"等前置规划阶段及"培育筑基、管理兜底"等系统培养程序，尤其是新型林业职业经理人嵌入现代林业体系等结果性程序环节。与之类似，基层干部队伍建设主要涉及"返乡引流、能人变红、廉而有为"等早期探索阶段，拓宽选用视野的人才储备阶段，严格规章制度的人才选育阶段，坚持严管厚爱的人才管理阶段以及干部队伍嵌入村庄治理阶段等统一程序性规定。在新乡贤培育的过程中，亦涉及外部氛围营造、顶层政策供给、系统人才培育及探索新乡贤嵌入基层治理等程序性规则。事实上，这种宏观协同的程序性规则并非完全无法省略。以社会各界投身美丽院前建设为例，主要有政策引导、育人为先以及人才嵌入美丽院前建设等环节。

在宏观协同的基础之上，还存在若干微观程序性协同。以人才培育为例，新型职业农民的微观程序规定是精准遴选、系统培育及政策扶持，而基层干部队伍建设的微观程序则是严把干部入口关、加强任内培训和坚持严管厚爱。与之类似，新乡贤培育过程中，侧重于通过制定标准"界定并推选新乡贤"，通过畅通渠道"发掘并联谊新乡贤"，通过成立组织"规范化吸纳新乡贤"。不但如此，社会人才投身乡村建设的过程中，C.J.X.坚持"先造人，后造物"的以人为本理念，着重通过以文化人、强化实践的方式，提升对青年人的公共精神培育，尤其注重用人唯实的规律，坚持将人才放在对的位置。综上可见，不论是宏观性的协同程序，还是微观层面的协同规则，在遵循统一性的前提下，为尽可能提高人才培育实效，在部分类型的人才培育过程中，会针对人才培养等关键环节进行放大和细化处理。

3. 以普惠为标尺，强化效果协同

习近平总书记指出："改革成效要靠实践检验，既要看单项改革的成效，也要看改革的综合成效。"从全国的人才振兴实践来看，其整体效应已不仅是某类乡村人才振兴的简单相加，各类人才振兴的有机结合所产生的

协同效应<u>①</u>已催化出全面振兴的乘数效应。对村民而言，全国各地的人才振兴实践，既保障了外出村民的发展权益，也为返乡创业村民或留守老人妇女找到致富带头人、就近实现就业以及融入村庄整体发展提供了更多契机。对乡村产业而言，各类人才的返乡下乡，不仅解决了农业发展所面临的劳力不足问题，而且为传统农业向现代农业转型提供了"懂技术、善经营、会管理"的新型农业经营主体。此外，就整个乡村社会而言，多元人才投身乡村建设的过程中，不仅解决了传统的环境污染问题，而且通过集思广益，在各类政策和机制的补位下，真正实现了"农业强、农村美、农民富"的政策目标。

就新型职业农民培育来说，以 X.J. 为代表的新型林业职业经理人还与村两委成员、普通村民以及各类综合服务供给主体，借助林业共营制一起进入了乡村治理场域。在此过程中，以新型林业职业经理人为核心的多元主体进一步通过林权细分与重新配置，促进了传统林业的转型升级，构建了都市现代林业体系，从而维护了全体林农、承包农户以及经营主体的权益，最终实现了林地股份合作社、职业经理人、全体村民以及社会化服务组织等多元主体的普惠共赢和效果协同。在基层干部队伍建设的过程中，大学毕业生、外出能人等下乡返乡任职人才，在进入村庄以后，积极联动各类社会人才、跨村党政干部、普通村民群体，通过政策目标协同，充分利用纵向借力、横向联合以及系统贯通等策略或手段，在带动普通村民获取更多的工资性收入、经营性收入以及财产性收入的同时，真正实现"村庄名片亮、要素全域活、基层善治稳"的发展绩效。

由上可见，良好的政策协同有助于提高政策效率和实现帕累托最优。<u>②</u>对此，从新乡贤培育和社会各界投身乡村建设的过程中亦可简单管窥。其中，在新乡贤培育的过程中，回到家乡的新乡贤 X.H.X. 积极联合本村 31 名乡贤、村两委成员、社会组织成员以及全体村民，充分协调多元主体，

---

① 协同效应，据《基于协同理论的工程项目多目标优化研究》解释：1987 年，左丹广之将协同称为"搭便车"，从而出现协同效应的说法。协同效应最初被定义为：1＋1＞2 的效应，即当两个企业并购后，它们的总体效益大于两个企业独立运营效益的简单加和。

② Hoel M. *Coordination of environmental policy for transboundary environmental problems*. Journal of Public Economics，1997，66（2）：199—224.

共同致力于文化大礼堂、村级市场、村内小学以及美丽乡村建设，最终通过一系列的主体协同和目标协同，真正实现了本村的文化振兴、产业振兴、生态振兴。此外，就社会各界投身乡村建设而言，C.J.X. 紧紧依靠上级党政部门、村两委，联合儿时伙伴、院前社村民、返乡下乡大学生以及前来创业的台湾青年，在创办院前合作社的基础上，共同打造开放式平台经济，不断推动体验式旅游经济、青年创业项目、"城市菜地"订单农业等的发展，"美丽院前·共同缔造"的综合型政策目标在社会各界的共同努力下逐渐成为现实。

二、探索出内生型的人才培育模式

加大人才振兴实践力度，激活人才内生发展动力是新时代乡村人才振兴战略的基本要求。全国各地的人才振兴实践探索从内在需求中来，也最终落在了内生发展上，走出了一条内生型人才振兴的路子。

1. 人才需求内生

乡村社会的持续稳定发展离不开相应的人才支撑。2020 年中央一号文件提出了推动人才下乡的政策，并且详细部署了各类人才的支持计划，包括"培养更多知农爱农、扎根乡村的人才，畅通各类人才下乡渠道，支持大学生、退役军人、企业家等到农村干事创业"。由此可见，弥补乡村人才的不足已成为国家政策制定的原始目标。事实上，追溯新中国成立以来的历史，亦可以发现，在社会主义集体化时期，尤其是改革开放以来，随着工业化和城镇化的加速，我国农村地区的人口结构发生了巨大变化，大致可以概括为青壮年劳动力大量外流、农业劳动力老龄化和女性化趋势增强以及农业人口素质整体偏低。国家统计局发布的 2018 年调查数据显示，截至 2018 年底，我国常住人口城镇化率已达 59.58%，乡村振兴背景下的村域社会呈现出村庄空心化、人口老龄化以及劳动力女性化等特征。

那么，这些新的人口结构特征会给乡村社会发展带来哪些影响呢？稍加分析，不难发现，"缺人"的乡村社会正在或即将面临农业劳动力短缺、乡村产业发展乏力、基层治理困难隐伏等现实难题。简言之，乡村发展缺乏有效的主体。根据篇首的概括，笔者将乡村人才大致划分为基层干部队伍等治理型人才、新型职业农民等生产经营型人才、新乡贤等社会服务型人才以及社会各界等社会型返乡下乡人才等几种类型。从中可以发现，基层干部队伍的流失，容易直接导致村两委的虚化、弱化、边缘化，这对于正在形成中的"一核多元"基层治理格局而言，无疑是沉重打击，乡村治理现代化面临式微的风险。而新型职业农民的结构性困境，更直接关乎传统农业转型升级和现代农业的突围重生。不仅如此，新乡贤等返乡下乡人才的缺失，也影响了乡村各类公共服务的有效供给。破解自身发展瓶颈的乡村社会，急需各类人才支撑。

2. 改革动力内生

人才振兴属于乡村改革的基本范畴之一。毋庸讳言，不同的国家政体类型对改革动力及效果存在相当大的影响。其中，新中国成立以前，专制主义政体形成了"底层不动，上层变动"的历史演变特征，即费正清所言"自古以来就有两个中国：一是农村为数极多的从事农业的农民社会，那里……没有什么变化；另一方面是城市和市镇的比较流动的上层，那里住着有产者和有权势者的家庭"[1]。

因专制主义规制导致改革乃至革命进程中"底层不动"的失败现象比比皆是。但是，在徐勇看来，无论是古代的"皇权—绅权"两分权力，还是新中国成立以来的权力集中方式，均呈现出"由近及远到边层的同心圆结构"[2]，并表现出"国家也没有完全遮蔽社会，地方也没有完全为中央所统揽"[3]的特征。在此基础上，他将1978年以来的中国改革实践进程归纳为基于"内核—边缘"权力结构所形成的放权式改革而非渐进式改革，并通过"适应性互动"和"引导性互动"将权力结构的边缘，即普通民众紧紧吸附在权力的内核周围。在此基础上，在两类互动过程中形成"自变性互动"，即作为权力结构边缘的普通民众逐步形成自主性社会，并对权力内核主导的改革产生调适性影响。

与之类似，费孝通将改革进程中呈现的上下互动权力运行关系概称为"双轨制"[4]，并指出"政治绝不能只在自上而下的单轨上运行，一个健全

①［美］费正清：《美国与中国（第四版）》，商务印书馆，1987年，第16页。
②徐勇：《乡村治理与中国政治》，中国社会科学出版社，2003年，第317页。
③《乡村治理与中国政治》，第317页。
④胡薇：《双轨制：中国社会组织发展的现实路径分析》，《中国行政管理》，2013年第6期，第16页。其中指出，费孝通曾用"双轨政治"来描述中国传统的政治体系，他认为中国传统的政治轨道有自上而下与自下而上两条路径，前者是集权式的有形组织，代表了皇权；后者则是地方自治式的无形组织，代表了绅权。

的，能持久的政治必须是上通下达、来回自如的双轨形式"①。简言之，包
括改革在内的政治活动均需在政府和民众的自发互动中得到良性推进。具
体到乡村人才振兴这项全国性的改革实践，广大乡村地区基于对新乡贤、
新型职业农民、返乡大学生、基层干部队伍以及各类社会人才的内生需求，
主动营造相应的社会氛围和提供力所能及的人力物力支持，使得人才改革
不再是自上而下的单向度行为，而成为村民自下而上的自主性实践。从作
为改革主导者的政府立场出发，基于普通民众和村域社会内生需求而产生
的内生型人才改革实践模式，正好消解了官僚体系下科层制弊端，从而为
各类人才返乡下乡并嵌入村庄治理提供良好契机，真正解决乡村人才振兴
改革实践进程中的"底层不动"难题。

3. 返乡动力内生

2013 年，习近平总书记提出"望得见山、看得见水、记得住乡愁"。事
实上，对乡土的依恋是人类共同而永恒的情感。② 对于这种情感，费孝通将
其定义为阿波罗式的，即通过"亲密和长期的共同生活"③ 所形成的熟悉型
社会联系，并由此而内生的"亲密感觉"④ 以及"从心所欲而不逾规矩的自
由"⑤。这种对乡土熟人社会的依赖性情感成为人们反哺家乡建设的原生动
力。与此同时，"没有哪个新创造的制度能够通行，无论它多么合乎逻辑，
除非它累积了类似程度的习惯和感情"⑥。有鉴于此，全国各地在人才振兴
实践过程中，紧紧围绕深嵌在中华民族基因中的乡情乡愁情结，并依此成
功破解了广大乡村地区人才振兴实践过程中长期面临的人才返乡下乡难题。
换言之，正是在这一"感情定向"⑦ 的指引下，许多本地的或外来的乡贤能
人、党政干部、大学生村官等，能够积极响应国家政策，产生返乡下乡意
愿并以自己的方式建设乡村，"许多客走异乡的人，都希望在功成名就后，

① 费孝通：《乡土中国》，上海世纪出版集团，2007 年，第 277 页。
② 邓若寒：《论余光中的乡愁诗》，《名作欣赏》，2019 年第 12 期，第 87 页。
③ 费孝通：《乡土中国》，北京大学出版社，2012 年，第 73 页。
④《乡土中国》，第 14 页。
⑤《乡土中国》，第 14 页。
⑥ [美] 乔治·萨拜因：《政治学术史（下）》，刘山等译，商务印书馆，1986 年版，第 687 页。
⑦《乡土中国》，第 71 页。

以各种各样的方式建设家乡，改变家乡的面貌"①。

其中，在新型职业农民培育过程中，不考虑国家大量财政投入、农民培育工程先期探路以及中央一号文件战略先导等宏观环境的牵引，以四川省崇州市道明镇斜阳村季崧林地股份合作社成员 X.J. 为代表的新型职业农民，之所以回到家乡并成为新型林业职业经理人团队的一员，主要受以乡愁为核心的三方面情感因素影响。具体而言，在 X.J. 案例中，弥散型的乡愁具化为对其身边不同关系主体的牵挂，包括父女之爱、乡民之情以及朋友之谊。首先，就父女之爱而言，父亲 X.Z.C. 率先返乡并成为第一代新型职业农民，其经营的水稻规模逐渐从 30 亩发展至 2000 亩，极大地矫正了 X.J. 对新型职业农民的认知偏差。在起到榜样作用的同时，发展过程中遭遇各种艰辛的 X.Z.C.，亦让女儿 X.J. 倍感担心，希望返乡为父分忧。其次，就乡民之情而言，从小就生活在斜阳村这片熟人社会中的 X.J.，在成长过程中享受着乡亲们关怀的同时，也时刻不忘学成归来反哺家乡，带领大家发展比较收益更高的现代都市林业。最后，就朋友之谊而言，怀揣致富技能的 X.J. 并未忘记身边的亲人朋友，尤其是初中同学兼闺蜜，希望双双联手共同返乡创业。可见，具象化的乡情乡愁在新型职业农民培育的早期阶段起到重要作用。

此外，就干部队伍建设和新乡贤培育而言，一方面，在干部队伍建设的早期探索阶段，乡情乡愁主要依靠非常规化的运行机制发挥作用，包括党政干部和乡亲们利用节假日能人返乡的机会，在联络感情之余对其成就表示认可，并劝说其返乡任职，带领大家共同发展。在此过程中，除情感动员外，还会结合发展前景、职业规划等，与被动员者长期交往。进入制度化的探索阶段以后，各地围绕乡情乡愁建立起"加大宣传力度、密切日常联系、强化党建引领"等制度化的情感互动模式。以密切日常联系为例，福建省龙岩市长汀县各级党委通过建立登记簿、花名册和联系卡，加强同流动党员等外出人才的常态化联系，以上举措为增强人才返乡任职意愿奠定更为坚实的情感基础。另一方面，在新乡贤培育的早期阶段，各地寓乡

---

① 叶强、谭恬恬、张森：《寄托乡愁的中国乡建模式解析与路径探索》，《地理研究》，2015 年第 7 期，第 1215 页。

情乡愁于乡贤文化建设之中,通过宣传方式口语化、宣传资源整合化以及宣传活动制度化,全面增强乡贤文化宣传方案的可传性,进而以"见贤、育贤、传贤"的乡贤文化为载体,推动乡情乡愁牵引人才下乡返乡。

三、打造"四位一体"的人才实践样本

各地的人才振兴实践打造了人才、产业、文化、生态等"四位一体"的实践样本,包括人才振兴推动了产业振兴、人才振兴推动了文化振兴以及人才振兴推动了生态振兴。

1. 人才振兴推动了产业振兴

产业兴旺是实现农业强、农村美、农民富的物质基础,同时也可以为现代农业农村发展注入新的内生动力和能力。[①] 当前存在空心化倾向的广大乡村社会,在实现产业兴旺的过程中,迫切需要相应的人力资本和人才资源支撑。其中,以新型职业农民为代表的农村实用人才,因其具备经营现代农业所需的管理和技术才能,得以为农业为主体的乡村产业兴旺供给一定的人力资源补充。以 X.J. 为代表的新型职业农民返回家乡以后,通过林业职业经理人培训,掌握了现代都市林业相关的管理知识和经营能力。他们通过市场经济规则进入广大林农组建的林地股份合作社,通过熟练运用专业化的林地管理技能和资本市场规则,为合作社的发展争取到各类政策扶持、充足资金供应以及综合性的社会服务,推动合作社发展壮大并能够持续盈利,为都市林业振兴和林农增产增收做出了贡献。

以在乡人才为主的基层干部队伍,更偏重于包括基层治理、环境整治等在内的乡村社会全面发展,他们通过治理效能的调动推进实现以农为主的乡村产业振兴。以福建省将乐县安仁乡为例,因人才外流而形成的软弱涣散的基层干部队伍,按照"党建引领、抱团服务、共建共享"的原则,组建跨村产业联盟党委。在此过程中实行强村驱动弱村,干部联合调动以及土地、政策等资源有效整合的发展策略,共同争取发展项目落地,由此打破了当地人才为主的社会资源和土地为主的自然资源相对分散的僵局,先后争取 600 亩清语橙、300 亩高山茶、300 亩芙蓉李以及 400 亩百香果项

---

①左停、刘文婧、李博:《梯度推进与优化升级:脱贫攻坚与乡村振兴有效衔接研究》,《华中农业大学学报(社会科学版)》,2019 年第 5 期,第 21—28 页。

目落地安仁乡，并完成土地流转和移栽种植。综上可知，以基层干部等治理型人才为主的乡村人才队伍，通过有效的资源整合策略，促进了当地优势资源的互补共用，迅速补齐了各村的发展短板，推动了当地产业高质量发展。

以新乡贤群体和各类社会人才为代表的人才队伍，在进入乡村社会以后，不但有效弥补了乡村产业发展生力军不足的缺陷，而且利用自身掌握的农业种植技术、企业管理理念和现代化的经营知识，打造出包括现代农业在内的更广阔的产业链条。其中，以 C.J.X. 为代表的返乡创业青年，在多年的社会闯荡和城市生活中，掌握了熟练的产业技能，接受了优良的经营理念熏陶，能够快速应对变幻莫测的市场经济所带来的起伏波动和不断冲击。最为亮眼的是，C.J.X. 拥有传统村民所不具备的政策学习能力和开放兼容的创业理念，在带领青礁村院前社年轻人及普通村民依托济生缘合作社实现初步盈利以后，他将村内产业发展模式设定为开放式的平台经济，并为返乡创业的大学生运行订单农业、台湾创业青年践行观光旅游产业理念提供发展契机，在此基础上，集聚全社会的人才和资源力量，成功打造食宿共建、青创学习、体验旅游于一体的立体式"院前产业体系"。

2. 人才振兴推动了文化振兴

"设神理以景俗，敷文化以柔远。"这充分说明文化具有潜移默化、深远持久的影响力，文化作为内在精神力量，能够起到以文化人的巨大作用。习近平曾深刻指出，"乡村振兴既要塑形，也要铸魂"，"没有乡村文化的繁荣发展，就难以实现乡村振兴的伟大使命"。可见，乡村文化振兴之于乡村振兴的"灵魂"作用。具体而言，乡村文化振兴关系到乡村振兴的动力供给和方向指引，是"'留住青山绿水、记得住乡愁'的必然路径，也是重构中国乡土文化、弘扬中华优秀传统文化的主要策略"①。为此，"只有塑造以社会主义先进文化为主体的乡村思想文化体系，打造文化乡村，培育文明乡风，让村民生活富起来，环境美起来，精神乐起来"②，全面实现乡村振

---

① 曾东霞：《青年反哺与回归：破解乡村振兴短板之道》，《中国青年研究》，2020 年第 8 期，第 84—85 页。

② 骆郁廷、刘彦东：《以文化为乡村振兴铸魂》，《光明日报》，2018 年 5 月 8 日，第 11 版。

兴的战略目标才能早日达成。

然而，当前广大乡村地区的文化振兴实践，一方面因人口不断外流而导致传统文化缺乏必要的传承主体和基本的反哺主体，另一方面还面临来自域外文化、民族文化和互联网文化等多元文化的不断解构和反复冲击。乡村社会中"多种组织体系以及塑造权力运作的各种规范所构成"①的传统文化网络正日益解体，并导致各类乡村权威缺乏"存在和施展的基础"②，更为严重的是，"必须在这一网络中活动的任何追求公共目标的个人和集团"③将持续面临集体行动的困境。有鉴于此，作为乡村文化的传承者和践行者，全国各地在乡村人才培育过程中，通过以人才培育为引领，辐射带动乡村文化发展，探索出一系列文化创新和传承路径，为乡村文化传承弘扬和持续扩能增效提供了有利契机。

具体而言，新乡贤群体、大学毕业生、外出创业能人等在外出闯荡和系统学习的过程中，不仅提升了自身的人力资本素养，而且或多或少接触到现代意识和发展观念。回到乡村社会以后，会不自觉地抵触各类低俗、落后、腐旧的传统文化，并积极传播昂扬向上、努力奋进的精神状态和文化知识，有利于文明乡风的塑造成形。以返乡创业青年 C.J.X. 为例，回到青礁村院前社以后，他通过持续分享《颜氏家训》中的有益养分，帮助村内游手好闲的年轻人重新建立尚贤风气和公共精神；利用自身的现代经营理念，积极发掘院前传统文化底色，包括定期修缮村内的大夫第、学仔埕、中宣第、小宗、宗祠、岐山宫、慈济亭等清代古民居，请老人手把手教小朋友制作传统闽南美食。如今，院前社依托人才振兴，再次为闽南文化的传承注入新鲜血液，从而延续了农耕文明的记忆，促进了传统文化的传承创新。

3. 人才振兴推动了生态振兴

习近平指出："要推动乡村生态振兴，坚持绿色发展，加强农村突出环境问题综合治理，扎实实施农村人居环境整治三年行动计划，推进农村

---

①杜赞奇：《文化、权力与国家：1900—1942 年的华北农村》，江苏人民出版社，1996 年版，第 13 页。
②《文化、权力与国家：1900—1942 年的华北农村》，第 14 页。
③《文化、权力与国家：1900—1942 年的华北农村》，第 14 页。

'厕所革命'，完善农村生活设施，打造农民安居乐业的美丽家园，让良好生态成为乡村振兴支撑点。"由此可见，生态振兴是乡村振兴的重要支撑。在此之前，经历经济全球化快速推进的社会转型期，如何实现社会经济的发展与生态环境保护两者间的平衡，早已成为国际性的话语议题。① 事实上，基于一般的认知传统，亦可以发现，"乡村由于其生态文化多样性、亲自然特征，成为与城市互补的生活场域、投资空间，提供与城市不同的生活方式"②。那么，如何保护和利用作为"乡村最大优势和宝贵财富"的良好生态环境，成为乡村振兴实践过程中必须加以考量的重要问题。

但是，乡村生态振兴实践过程中，面临诸多发展难题。总体而言，伴随乡村经济增长与收入水平的提高，中国乡村生态环境呈现出不断恶化的趋势。③ 具体来讲，一方面，由于"工业化时代不被定价而导致生态资源处于长期沉淀状态"④，加之城镇化过程中大量乡村人口外流，乡村生态资源尚未得到有效开发利用，其产业经济价值被严重压缩。与此同时，由于缺乏规划和管控失灵，在迎接工商资本下乡的过程中，所采用的粗放密集的发展方式，进一步加剧生态资源污染和浪费。尤其需要注意的是，当前农业生产体系对农药、化肥的过分倚重，直接造成了大量且广泛的土壤、空气及地下水污染，严重恶化了传统村民的生存环境。此外，以厦门市海沧区青礁村院前社为代表的过渡性征地拆迁地区，所面临的基层设施缺位、污染无人管理等问题，亦深刻影响着当地村民的生产生活。

在人们日益关注乡村环境治理问题的背景下，全国各地的乡村人才振兴实践先行一步，以人才培育为核心，努力探索破解生态治理难题和发展生态经济的有效路径。例如，四川省崇州市新型林业职业经理人 X.J. 运用现代化的可持续经营理念，依托农业科研院所发展高产低污的林下种养经济，同时借助林业专业化平台提供的综合友好服务，共同致力于都市现代

---

① 朱冬亮、江金娟：《集体林改背景下生态公益林改革研究及反思》，《福建行政学院学报》，2012年第2期，第75页。

② 温铁军、罗士轩、董筱丹、刘亚慧：《乡村振兴背景下生态资源价值实现形式的创新》，《中国软科学》，2018年第12期，第2页。

③ 李建琴：《农村环境治理中的体制创新——以浙江省长兴县为例》，《中国农村经济》，2006年第9期，第63—71页。

④《乡村振兴背景下生态资源价值实现形式的创新》，第1页。

林业的发展壮大。与之类似，基层干部队伍在打破资源分布僵局的过程中，严格限制污染严重的项目落地，注重依托现代农业企业和新型农业经营主体，积极发展规模化的绿色林果种植经济，在形成产业集聚效应的同时，有效推动当地的"绿水青山"变"金山银山"。不唯如此，返乡创业青年C. J. X. 通过争取上级政策，积极动员全体村民拆除废弃设施、改建道路以及整修环境，带领社会各界共同缔造美丽院前。

第三节　全国各地深化人才振兴的实践路径

总结全国各地的人才振兴模式，发现其实践路径主要包括：以关系调试为核心，找准行政与自治的均衡点；找准组织抓手，增强人才的嵌入性和稳定性；强化制度保障，增进人才振兴实践的常态化与有效性。

一、精准关系调试：找准行政与自治的均衡点

保持村民自治活力和均衡行政与自治的关系，是推动人才嵌入乡村治理并发挥治理效能的重要前提。通过激发村民参与村庄公共事务的积极性、弥合村内多元主体关系以及保持村庄和政府间的适当距离，成为人才振兴实践过程中均衡行政与自治关系以及保持村民自治活力的成功经验，以此为前提，进一步助力各类人才嵌入乡村发展。

1. 保障村民参与积极性

公共参与行为是推动人才嵌入基层治理的核心手段。乡村治理场域内的村民集体行动逻辑受多因素影响，包括乡村社会文化网络、村庄整体利益结构以及纵向"行政—自治"权力关系结构等。具体而言，乡村社会文化网络越完整、村庄整体利益结构越紧密、行政与自治的关系越均衡，村民参与集体事务的公共性得以生长，其参与效能感亦会得到显著改善。随着工业化和城市化的快速发展，当前乡村社会面临村民原子化、村庄空心化以及"村—民"离散化等新的发展态势，村民参与村庄治理的内生动力被极大消解。回归乡村人才振兴的实践场域，以大学生村官、新型职业农民、新乡贤等为代表的各类人才在进入村庄前后，或多或少面临缺乏支持、身份悬浮及难以嵌入等现实难题。反观历史，"传统农民并非孤立地存在，其生产生活必须借助关系而进行，由此而形成'关系社会'，并孕育出'关

系政治'"①。那么，借助"关系"视角，重新弥合崩解的乡村文化网络、均衡行政自治关系以及将原子化的个体重新嵌入村庄共同体，成为激发村民参与积极性的路径所在。

以社会各界投身院前社建设为例，在此之前，福建省厦门市海沧区青礁村院前社面临流动人口增多、人口老龄化严重、代际矛盾频发以及公共基础设施停摆等内外因共同编织的发展难题，这些现象在不同程度瓦解着院前社的文化网络基础、利益联结整体及行政自治均衡状态，无形中造成了包括下乡返乡人才在内的全体村民的集体行动困境。该背景下，返乡创业青年 C. J. X. 主动选择以不加入村两委的方式来合理均衡政府行政与院前社自治之间的关系。具体而言，由于非村两委成员，C. J. X. 在处理各类事务以及开展社会交往之际，无需向组织报备审批，其拥有相对充分的行动自由，能够把更多的精力投入院前社振兴事业。与此同时，他通过密切联系村两委，保持同基层干部队伍和乡镇政府的良好关系，积极争取"美丽厦门·共同缔造"等政策扶持，重新塑造村庄利益关联（共同缔造美丽院前）和均衡乡镇村关系，为激发院前各类群体参与行动保留合理自治空间和充足的动力供给。

事实上，无论是社会各界投身乡村建设的各个历史阶段，还是新型职业农民、基层干部队伍、新乡贤等为代表的各类专业型、治理型和社会服务型人才，一方面仅靠自身单方面努力，难以有效激活带动村庄发展的全面要素，另一方面，无法合理均衡行政与自治之间的关系，包括自身在内的各类村庄主体都只能在上级政府的"指挥棒"下被动运转，既无法有效发挥投身乡村建设的主观能动性，又容易将村民群体湮灭在行政框架内难以产生自治动力，致使"号称乡村运动而乡村不动"的历史现象一再重演。为规避以上难题，在新型职业农民培育中，通过改善林地股份合作社中的社员利益分配结构关系，很好地促生普通林农的参与动力。同样，新乡贤培育过程中，通过在地化、组织化和公共化等策略，不断密切新乡贤群体与全体村民之间的利益联结关系，真正激发后者参与村级公共事务的积极

---

①徐勇：《"关系权"：关系与权力的双重视角——源于实证调查的政治社会学分析》，《探索与争鸣》，2017 年第 7 期，第 30 页。

性，最终达成共建共享的治理实效。

2. 弥合村内多元主体关系

传统时期的乡村社会，"农民的生产生活不可能脱离社会而孤立地存在，由此形成对其他人的广泛的相互依赖关系"①。可见，"关系"在传统社会中发挥重要治理机制作用。然而，当前乡村人才振兴实践过程中，倾向于将各类权力结构或结构性治理要素置于首位，呈现出"只见结构而不见人"的发展倾向，乡村治理的多元主体仅被视为简单趋利的"经济人"，其主观能动性及背后复杂的运行机制被湮没在政府政策落地村庄场域的过程之中。事实上，作为理性个体的行动者，"既不是完全独立在社会网络结构之外，也不是完全依附于所连结的社会关系网络"，由个体组建的多元主体，"策略行动必然会受到自身所嵌入的社会关系及网络结构的影响"②，除了利益关联以外，"还追求安全、面子、情感、社会地位等社会性需要"③。在此基础上，基层治理空间内多元主体基于社会关系网络而产生嵌入理性，为其采取可持续的行动策略提供先决条件。

以 C. J. X. 为代表的返乡创业青年回到院前社之后，怀着反哺家乡发展的朴素情怀，努力帮助村内游手好闲的年轻人找事做，在改变其精神面貌的同时为其赢得村里老人的认可，以此修复日渐破裂的老少代际关系。另外，无论合作社资金充足与否，坚持筹办一年一度的"百老宴"，在给足老人面子和提高其村内地位的同时，竭力在全村营造敬老爱老的文明乡风。通过成立济生缘合作社，为村子的传统菜地经济向订单式的"城市菜地"模式转型提供契机，使得全体村民的经济收入与合作社的发展息息相关，二者结成紧密利益共同体。在此过程中，相对碎片化的院前社社会关系及网络结构得到逐步修复，普通村民、返乡人才等多元主体在既独立又依附于该社会关系网络的基础上，成功实现乡村振兴场域内的理性嵌入，这为他们化被动接受为主动参与，积极融入乡村全面振兴奠定基础。

以返乡任职大学生为代表的基层干部队伍，携带所学技能下乡或返乡

---

① 《"关系权"：关系与权力的双重视角——源于实证调查的政治社会学分析》，第31页。
② 董帅鹏：《关系嵌入与精准偏离：基层扶贫治理策略及影响机制研究》，《中国农村观察》，2020年第4期，第25页。
③ 《关系嵌入与精准偏离：基层扶贫治理策略及影响机制研究》，第25页。

参与村庄建设，由于长期在外读书、工作或创业，对曾经熟悉的乡村社会产生不可名状的疏离感。在此过程中，返乡任职大学生怀揣着建设家乡的朴素情感，力图在业已成为半熟人社会的村庄内找到用武之地。然而面对青壮年大量流失、老人妇女为主的人口结构现状，村域内部的多元主体原子化特征明显，彼此间缺乏突破"私"的公共联系，在引入外部资金、技术、资源等发展要素时，还要面临老人基于村庄安全考虑而不允许陌生人进村的保守思想限制。为破解以上困难，返乡任职大学生通过积极争取上级政策资金，全面完善村庄基础设施建设，以看得见的发展成果弥合村民因守旧思想而产生的陌生人嫌隙感，并为他们带来更为便捷的就业机会，努力让老人和妇女实现更多的获得感和幸福感，在增强自身认同和村庄认同的过程中，逐渐黏合业已崩解的村庄社会关系网络，为后续的多元主体理性嵌入村庄发展营造环境。

3. 均衡村庄和政府距离

如何善置基层治理场域中的行政与自治关系，是乡村人才振兴过程中不得不面对的重要课题。从起源来看，"中国的村民自治具有国家赋权的特点，民主自治的立法精神能否落实取决于行政放权所提供的体制空间"[①]。现实生活中，随着国家政权的下沉和村治实践的发展，名义上指向"自治"的乡村建设呈现出"组织结构科层化、功能行政化、成员职业化"[②] 等行政科层特征，村委会的自治属性一定程度被行政属性所遮蔽，由此导致基层自治"内卷化"现象严重，直接关涉包括人才振兴在内的各项公共事务的有效运转。事实上，关于基层"行政性"与"自治性"关系问题的讨论，难以回避"国家—社会"关系范式，具体包括"国家中心论"[③]、"社会中心

---

①徐勇：《村民自治的成长：行政放权与社会发育——1990 年代以来中国村民自治发展困境的反思》，《开放导报》，2004 年第 6 期，第 32 页。

②何艳玲、蔡禾：《中国城市基层自治组织的"内卷化"及其成因》，《中山大学学报（社会科学版）》，2005 年第 5 期。

③国家中心论：亦称为国家自主理论（state autonomy theory），代表人物包括马克思·韦伯以及西达·斯考切波等。

论"①、"国家与社会互动论"②，与之对应，分别存在行政论、自治论和行政自治互动论。其中，绝大多数学者秉持互动论观点，认为"在基层治理场域中，国家与社会实质是同一过程的两个面向，即行政性与自治性是基层治理能力的两个侧面"③。

该语境下，时刻面对行政与自治纠缠状态下的乡村人才振兴实践，为了避免内卷化的实践走向和彰显治理成效，不得不暂时抛却"单一行政"或"纯净自治"的单向度思维，秉持灵活实用的行动策略，合理均衡行政与自治的关系，为乡村人才培育创造良好的内外部条件。展开来讲，在新乡贤培育的过程中，作为长期在外的返乡乡贤群体，为了获得村民信任和便于向上争取政策资源，X.H.X.通过加入称海村委会实现身份在地化，在此期间，村两委任职的策略选择很好地弥补了同类乡村人才的体制性嵌入不足，为其带领称海村发展营造了良好的制度结构环境。与之相对，C.J.X.为代表的社会人才投身乡村建设的过程中，为了避免制度化组织的行政化吸纳，同时保留有更多的自主创业权利，主动选择不加入村两委，在游离于村两委外部的同时，通过主动作为，联合村两委向上争取"美丽厦门共同缔造"等政策资源，释放均衡关系下的行政与自治效能。

从以上多样化的路径选择可以看出，人才振兴实践过程中，需要坚持合理调试与适度均衡行政与自治关系的原则，在具体的策略组合抉择方面，应因人因时因地而异。对于体制化吸纳不足的人才群体，可以通过体制化嵌入的方式，适当补足行政系统支持不足的缺陷。对于自治性要求更为强烈的群体，则可以通过体制外的机动性策略，在行动中积极借力村两委、乡镇政府等政策系统的支持。在此过程中需要规避的是传统时期以来社会各界投身乡村建设运动过程中政府行政控制太强、民众自治性参与不足的弊端。经验表明，行政下沉的同时不仅容易加剧科层制弊端及加大治理成本，还会挤压基层自治空间以及削弱村民自主动力，陷入"输血式"的人

①社会中心论：倾向于以社会因素来解释政治现象的研究视角，包括集团理论、多元主义、结构功能主义等，代表人物有豪尔、泰勒斯科克波尔等。

②国家与社会互动论：区别于零和博弈的国家社会二元中心论，认为国家与社会处于不断互动与形构的动态过程中，代表人物包括米格代尔、埃文斯、奥斯特罗姆等。

③苗延义：《能力取向的"行政化"：基层行政性与自治性关系再认识》，《社会主义研究》，2020年第1期，第85页。

才培育路径，一旦外部行政资源供给出现断层，乡村人才振兴实践便容易基于内部自治动力不足而戛然而止。

二、以组织为抓手：增强人才的嵌入性和稳定性

2018 年 4 月，习近平在湖北省宜昌市许家冲村考察时指出，"要推动乡村组织振兴，打造千千万万个坚强的农村基层党组织，发展农民合作经济组织，建立健全党委领导、政府负责、社会协同、公众参与、法治保障的现代乡村社会治理体制"。具体到乡村人才振兴实践，各地通过党组织整体引领、村委会科层拟制以及社会组织的服务供给，以增强人才的嵌入性和稳定性。

1. 引领整合：党组织以组织力统摄人才振兴

基层党组织与乡村人才振兴实践属于互促共生的关系，一方面，乡村人才振兴实践推动了基层党组织的发展，另一方面，基层党组织也为乡村人才培育及发挥人才治理效用提供了平台支撑。"办好农村的事情，实现乡村振兴，关键在党"[①]，农村基层党组织建设，直接关乎乡村人才振兴的实现进程。历经改革开放初期的恢复与重置阶段、民主法制建设时期的巩固与完善阶段、全面建设小康社会与新农村时期的改革与创新阶段以及全面建成小康社会时期的重构与振兴阶段[②]，当前农村基层党组织建设尚面临"部分成员教育水平偏低、工作能力较弱且后备队伍不优、优秀基层干部人员短缺严重"[③] 等难题，这不仅影响乡村组织力的提升，还制约乡村人才振兴的统筹性发展。

鉴于此，农村基层党组织主要通过提升组织力的方式，实现自身完善并作用于乡村人才振兴实践。《中共中央国务院关于实施乡村振兴战略的意见》指出："农村基层党建存在薄弱环节，乡村治理体系和治理能力亟待强化。"[④] 学界关于"组织力"的内涵解释包括组织能力、组织合力、组织影响力等，认为组织力主要由"硬要素"（组织结构力）和"软要素"（组织

[①]《中央农村工作会议在北京举行》，《人民日报》，2017 年 12 月 30 日，第 1 版。

[②] 张明慧、王连：《改革开放四十年党的乡村组织振兴思想与实践研究》，《理论建设》，2019 年第 1 期，第 60—64 页。

[③] 霍军亮、吴春梅：《乡村振兴战略背景下农村基层党组织建设的困境与出路》，《华中农业大学学报（社会科学版）》，2018 年第 3 期，第 1—8 页。

[④]《中共中央国务院关于实施乡村振兴战略的意见》，《人民日报》，2018 年 2 月 5 日，第 1 版。

文化力）构成①。十九大以后，学界对于基层党组织"组织力"概念的一般解释为，作为整体合力的组织力是一种"组织人们去完成组织目标的能力"②。从该层内涵出发，联系当前人才振兴实践经验，农村基层党组织主要通过宣传、执行、领导、动员等整合性措施，推进乡村人才改革实践向前发展。

首先，在宣传方面，各地党政组织的持续宣传引介进一步催生 X. H. X. 等新乡贤群体、D. Q. Q. 等不同人才内心深处业已萌生的返乡意愿，具体包括利用节假日加强同外出返乡人才的政策宣传和情感交流、跨地区组建包括外出人才在内的基层党组织等。可见，基层党组织为宣传及动员各类人才返乡提供了重要推动力。其次，在领导方面，基层党组织通过发挥组织优势，协助返乡创业青年 C. J. X. 动员村民开展环境整治等，有力提升村民参与热情及减少村庄治理成本。此外，在执行方面，各地基层党组织通过联村党建的方式，不仅提升自身组织力，还有效整合软弱涣散村庄的村两委干部资源，为相关政策及产业项目落地提供坚强后盾。综上可知，基层党组织通过提升组织力的方式，全面推动乡村人才振兴。

2. 科层拟制：村委会为人才提供身份认同

追溯新中国成立以来的历史，行政村作为基层治理单元，肇始于1950年政务院颁布《乡（行政村）人民代表会议组织通则》和《乡（行政村）人民政府组织通则》，自此行政村成为一级地方政权组织。时间推移至1998年，全国人大常委会颁布《中华人民共和国村民委员会组织法》，明确村委会不是国家基层政权组织，而是基层群众自治组织，并承担相应的自治载体功能。在现实生活中，由于国家政权的不断下沉，村委会承接了大量的上级行政事务，并在此过程中基于科层化取向的偏好，逐渐由"三级所有，队为基础"的基于生产活动的农业技术性组织，向强调控制与协调活动、资源获得与产品处理的管理性组织和关注组织与社群、社会规范及习俗之

①宋西雷：《基层党支部的"组织力"：新型合作组织的坚强支柱——基于安徽省临泉县农村新型合作组织的调查》，《安徽商贸职业技术学院学报》，2012年第1期，第18—21页。

②王华：《从六个方面提升基层党组织组织力》，《中国党政干部论坛》，2018年第3期，第79—81页。

间联系的制度性组织转变。①

在此基础上，结合村委会组织的原初自治属性界定和行政功能放大趋势，亦可以将其视为拟科层组织。该组织中，新乡贤培育、大学生返村任职、社会青年返乡创业、基层干部队伍建设等各类乡村人才振兴实践借助返乡"情感"（sentiment）的形成，以及对村委会体制性"象征符号与身份地位"的情感（emotional）依赖，充分调动自身"能力与权威"的情感卷入，结合反哺乡村、回报村民的公共性增持，在乡村治理场域中日益形成合法性认同。在此过程中，村委会不再仅仅被"视为促进管理的技术性手段"，而是被确立为一种涵括了公共性价值观的制度性组织，并为乡村各类人才的培育提供来自组织内部的制度化支撑。经验表明，村委会的这种拟科层组织功能为乡村人才嵌入基层治理提供了巨大支撑。

以福建省长汀县丁黄村返村任职大学生 D. Q. Q. 为例，其在返乡之前曾长期在外从事旅游行业，其间村委会通过基本情况摸排，发现他的素质较高，便与基层党组织一起利用节假日返乡的机会，加强对 D. Q. Q. 的政策宣传和情感动员，使 D. Q. Q. 对家乡的情感依恋不断增强，最终决定返乡助力乡村旅游业的发展。由于发展资源和各类要素的短缺，D. Q. Q. 通过体制化嵌入的方式加入丁黄村两委并担任村书记一职，以期获得村委会的符号象征系统和身份地位拟制支持。经过一段时期的努力，D. Q. Q. 逐渐将自身干事创业和向上争取政策资源的能力与权威卷入村两委，村两委反过来为其项目运营、人员管理、宣传动员提供礼仪习俗等一系列非正式的制度支撑。

3. 适时补位：社会组织为人才优化服务保障

从构词学的角度出发，社会组织由社会（social）、组织（organization）二词构成。《现代汉语词典》对组织的释义为"安排分散的人或事物使具有一定的系统性或整体性"或"按照一定的宗旨和系统建立起来的集体"②。

---

① 相关概念参见［美］W. 理查德·斯科特：《制度与组织——思想观念与物质利益》，姚伟、王黎芳译，中国人民大学出版社，2010 年版，第 31 页。帕森斯认为，制度除了具有合法化功能外，还有其他的作用。他认为，组织常常会逐渐垂直地分化为三种多少有些独特的层次：技术性的组织，主要关注生产活动；管理性的组织，主要强调控制与协调活动、资源获得与产品处理；制度性组织，主要关注组织与社群、社会规范及习俗之间的联系。

② 中国社会科学院语言研究所词典编辑室编：《现代汉语词典（第 7 版）》，商务印书馆，2016 年，第 1750 页。

周雪光认为，现代社会就是一个组织的社会，人们的生活需要通过与其他人的交往互动而实现，这种交往互动通常是在"组织"的框架里进行的。[1]回归当前共建共治共享的社会治理格局，社会组织"具有呼应社会治理重心向基层下移的作用"[2]，有益于基层治理的发展。可见，组织之于社会和群体的重要性。事实上，组织振兴亦构成乡村人才振兴的根本和保障。然而，随着工业化和城镇化的迅速发展，我国乡村人口大量外流，各类组织赖以依托的主体出现缺失，并由此衍生基层社会组织定位模糊、治理低效和激励有限等发展困境。

全国各地的人才振兴实践为上述问题的解决提供了契机。其中，通过为技能突出、德才兼备的人才提供各类组织化的社会服务，以此巩固并发展新型职业农民培育。四川崇州市围绕林地股份合作社，聚合一批综合服务型组织，包括科技服务平台、林业服务超市、乡镇村三级标准化检测室、优势特色农产品基地、农林产品电商平台、青年创业中心等社会服务型组织，以及融资贷款服务平台、林权交易平台等农村金融服务组织。通过人才培育而带动的各类组织振兴，反过来又为搭建以新型林业职业经理人为核心的林业共营制构建了稳定的乡村社会网络生态系统，有效保障了林业共营制在市场化大潮中的平稳运行，奠定了林业共营共赢的组织基础。

此外，在培育新乡贤的过程中，浙江省绍兴市上虞区率先成立全国首家以"乡贤"命名的民间社团——上虞乡贤研究会，以此助力新乡贤文化的传播践行。在此基础上，培育而成的新乡贤群体借助乡贤参事会、宗亲理事会等社会化组织，实现自身在地化、公共化，为有效嵌入村级治理提供条件。福建省将乐县安仁乡基层干部队伍通过组建跨村产业联盟党委，综合利用博远嘉园等现代农业生态企业以及农腾合作社、健辉合作社、新粮农合作社等新型农业经营主体，成功激活村庄场域内人才、土地、政策、资金等不同要素的充分涌流。尤其值得一提的是，福建省厦门市海沧区院

---

[1] 周雪光：《组织社会学十讲》，社会科学文献出版社，2003年，第6页。
[2] 徐顽强、于周旭、徐新盛：《社会组织参与乡村文化振兴：价值、困境及对策》，《行政管理改革》，2019年第1期，第51—57页。

前社在吸引社会各界投身本村建设的过程中，依托院前济生缘合作社的"筑巢引凤"功能，打造了集订单农业、体验旅游、创业文化交流等各类组织于一体的立体式村域社会组织网络，为社会各界共同缔造美丽院前提供了有效的组织载体。

三、以制度为保障：保障人才振兴的常态化与有效性

不同的社会理论家先后把规制性（regulative）、规范性（normative）和文化—认知性（cultural—cognitive）系统分别确定为制度的关键要素[①]，并由此衍生出偏规制型制度、偏规范型制度以及偏"文化—认知"型制度。在乡村人才振兴实践的过程中，逐步总结出偏规制型制度强制、偏规范型制度约束和偏文化型制度助力的全方位制度保障路径。

1. 刚性为核：人才振兴中的偏规制型制度强制

制度存在规制性维度，即规制性制度可以制约、规制及调节行为。[②]具体而言，制度的规制性基础要素包括强制性暴力、奖惩和权宜性策略反应，同时以法律制裁为合法性基础，借助"内疚/清白"情感反应机制，通过规则、法律和奖惩等系列指标，依托偏强制的扩散机制和"规制性规则"的秩序基础，对事务做出工具性和权宜性应对。[③]制度规制行为的过程主要包括确立规则、监督他人遵守规则乃至实施奖惩等。这些过程通常依托分散的、非正式的社会习俗或高度正式化的国家机器加以施行。一旦"焦点行动者"[④]违反正式的规则或非正式的律令，就会遭受以政府为代表的中立"第三方"的严厉制裁和惩罚。具体到乡村人才振兴实践场域，以规制性要素为主导的制度建设在嵌入人才振兴的过程中，具备自上而下的制度刚性和保障强度，能够在一定程度推进人才振兴实践由"悬浮"走向"落地"。

作为规则制定者、仲裁者和强制实施者的中央和各级地方政府，在新型职业农民的培育过程中，依托早期阶段以中央一号文件为代表的宏观保障制度以及系统培育阶段实施的资格审查等级评定制度、日常监督和退出

---

①《制度与组织——思想观念与物质利益》，第 58 页。
②《制度与组织——思想观念与物质利益》，第 60 页。
③《制度与组织——思想观念与物质利益》，第 61 页。
④焦点行动者：此处指规制、规则、规范等的施行对象。

制度、组织吸纳和绩效管理制度，借助传统农民所处的乡土"符号系统与社会中的规制性机构之间的突然碰撞或对抗所导致的情感"①以及由此迸发的强大行为动力，为拓宽新型职业农民培育过程中监督管理型规制制度的适用范围以及合法性来源奠定基础。展开来讲，新型职业农民培育过程中，农民群体面对由国家所支持的资格审查、等级评定、日常监督、绩效管理等包括奖惩在内的规制性规则系统，通常会感到畏惧和内疚，或者轻松、清白和信任，并在此基础上迸发出内生动力和制度信任。毋庸赘言，这种基于刚性约束的规制性规则为乡村人才振兴实践有序运转提供了强有力的制度保障。

"一个稳定的规则系统，不管它是正式的还是非正式的，如果得到了监督和奖惩权力的支持，并且这种权力又伴随着畏惧、内疚感，或者清白无愧、高尚、廉正、坚定等情感，那么就是一种流行的、起支配作用的制度"②。就该层意义而言，新型职业农民培育过程中制定的一系列监督及奖惩规则，因得到了作为焦点行动者的农民的坚定情感回应，而成为乡村人才培育的"流行的、起支配作用"的制度。此外，制度的规制性维度与其他维度具有流变性，"原先由一种基础要素所支持的制度，随着时间的流逝与环境的变迁，会由另一种基础要素来维持"③。在规制性规则对新型职业林农培育工作做出刚性的、权宜性策略回应的同时，来自地方性的非正式林权使用规则、职业经理人聘用机制以及林业共营制，利用既支持又制约的规范框架，使得自上而下的新型职业农民培育制度更易于得到普遍性遵守。

2. 道德为基：人才振兴中的偏规范型制度约束

社会生活中的制度，还存在说明性、评价性和义务性的维度，这种制度就是规范性的规则。④ 规范系统包括价值观⑤和规范⑥，确定目标以及指定追求这些目标的适当方式。特定情境中的支配性行动者，通过"只能适

---

①《制度与组织——思想观念与物质利益》，第62页。
②《制度与组织——思想观念与物质利益》，第63页。
③《制度与组织——思想观念与物质利益》，第62页。
④《制度与组织——思想观念与物质利益》，第63页。
⑤价值观：此处指行动者所偏好的观念或者所需要的、有价值的观念，以及用来比较和评价现存结构或行为的各种标准。
⑥规范：此处指规定事情应该如何完成，并规定追求所要结果的合法方式或手段。

用于特定行动者或职位类型"① 的价值观和规范了解指导其如何行为的期待
或预言并持有规范性期待，进一步将外在压力传导至行为对象——焦点行
动者，后者在对来自支配性行动者的传导压力进行不同程度内化的过程中，
建构起"特定职位具有特定权利和责任，可以支配一定程度的物质资源"②
的角色。在社会大众看来，基于以上特征，规范系统往往会对社会行为施
加一种限制，同时赋予社会行动某种力量，"对社会行动具有使能作用"③，
因此，"它们对于行动者既赋予权利也施加责任，既赋予特权也施加义务，
既提供许可也实施命令和操纵"④。

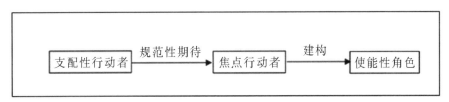

图 6-1　规范性基础要素主导型制度对行动者的影响机制

具体到乡村人才振兴实践过程，尤其是社会各界投身院前社建设，以
C. J. X. 为代表的返乡创业青年通过联合村民制定并实施绿化养护长效机
制、"小袋鼠"行动管理制度、公共绿地认养制度等，将追求清洁、环保、
善治的共同信念和价值观传导至院前社的"焦点行动者"——全体村民，
在此过程中所采用的"不得损坏""不乱丢""鼓励监督"等偏重于社会义
务的社会规则，使全体村民成为缔造美丽院前的既受限定又具能动性的行
为主体，由此构成维护美丽院前秩序的重要基础。与此同时，作为支配性
行动者的 C. J. X. 等乡村人才得益于前述规范系统的禁止性许可，既区别于
普通村民，又可以参与并主导美丽院前的产业规划规则、政策使用规则等，
从而在坚持公共性取向的前提下，为自身行动合理避免障碍及有效嵌入村
庄治理提供更为便利的宏观制度环境。

---

① 《制度与组织——思想观念与物质利益》，第 63 页。
② 《制度与组织——思想观念与物质利益》，第 63 页。
③ 《制度与组织——思想观念与物质利益》，第 63 页。
④ 《制度与组织——思想观念与物质利益》，第 63 页。

此外，规范性制度的运行动力亦包含强烈的情感因子，区别于因违反规则或规制而引发的"内疚/清白"情感反应，其主要引发羞耻或荣誉等情感。具体而言，焦点行动者因违反规范而产生羞耻感，进而衍生大量的负性自我评价，包括强烈的懊悔、自责等，而模范行动者则因遵守规范而产生骄傲与荣誉感，并为其长期遵守相应规范提供强大动力。面对院前社制定的一系列保护村庄环境的规范性制度，全体村民基于违反规定而可能面对的舆论谴责和道德羞耻感，主动带领家人行动起来，并积极监督其他村民。事实上，以共同的规范和价值观，即规范性制度作为稳定社会秩序的重要基础之一，需要包括乡土人才、全体村民在内的各类行动主体，通过强有力的道德支配来保障制度的合法性基础。否则，这种非强制的制度一旦应用于无道德或弱道德行动主体，便会导致无序的混乱状态。

3. 动力内生：人才振兴中的偏文化型制度助力

制度还存在"文化—认知性"维度。在此处，"文化—认知"是指作为认知容器的文化，通过"外在的"文化框架塑造行动者"内在的"理解过程。[①] 这种新的文化视角重点关注的是文化的语义符号性层面，注重将文化视为包括主观信念以及被感知为客观的、外在于个体行动者的符号系统。[②] 具体而言，认知是外部世界刺激与个人机体反应的中介，是关于世界的、内化于个体的系列符号表象。[③] 而符号则是指由词语、信号与姿势等塑造并赋予的客体或活动意义。[④] 该背景下，行动者通过持续互动来建构、确认、延展、维持和转化行动意义。由此可知，行动者要想理解或解释任何行动，"不仅必须考虑行动的客观条件，还必须考虑行动者对行动的主观理解"[⑤]。在乡村人才振兴实践场域，返乡人才与乡村干部、普通村民借助内生于乡村社会的乡情乡愁、乡言乡语以及"百老宴"等乡间习俗等文化符号，在持续互动中赋予人才返乡并投身乡村振兴的切实意义。

不同文化要素的制度化程度存在差异，包括与规制性要素、规范性要

---

① 《制度与组织——思想观念与物质利益》，第66页。
② 《制度与组织——思想观念与物质利益》，第65页。
③ 《制度与组织——思想观念与物质利益》，第65页。
④ 《制度与组织——思想观念与物质利益》，第65页。
⑤ 《制度与组织——思想观念与物质利益》，第65页。

素相互联系的程度以及嵌入惯例或组织的程度等。具体到"文化—认知"范式，文化要素的制度化程度更高，主要表现为不太需要"人为维护、仪式巩固、符号阐释"①的更具嵌入性的文化形式，包括引导外出人才返乡任职的乡情乡愁、依托村民日常习惯制定的乡规民约、培育乡贤的传统文化氛围等。这些文化要素主导的制度具备极大的适应性、灵活性及自主性，使得各类人才在进入乡村治理场域中得以表现出更高的嵌入性和更优的治理绩效。如凭借乡情乡愁返乡的 C. J. X.、X. J. 等人，各自充分利用内生的乡规民约引导村民爱护环境，或依托非正式的林业共营制密切合作社利益联结，分别取得了共同缔造美丽院前和助推都市林业现代化的优良成效。

基于微观层面的个体异质性以及宏观层面的文化差异性，处于社会转型时期的文化信念具有多变性和竞争性，由此导致不同行动者交往过程中，承认文化概念的多样性以及不同主体所持信念存在差异变得极为重要，这也要求新型职业农民、返乡创业青年、大学生村官、新乡贤等各类人才在进入不同地域、不同类型、不同底色村庄时，在承认其文化网络差异性的前提下开展产业、文化、生态、组织等多方面振兴工作。承认并顺从文化差异性背后的行动逻辑在于，人们理所当然地认为那些惯例是"我们做这些事情的"恰当方式②。在此基础上，"文化—认知"要素主导的制度通常借助确信、信心等积极情感因子或困惑、混乱和迷失等消极情感因子，对基于共同文化信念的乡村人才产生强有力的推动作用，这一点与规制性要素和规范性要素产生的强制或约束作用迥异。甚至可以断言，这层朴素而亲密的情感联结（乡情乡愁等）已成为建构各类乡村人才嵌入乡村治理的深层力量。

表 6-2 制度的三大基础要素

名称	规制性要素	规范性要素	文化—认知性要素
遵守基础	权宜性应对	社会责任	视若当然、共同理解
秩序基础	规制性规则	约束性期待	建构性图式

———————————

①《制度与组织——思想观念与物质利益》，第 66 页。
②《制度与组织——思想观念与物质利益》，第 67 页。

（续表）

名称	规制性要素	规范性要素	文化—认知性要素
扩散机制	强制	规范	模仿
逻辑类型	工具性	适当性	正统性
系列指标	规则、法律、奖惩	合格证明、资格承认	共同信念、共同行动逻辑、同形
情感反应	内疚/清白	羞耻/荣誉	确定/惶惑
合法性基础	法律制裁	道德支配	可理解、可认可的文化支持

资料来源：《制度与组织——思想观念与物质利益》，第 59 页。

主要参考文献

一、著作

1. 国家统计局农村社会经济调查司 . 2019 中国农村统计年鉴［M］. 北京：中国统计出版社，2019.

2. 费孝通 . 江村经济［M］. 厦门：鹭江出版社，2018.

3. 童禅福 . 走进新时代的乡村振兴道路：中国"三农"调查［M］. 北京：人民出版社，2018.

4. 朱信凯，于亢抗，等 . 环境共治与乡村振兴：记得住的乡愁［M］. 北京：中国农业出版社，2018.

5. 孙景淼，等 . 乡村振兴战略［M］. 杭州：浙江人民出版社，2018.

6. 乡村振兴战略实践读本编写组 . 乡村振兴战略实践读本［M］. 北京：中国农业出版社，2018.

7. 乡村振兴战略简明读本编写组 . 乡村振兴战略简明读本［M］. 北京：中国农业出版社，2018.

8. 周武忠 . 新乡村主义——乡村振兴理论与实践［M］. 北京：中国建筑工业出版社，2018.

9. 农业部科技教育司，中央农业广播电视学校 . 2016 年全国新型职业农民发展报告［M］. 北京：中国农业出版社，2017.

10. 国家统计局人口和就业统计司 . 2017 中国人口和就业统计年鉴［M］. 北京：中国统计出版社，2017.

11. 冯俊锋 . 乡村振兴与中国乡村治理［M］. 成都：西南财经大学出版社，2017.

12. ［英］安东尼·吉登斯．社会的构成：结构化理论纲要［M］．李康，李猛译．北京：中国人民大学出版社，2016.

13. 中国社会科学院语言研究所词典编辑室．现代汉语大词典（第7版）［M］．北京：商务印书馆，2016.

14. ［美］马克·格兰诺维特．镶嵌：社会网与经济行动［M］．罗家德译．北京：社会科学文献出版社，2015.

15. 中共中央文献研究室．十八大以来重要文献选编（上）［M］．北京：中央文献出版社，2014.

16. 费孝通．乡土中国［M］．北京：北京大学出版社，2012.

17. 瞿同祖．清代地方政府［M］．北京：法律出版社，2011.

18. ［美］W·理查德·斯科特．制度与组织——思想观念与物质利益［M］．姚伟，王黎芳译．北京：中国人民大学出版社，2010.

19. 顾洪章．中国知识青年上山下乡大事记［M］．北京：人民日报出版社，2009.

20. 辞海编辑委员会．辞海（第六版）［M］．上海：上海辞书出版社，2009.

21. ［美］塞缪尔·P.亨廷顿．变化社会中的政治秩序［M］．上海：上海人民出版社，2008.

22. 朱启臻．农村社会学［M］．北京：中国农业出版社，2007.

23. 张凤阳等．政治哲学关键词［M］．南京：江苏人民出版社，2006.

24. ［加］卜正民．为权力祈祷：佛教与晚明中国士绅社会的形成［M］．南京：江苏人民出版社，2005.

25. 周雪光．组织社会学十讲［M］．北京：社会科学文献出版社，2003.

26. 秦晖．传统十论［M］．上海：复旦大学出版社，2003.

27. ［德］马克思·韦伯．儒教与道教［M］．南京：江苏人民出版社，2003.

28. ［美］费正清．美国与中国［M］．北京：世界知识出版社，2003.

29. 徐勇．乡村治理与中国政治［M］．北京：中国社会科学出版社，2003.

30. 庞松．毛泽东时代的中国［M］．北京：中共党史出版社，2003．

31. 风笑天．社会学研究方法［M］．北京：中国人民大学出版社，2001．

32. 肖冬连．共和国年轮 1961［M］．石家庄：河北人民出版社，2001．

33. 梁漱溟．梁漱溟全集（第二卷）［M］．济南：山东人民出版社，2000．

34. 俞可平．治理与善治［M］．北京：社会科学文献出版社，2000．

35. 费孝通．乡土中国　生育制度［M］．北京：北京大学出版社，1998．

36. ［德］马克思·韦伯．经济与社会［M］．北京：商务印书馆，1997．

37. ［法］孟德斯鸠．论法的精神（上册）［M］．北京：商务印书馆，1997．

38. 袁贵仁．马克思的人学思想［M］．北京：北京师范大学出版社，1996．

39. 《毛泽东文集》（第 1—8 卷）［M］．北京：人民出版社，1996．

40. ［美］杜赞奇．文化、权力与国家：1900—1942 年的华北农村［M］．王福明译．南京：江苏人民出版社，1996．

41. 《马克思恩格斯选集》第 1 卷［M］．北京：人民出版社，1995．

42. 《毛泽东年谱》（1893—1949）上卷［M］．北京：中央文献出版社、人民出版社，1993．

43. ［法］H. 孟德拉斯．农民的终结［M］．李培林译．北京：中国社会科学出版社，1991．

44. ［德］魏特夫．东方专制主义［M］．北京：中国社会科学出版社，1989．

45. 列宁全集（第 43 卷）［M］．北京：人民出版社，1987．

46. ［美］乔治·萨拜因．政治学术史（下）［M］．刘山，等译．北京：商务印书馆，1986．

47. 田方，林发棠．中国人口迁移［M］．北京：知识出版社，1986．

48. ［英］霍布斯．利维坦［M］．黎思复，黎廷弼译．北京：商务印书馆，1985．

49. 杨懋春．近代中国农村社会之演变［M］．台湾：巨流图书公司，1984.

50. Mulford C L，Rogers D L. Definitions and Models ［M］. Ames：Iowa State University Press，1982.

51. ［法］卢梭. 社会契约论 ［M］. 何兆武译. 北京：商务印书馆，1980.

52. 马克思恩格斯全集（第38卷）［M］. 北京：人民出版社，1972.

53. ［古希腊］亚里士多德. 政治学 ［M］. 吴寿彭译. 北京：商务印书馆，1965.

54. 新华书店东北总分站编审部辑. 村干部要参加生产领导生产 ［M］. 沈阳：新华书店东北总分店，1950.

55. 陈序经. 乡村建设运动 ［M］. 上海：大东书局，1946.

56. 卢绍稷. 中国现代教育 ［M］. 北京：商务印书馆，1934.

二、期刊

1. 曾东霞. 青年反哺与回归：破解乡村振兴短板之道 ［J］. 中国青年研究 .2020（8）.

2. 董帅鹏. 关系嵌入与精准偏离：基层扶贫治理策略及影响机制研究［J］. 中国农村观察 .2020（4）.

3. 朱冬亮，洪利华. "寡头"还是"乡贤"：返乡精英村治参与反思［J］. 厦门大学学报（哲学社会科学版）.2020（3）.

4. 苗延义. 能力取向的"行政化"：基层行政性与自治性关系再认识［J］. 社会主义研究 .2020（1）.

5. 赵周华，霍兆昕. 中国乡村振兴战略实施面临的人口问题及应对思路 ［J］. 农业农村部管理干部学院学报 .2019（36）.

6. 陈军亚. "能人回乡"困境怎么解——基于湖北省71个村庄的问卷调查和深度访谈 ［J］. 人民论坛 .2019（11）.

7. 龚丽兰，郑永君. 培育"新乡贤"：乡村振兴内生主体基础的构建机制 ［J］. 中国农村观察 .2019（6）.

8. 陆继霞，汪东升，吴丽娟. 新中国成立70年来人口流动政策回顾［J］. 中国农业大学学报（社会科学版）.2019（5）.

9. 左停，刘文婧，李博. 梯度推进与优化升级：脱贫攻坚与乡村振兴有效衔接研究［J］．华中农业大学学报（社会科学版）．2019（5）．

10. 吴蓉，施国庆，江天河．乡村振兴战略下"新乡贤"治村的现实困境与纾解策略［J］．宁夏社会科学．2019（3）．

11. 付翠莲．乡村振兴视域下新乡贤推进乡村软治理的路径研究［J］．求实．2019（4）．

12. 刘晓峰．乡村人才：从概念建构到建设路径［J］．人口与社会．2019（3）．

13. 陈霞．制度与生活：集体化时期乡村干部的劳动形象——以山西平遥道备村为例［J］．党史研究与教学．2019（2）．

14. 黄爱教．新乡贤助推乡村振兴的政策空间、阻碍因素及对策［J］．理论月刊．2019（1）．

15. 徐顽强，于周旭，徐新盛．社会组织参与乡村文化振兴：价值、困境及对策［J］．行政管理改革．2019（1）．

16. 张明慧，王连．改革开放四十年党的乡村组织振兴思想与实践研究［J］．理论建设．2019（1）．

17. 温铁军，罗士轩，董筱丹，刘亚慧．乡村振兴背景下生态资源价值实现形式的创新［J］．中国软科学．2018（12）．

18. 余彩龙，叶方，杨琴．新乡贤文化对农村小康建设的作用探究［J］．思想政治工作研究．2018（9）．

19. 高鸣，武昀寰，邱楠．乡村振兴战略下农村人才培养：国际经验视角［J］．世界农业．2018（8）．

20. 叶敬忠，王维．改革开放四十年来的劳动力乡城流动与农村留守人口［J］．农业经济问题．2018（7）．

21. 范景鹏．乡村振兴战略中的新乡贤统战工作［J］．统一战线学研究．2018（4）．

22. 霍军亮，吴春梅．乡村振兴战略背景下农村基层党组织建设的困境与出路［J］．华中农业大学学报（社会科学版）．2018（3）．

23. 彭小辉，史清华．中国农村人口结构变化及就业选择［J］．长安大学学报（社会科学版）．2018（2）．

24. 赵晓娜，郭宝亮．村民参与农村有效治理的逻辑［J］．内蒙古农业大学学报（社会科学版）.2018（1）.

25. 徐勇."关系权"：关系与权力的双重视角——源于实证调查的政治社会学分析［J］.探索与争鸣.2017（7）.

26. 李金哲.困境与路径：以新乡贤推进当代乡村治理［J］.求实.2017（6）.

27. 徐勇.从中国事实看"东方专制论"的限度——兼对马克思恩格斯有关东方政治论断的辨析与补充［J］.政治学研究.2017（4）.

28. 文军，吴越菲.流失"村民"的村落：传统村落的转型及其乡村性反思［J］.社会学研究.2017（4）.

29. 孔祥智，黄博，刘同山.财政支农对农民增收的效应分析［J］.现代管理科学.2016（12）.

30. 徐勇."根"与"飘"：城乡中国的失衡与均衡［J］.武汉大学学报（人文社科版）.2016（4）.

31. 钱念孙.乡贤文化为什么与我们渐行渐远［J］.学术界.2016（3）.

32. 王菲菲，刘翔霄，韩振.乡土文明失落呼唤"新乡贤"——发现"新乡贤"［J］.半月谈.2016（2）.

33. 叶强，谭恬恬，张森.寄托乡愁的中国乡建模式解析与路径探索［J］.地理研究.2015（7）.

34. 朱冬亮，高杨.城镇化背景下失地农民的适应问题及对策分析［J］.中共福建省委党校学报.2015（4）.

35. 常一青.民族地区乡土人才队伍建设的现状、问题及对策研究——以武陵山区为例［J］.中南民族大学学报（人文社会科学版）.2015（1）.

36. 田毅鹏.村落过疏化与乡土公共性的重建［J］.社会科学战线.2014（6）.

37. 狄金华，钟涨宝.从主体到规则的转向——中国传统农村的基层治理研究［J］.社会学研究.2014（5）.

38. 何梅，杨全海.日本农民职业技术教育对中国的启示［J］.世界农业.2014（5）.

39. 邓大才.利益相关：村民自治有效实现形式的产权基础［J］.华中

师范大学学报（人文社会科学版）.2014（4）.

40. 朱冬亮.村庄社区产权实践与重构：关于集体林权纠纷的一个分析框架［J］.中国社会科学.2013（11）.

41. 胡薇.双轨制：中国社会组织发展的现实路径分析［J］.中国行政管理.2013（6）.

42. 朱冬亮，高杨.农户种粮意愿弱化与粮食种植业退化状况分析——基于闽赣鄂浙32村486户的调查［J］.集美大学学报（哲学社会科学版）.2013（4）.

43. 郑强.破解大学生"村官"流失困境的路径探析——以威海市大学生"村官"流失问题为个案［J］.中国青年研究.2012（9）.

44. 卢锋，杨业伟.中国农业劳动力占比变动因素估测：1990—2030年［J］.中国人口科学.2012（4）.

45. 朱冬亮，江金娟.集体林改背景下生态公益林改革研究及反思［J］.福建行政学院学报.2012（2）.

46. 吴重庆.从熟人社会到"无主体熟人社会"［J］.读书.2011（1）.

47. 常保国.西方历史语境中的"东方专制主义"［J］.政治学研究.2009（5）.

48. 刘义强.构建以社会自治功能为导向的农村社会组织机制［J］.东南学术.2009（1）.

49. 吕书良.新农村视角下大学生村官及其政策考量［J］.中国农村观察.2008（3）.

50. 叶香丽.中国农村人口向城市流动的原因和对经济发展的影响——基于农民工和农村大学生视角的分析［J］.经济问题探索.2007（4）.

51. 李建琴.农村环境治理中的体制创新——以浙江省长兴县为例［J］.中国农村经济.2006（9）.

52. 潘鸣啸.上山下乡运动再评价［J］.社会学研究.2005（5）.

53. 何艳玲，蔡禾.中国城市基层自治组织的"内卷化"及其成因［J］.中山大学学报（社会科学版）.2005（5）.

54. 徐勇.村民自治的成长：行政放权与社会发育——1990年代以来中

国村民自治发展困境的反思［J］．开放导报．2004（6）．

55.赵畅．乡贤精神　薪火传承——上虞市发掘和弘扬乡贤文化纪事［J］．今日浙江．2003（9）．

56.徐勇．乡村社会变迁与权威、秩序的建构——对两部乡村政治研究著作的评价和思考［J］．中国农村观察．2002（4）．

57.［英］格里·斯托克，华夏风．作为理论的治理：五个论点［J］．国际社会科学杂志（中文版）．1999（1）．

58. Hoel M. Coordination of Environmental Policy for Transboundary Environmental Problems? ［J］．Journal of Public Economics. 1997（2）．

59.关吉．"中国农村劳动力流向国际研讨会"综述［J］．中国农村观察．1997（1）．

60.亦冬．中国城市化问题探讨述要［J］．现代城市研究．1996（6）．

61.谭建光．珠江三角洲农民角色的转化［J］．社会学研究．1996（5）．

62. Harry J，Lamley，Liang Shuming. Rural Reconstruction and Rural Work Discussion Society，1933—1935 ［J］．Chung Chi Journal. 1969（2）．

后　记

　　基于我们研究团队多年的田野调查和资料收集积累，历经一年的撰著并多次修改、完善，本丛书终于付梓，令人欣慰。这套丛书是一项理论与实证相结合的研究成果。我们试图通过对田野调查中获取的一些典型案例的剖析，以描述、记录、阐释当下中国乡村振兴实践的"进行时"场景，解释其背后的理论和实践价值，增加"三农"研究知识库存。如果真能实现这个小小的目标，也算是得偿所愿了。

　　作为丛书各册的主要作者之一，借此机会，我首先要感谢丛书研究团队的成员们多年来的努力和坚持。这段历程也是满满的美好的集体记忆。一路走来，大家同甘共苦：一起到全国各地的乡村开展田野调查，一起整理分析调查资料，一起和出版社讨论丛书的编写方案、编写提纲和书稿的具体内容，由此才有今天的成果。借此机会，我还要感谢参与田野调查和资料分析的杜宝兰、傅佳薇、李倩、兰婷、张华芳、黄丹丹、潘思同等，他们是我的博士生、硕士生。在长期的田野调查和资料分析过程中，他们不仅通过学术实践增长了知识见识，提升了学习研究的自我能动性，实现了自我成长，同时也深刻领会到理论和实践研究相结合——"把论文写在祖国大地上"及团队合作研究的重要意义。

　　与此同时，我要感谢田野调查中为我们研究团队无私提供一手资料信息的各级党政干部，特别是参与田野调查的各村的村干部，以及广大农民和来自新型农业经营主体的人士，他们不仅是我们团队的调查研究对象，也在很大程度上直接参与了我们的研究过程。从人类学视角来看，所有接受田野调查的研究对象绝不仅仅是一个个被动的资料提供者，他们作为特定的"报道人"，事实上也是研究本身的重要的直接参与者。在每个田野调查对象向我们提供的资料信息中，尤其是在描述特定案例的访谈中，其实就包含了他们的主观态度，也包括了他们个人对资料信息的理解、价值判断乃至个人的情感，而这种"倾见"无疑会直接影响研究者对田野调查资料的理解和评价分析。被调查对象向研究者提供的资料是"半成品"，其本身就经过他们的"筛选"和"消化"。从这个角度来说，研究者在某种程度上只是扮演了一个学术"搬运工"和"加工者"的角色。不过，即便如此，研究者自身的专业研究能动性仍是至关重要的。我们必须对所获取的资料"去伪存真""去粗存细"，克服"盲人摸象"的偏差，在参考借鉴被调查对象的个人"倾见"的同时，又要保持研究者自身的客观严谨性，以尽可能了解和还原事情的真实景象，这点恰恰是研究者能动性的最重要体现。

借此机会，我还要特别感谢鹭江出版社的编辑们，尤其是余丽珍副总编辑从丛书的策划和设计、研究团队的组织乃至整体的篇章布局、内容修改完善等，都提出了很好的意见和建议。正是由于编辑们尽心尽力的无私付出，为丛书出版给予了不可或缺的热情支持，丛书才能够顺利地出版。

本丛书的出版还得益于厦门大学"双一流"学科建设项目"马克思主义理论学科"项目支持，并有幸获得 2020 年度国家出版基金项目资助。对此，我们深表谢意！

本书写作分工如下：朱冬亮负责全书统稿并撰写导论和第一章内容，钟楚原撰写第二章、结论及余论内容，殷文梅撰写第三、四章内容。

朱冬亮

2021 年 6 月 5 日于厦门大学囊萤楼

图书在版编目(CIP)数据

乡村人才振兴实践研究 / 朱冬亮，钟楚原，殷文梅
著. —厦门：鹭江出版社，2021.6
 （乡村振兴实践研究丛书）
 ISBN 978-7-5459-1859-5

Ⅰ.①乡… Ⅱ.①朱… ②钟… ③殷… Ⅲ.①农村—
社会主义建设—人才培养—研究—中国Ⅳ.①F320.3

中国版本图书馆 CIP 数据核字(2021)第 105661 号

"乡村振兴实践研究"丛书

XIANGCUN RENCAI ZHENXING SHIJIAN YANJIU

乡村人才振兴实践研究

朱冬亮　钟楚原　殷文梅　著

出版发行：鹭江出版社

地　　址：厦门市湖明路 22 号　　　　　　　邮政编码：361004

印　　刷：福州凯达印务有限公司

地　　址：福州市仓山区建新镇红江路 2 号　　联系电话：0591-63188556
　　　　　金山工业集中区浦上工业区 B 区 47 号楼

开　　本：700mm×1000mm　1/16

插　　页：4

印　　张：19.5

字　　数：303 千字

版　　次：2021 年 6 月第 1 版　　2021 年 6 月第 1 次印刷

书　　号：ISBN 978-7-5459-1859-5

定　　价：78.00 元

如发现印装质量问题，请寄承印厂调换。